Dagobert Kohlmeyer
Manfred van Fondern

Bobby Fischer: Ein Schachgenie kehrt zurück

Bobby Fischer - Boris Spasski 1992
10 : 5

Mit Kommentaren von

GM Wolfgang Uhlmann
GM Hans-Joachim Hecht
GM Lew Gutman
FM Gerd Treppner
FM Stefan Bücker
Dagobert Kohlmeyer

Joachim Beyer Verlag, 8607 Hollfeld

Fotos (mit Seitenangaben):
Dagobert Kohlmeyer, Berlin (6, 38, 40, 44, 45, 51, 53, 83, 99, 103, 105, 108, 136, 154)
Archiv Manfred van Fondern, (7, 8, 15, 17, 18, 24, Zeichnung S. 49)
AP (Umschlag, 37, 151)
Schachagentur Berlin/Archiv (55, 25 [2], 158)
Max Gardill, Bamberg (9)
Archiv Günter Lossa, Bamberg (33)
Manfred Gößinger, Berlin (34)

In den Partiekommentaren wurden von Stefan Bücker noch einige Varianten (etwa aus anderen Quellen) zum Vergleich hinzugefügt. Diese Nachträge sind in kursiver Schrift gesetzt.

ISBN 3-88805-121-5

© 1992 by Joachim Beyer-Verlag, Hollfeld
Alle Rechte vorbehalten!
Gesamtherstellung: Beyer-Druck, 8607 Hollfeld

Vorwort

Während des auch für Laien interessanten Weltmeisterschaftskampfes zwischen Spasski und Fischer 1972 in Reykjavik kam der Verleger Joachim Beyer auf die Idee, sein erstes Schachbuch herauszugeben. Bis dato gab es im Hause Beyer/Bange nur ergänzende Bücher zum Schulunterricht. "Der Bauer war vergiftet", damals für DM 5,- zu erwerben, erlebte eine Gesamtauflage von 23 000 Exemplaren.
Inzwischen ist der Schachbuchverlag Beyer einer der größten in Europa.
Somit liegt es nahe, das nicht für möglich gehaltene Comeback Fischers im Buch festzuhalten.
"Bobby Fischer: Ein Schachgenie kehrt zurück" umspannt die 20jährige Schachaktivität des Beyer Verlages.
An beiden Spielorten - Sveti Stefan und Belgrad -, an denen der "Schaukampf" (Fischer: Revanchekampf der WM 1972) ausgetragen wurde, hatten wir mit dem Deutschen Dagobert Kohlmeyer einen Autoren "vor Ort".
Dieses Buch dürfte nicht nur alle Schachspieler ansprechen, sondern jeden am Weltgeschehen interessierten Leser. Denn das sonst friedliche Schach ist bei diesem Match leider nicht zu trennen vom blutigsten Bürgerkrieg der "Nachkriegszeit".

Der Herausgeber
Manfred van Fondern

Fischers Weg zum Weltmeister

1. September 1972:
Boris Spasski nahm die Hängepartie der 21. Partie des WM-Kampfes nicht wieder auf und machte damit Bobby Fischer zum 11. und jüngsten Schachweltmeister der Geschichte. "Der neue Weltmeister aber verschlief seinen Sieg. Als Spasski seine Aufgabe bekanntgab, befand sich Bobby noch im Bett und seine Begleiter weigerten sich, ihn zu wecken", schrieb Peter Beyersdorf in "Der Bauer war vergiftet".
Fischer stand auf dem Gipfel, dessen Besteigung er quasi 1958 mit der ersten Teilnahme zur Weltmeisterschaft, dem Interzonenturnier in Bad Portoroz (5.-6. Platz) begonnen hatte.
Beendet war der gigantische Kampf um die Schachkrone. Was für Fischer wichtiger war: Es war der Sieg des Repräsentanten der freien Welt über den "verlogenen, betrügerischen, scheinheiligen Russen".
Wir hatten die Zeit des kalten Krieges. So wurde in der westlichen Presse keine Gelegenheit versäumt, diesen Weltmeisterschaftskampf zum "Match des Jahrhunderts" hochzustilisieren. "Bobby und Boris - eine Welt spielt mit", war der Tenor der Presse.
Aber auch das "Neue Deutschland" wußte das Duell ins Bild zu setzen: "Das Schachspiel, ein großartiges Mittel der Freizeitgestaltung, entspricht dem seinem Wesen nach reicheren Kultursystem der sozialistischen Länder". Millionen in aller Welt fieberten und spielten die Partien nach.
Aber bis das Match beginnen konnte, mußten Verbände, Veranstalter, Bankiers und Diplomaten bemüht werden. Insgesamt 15 Städte bewerben sich

Bobby Fischer auf dem Flughafen in Reykjavik

um das Turnier, darunter Belgrad (schon damals), Buenos Aires, Sarajevo (!), Reykjavik, Sao Páulo, Dortmund, Amsterdam, Montreal, Zürich und Athen. Spasski wünschte sich eine Stadt, deren Klima seiner Heimat Leningrad entspräche, Fischer hingegen machte allen klar, "die Hauptsache ist zunächst die Geldfrage".

Nach wochenlangem Gerangel bekam Reykjavik den Zuschlag, obwohl Belgrad mit 152 000 Dollar das höchste Angebot eingereicht hatte.

Beide Kontrahenten sprachen sich in der Schiedsrichterfrage für den Deutschen Lothar Schmid aus.

Aber am Tage des offiziellen Beginns, dem 2. Juli 1972, war von Fischer nichts zu sehen. Er verlangte in letzter Minute eine höhere Gage und eine Beteiligung an den Fernsehrechten. Titelverteidiger Spasski und alle Offiziellen warteten vergeblich auf Fischer. Immerhin traf von ihm eine Nachricht ein, daß er krank sei.

Der britische Bankier D. Slater wollte das Match retten und stiftete 50 000 Pfund Sterling. Schließlich traf Fischer am Flughafen von Reykjavik ein in Begleitung eines Mercedes nebst Fahrer und seines Dreh- und Wippstuhls.

Nachdem sich Fischer bei der Auslosung vertreten ließ, war Spasski seinerseits eingeschnappt. Erst am 11. Juli begann die 1. Partie mit Spasski als Anziehender.

Bevor wir alle Partien dieses Wettkampfes von 1972 abdrucken, wollen wir einen kurzen Überblick über Fischers Schachkarriere geben.

Robert James Fischer wurde am 9. März 1943 in Chicago, Illinois, geboren. Seine Eltern trennten sich, als Bobby zwei Jahre alt war. Der Vater war deutscher Abstammung und Physiker von Beruf. Seine Mutter wuchs als

Bobby Fischer 1958 in Moskau

gebürtige Schweizerin jüdischer Herkunft in den USA auf. 1959 verzog Bobby mit seiner Mutter und der drei Jahre älteren Schwester Joan nach Brooklyn, wo die Mutter als Krankenpflegerin Arbeit fand.

Schon früh machte Fischer bei Simultanvorstellungen bekannter Meister auf sich aufmerksam. 1955 trat er in den Manhattan Chess Club, den stärksten und angesehensten Club der USA, ein. 1956 wurde er USA-Jugendmeister. Im Manhattan-Club spielte der 15jährige gegen Großmeister D. Byrne eine Partie, die um die Schachwelt ging (Partie Nr. 1). Ein Jahr später gewann er die Offene Seniorenmeisterschaft der USA mit 10 (aus 12) Punkten.

Anfang 1958 holte er erstmals den Titel des USA-Meisters vor dem Erzrivalen Reshevsky. Traditionell galt diese nationale Meisterschaft zugleich als Zonenturnier. Demzufolge hatte sich Fischer für das 1958 ausgetragene Interzonenturnier qualifiziert. Die Welt hatte ihr neues Wunderkind.

Fischer wurde von Moskau eingeladen, dort mit dem kulturellen Leben der russischen Metropole in Berührung gebracht. Aber Museumsbesuchen und Konzertvorstellungen konnte Fischer nichts abgewinnen.

Im folgenden Interzonenturnier in Jugoslawien belegte er - wie schon erwähnt - als 15jähriger den 5./6. Platz und erhielt als jüngster Spieler aller Zeiten den Großmeistertitel.

Die ersten großen Schwierigkeiten bekam der amerikanische Schachverband mit Fischer, als Bobby auf der Olympiade in München 1958 für die USA das 2. Brett hinter Reshevsky einnehmen sollte. Er lehnte ab.

Das schachbegeisterte Jugoslawien war im Sept./Okt. 1959 Ausrichter des Kandidatenturniers, das den Herausforderer von Weltmeister Botwinnik zu ermitteln hatte.

Fischer kam nach Europa, um Erster zu werden! Aber noch wiesen ihn die Schachtitanen auf den 5./6. Platz mit Gligoric. Er unterlag Tal mit 0:4 und Petrosjan mit 1:3 Punkten! (sh. Partie Nr. 2 Fischer-Benkö). Fischer erholte sich bald von dem heilsamen Schock und gewann 1959/60 zum drittenmal die US-Meisterschaft und 1960 das Internationale Turnier in Mar del Plata punktgleich mit Spasski.

1961 zog es Fischer wieder nach Jugoslawien. In Bled sollte das stärkste Turnier aller Zeiten ausgetragen werden. Trotz der Absagen von Botwinnik, Euwe, Reshevsky u. a. konnte man ein starkes Feld aufbieten. In 19 Runden blieb Fischer ungeschlagen, erreichte 13,5 Punkte und schlug den Turniersieger Tal, der mit 14,5 P. vor Fischer gewann. (3. Petrosjan, 4. Keres).

Spätestens hier war der Schachwelt

Bobby Fischer zu Gast in Bamberg, rechts Lothar Schmid (1960)

klar geworden, daß die sowjetische Alleinherrschaft bedroht war. Seine Gewinnpartie gegen Tal (sh. Partie Nr. 3) nahm Fischer in sein berühmtes Buch "Meine 60 denkwürdigen Partien" auf (dort Partie 32).

Einen glänzenden Höhepunkt seiner Karriere erlebte Fischer beim Interzonenturnier 1962 in Stockholm. 23 Teilnehmer stritten sich um die sechs Plätze zum Kandidatenturnier, das in Curacao stattfand. 13 Siege und 9 Remisen bescherten ihm einen 2,5 P. Vorsprung vor der sowjetischen Phalanx Geller, Petrosjan (je 15 P.) und Kortschnoi (14 P.)

"Weltweit drang sein Name bis auf die Titelseiten der großen Gazetten vor, sein Lebenslauf beschäftigte Millionen von Menschen, die mit dem Schachspiel niemals zuvor etwas verbunden hatte" (Konikowski). Ex-Weltmeister Euwe: "Seine Schachtechnik grenzt an ein Wunder".

Mai/Juni 1962 kam es auf Curacao (Karibik) zum Höhepunkt des Schachjahres.

Acht Großmeister stritten in vier Durchgängen um das Recht der Herausforderung des Weltmeisters.

Fischer enttäuschte die Schachfans mit dem 4. Platz und 3,5 P. hinter dem Sieger Petrosjan.

Bobby versuchte sein schlechtes Abschneiden als Folge eines Komplotts der fünf teilnehmenden Russen zu analysieren. Sie hätten untereinander remisiert und ihre ganze Kraft gegen ihn mobilisiert. Nach einem weiteren Tief auf der Schacholympiade in Warna 1962 (im Finale +3 -3 =5) fand Fischer erst wieder bei der US-Meisterschaft (Dez. 1963 - Jan. 1964) in New York zurück. Mit 21 Jahren immer noch jüngster Teilnehmer, deklassierte er die amerikanischen Elitespieler mit 11:0 Punkten! (Partie Nr. 4). Aber seinen Platz beim Interzonenturnier in Amsterdam nahm er nicht ein: "Ich spiele nicht mehr in FIDE-Turnieren."

Als Fischer eine Einladung zum Capablanca-Gedenkturnier 1965 in Havanna unerwartet annahm und die Schachwelt aufatmete, weil sie ihn wieder in der Arena zu sehen hoffte, spielte die USA nicht mit: Fischer bekam kein Visum für die Ausreise auf Castros Zuckerinsel. Bobby blieb in New York und - ein Novum in der Schachgeschichte - gab die Züge telefonisch durch. Er wurde Zweiter hinter Smyslow vor einem erlesenen Feld.

Meisterschaft der USA 1963/64 (Zehntes Rosenwald-Gedenkturnier)
New York, 15.12.63 - 2.1.64

		1	2	3	4	5	6	7	8	9	10	11	12	
1	Fischer	-	1	1	1	1	1	1	1	1	1	1	1	11
2	Evans	0	-	1	½	½	½	0	1	1	1	1	1	7½
3	Benko	0	0	-	1	½	1	1	1	½	1	½	½	7
4	Saidy	0	½	0	-	0	½	1	1	1	1	½	1	6½
5	Reschewsky	0	½	½	1	-	½	0	½	1	1	1	½	6½
6	R. Byrne	0	½	0	½	½	-	0	½	1	1	1	½	5½
7	Weinstein	0	1	0	0	1	1	-	0	0	0	1	1	5
8	Bisguier	0	0	0	0	½	½	1	-	1	0	½	1	4½
9	Addison	0	0	½	0	0	0	1	0	-	½	½	1	3½
10	Mednis	0	0	0	0	0	0	1	1	½	-	½	½	3½
11	Steinmeyer	0	0	½	½	0	0	0	½	½	½	-	½	3
12	D. Byrne	0	0	½	0	½	½	0	0	0	½	½	-	2½

Im gleichen Jahr gewann er zum siebten Male die US-Meisterschaft.
Auf der Schacholympiade in Havanna 1966 spielte Fischer ein großes Schach. Mit 15:2 Punkten war er auffälligster Großmeister. Berühmt wurden seine Gewinnpartien mit der vorher als stumpf geltenden Abtauschvariante im Spanier.
Ein Beispiel (sh. Partie Nr. 5) gegen Gligoric. Nach Siegen in New York (der 8. und letzte US-Titel) und Monaco (1967) zog es ihn wieder nach Jugoslawien. Mit 13,5 P. vor Geller und Matulovic je 13 P. (aus 17) gewann er das Turnier in Skopje. Ende des Jahres nahm Fischer in Sousse Tunesien am Interzonenturnier teil. Er führte mit 8,5 P. (aus 10) das Feld an, bevor er abreiste. Der Grund war, daß er aus religiösen Gründen nicht am Sabbat spielen wollte. Somit konnte er den Rundenplan nicht einhalten. Sein Protest wurde abgewiesen. Der Sieger hieß Larsen vor Geller, Gligoric und Kortschnoi.
1968 ging er aus den Turnieren in Nathania, Israel (11,5 aus 13) und Vinkovci (1 aus 13) jeweils ungeschlagen als Sieger hervor.
Seine nicht erfüllten Beanstandungen veranlaßten Bobby, von der Schacholympiade in Lugano wieder abzureisen.
Erst 1970 in Belgrad (wieder lockt Jugoslawien) betrat er wieder die internationale Bühne. Die UdSSR bestritt den berühmt gewordenen Wettkampf gegen den Rest der Welt.
Fischer war einverstanden, hinter Larsen am zweiten Brett zu spielen, wo er auf Petrosjan traf.
Er gewann gegen den eisernen Armenier die beiden ersten Partien und remisierte Partie drei und vier. Das Gesamtergebnis lautete 20,5:19,5 für die UdSSR.
In einem anschließenden Blitzturnier deklassierte Fischer die anwesende Weltelite mit einem Vorsprung von 4,5 P. auf den Zweitplazierten Tal. Bobby blieb längere Zeit in Jugoslawien und gewann das "Turnier des Friedens" in Rovinj und Zagreb (2. Hälfte) mit 13 P. (aus 17) vor Hort, Gligoric, Smyslow, Kortschnoi je 11 und Petrosjan 10,5. Im August 1970 weilte Fischer in Buenos Aires. Von Turnier zu Turnier zeigte sein Spiel eine größere Reife. Hier gewann er ein internationales Turnier so deutlich, daß es schon peinlich war. Mit 3,5 P. Vorsprung verwies er Tukmakow auf Platz 2. In der Bundesrepublik konn-

Wettkampf UDSSR - Übrige Welt
Beograd, 29.3. - 5.4.1970

I	II	III	IV	UDSSR	–	UEBRIGE WELT	I	II	III	IV
½	1	0		Spassky	–	Larsen	½	0	1	
			0	Stein						1
0	0	½	½	Petrosjan	–	Fischer	1	1	½	½
½	½	0	½	Kortschnoj	–	Portisch	½	½	1	½
0	½	½	½	Polugajevsky	–	Hort	1	½	½	½
1	½	½	½	Geller	–	Gligoric	0	½	½	½
½	1	0		Smyslow	–	Reschewsky	½	0	1	
			1			Olafsson				0
1	1	½	0	Taimanov	–	Uhlmann	0	0	½	1
1	½	½	½	Botwinnik	–	Matulovic	0	½	½	½
½	0	1	½	Tal	–	Najdorf	½	1	0	½
½	1	½	1	Keres	–	Ivkov	½	0	½	0

	I	II	III	IV		
UdSSR	5½	6	4	5	20½
Uebrige Welt	4½	4	6	5	19½

te man Fischer erstmals auf der Olympiade 1970 in Siegen bewundern. Am Spitzenbrett holte er 10:3 Punkte, er verlor jedoch gegen Weltmeister Spasski.
Die Schachwelt fieberte einem Titelmatch um die WM schon jetzt entgegen, obwohl Fischer nicht für das anstehende Interzonenturnier in Palma de Mallorca (v. 9.11. - 12.12.1970) qualifiziert war. Pal Benkö verzichtete zugunsten Fischers auf sein Startrecht. Erwartungsgemäß siegte Fischer klar mit 18,5! P. (aus 23) vor Larsen, Hübner, Geller je 15 P.
In der 1. Runde konnte der deutsche Großmeister Hübner mit den schwarzen Steinen Fischer ein Remis abnehmen (sh. 6. Partie).
Jeder Schachspieler auf der Welt wußte, daß Fischers Sturmlauf auf den WM-Titel auch in den folgenden Kandidatenkämpfen nicht zu stoppen sein würde.
In Vancover fand v. 16. Mai bis 1. April 1971 die 1. Runde gegen Mark Taimanow statt. Fischer gewann vernichtend mit 6:0 Punkten. Mit dem gleichen unglaublichen Resultat besiegte er in Denver (6.-20. Juli) den dänischen Großmeister Bent Larsen, gegen den er bis dato öfters das Nachsehen hatte. Jeweils eine Partie aus diesen Kämpfen finden Sie unter Partie 7 und 8.
Nun mußte Fischer noch die letzte, sicher die schwerste Hürde bewältigen: Tigran Petrosjan.
Der Zweikampf in Buenos Aires erweckte beispielloses Interesse. Die Zeitungen brachten ganzseitige Schlagzeilen. Petrosjan war der große Sicherheitsspieler, der im Kampf zuvor gegen Kortschnoi acht Remisen erzielte und zuschlug, als seines Gegners Nerven versagten. Für die meisten Schachfans war Fischer Favorit, aber andererseits fragte man sich, wie es einem Spieler gelingen sollte, Petrosjan sechsmal zu bezwingen?
Fischer begann am 30.9.1971 verheißungsvoll, durch eine Unachtsamkeit seines Gegners macht er den ersten Punkt. Petrosjan kontert: 1:1. Es folgten drei Remispartien: 2,5:2,5. Würde Petrosjan Fischer doch aufhalten können? Doch bereits die 6. Partie (sh. Partie Nr. 9) brach den Widerstand des Armeniers. Fischer schlug viermal zu - Ende! 6,5:2,5 lautete die Bilanz! Keiner seiner Unterlegenen hatte in seiner Schachkarriere bisher eine solche Schlappe erlitten.

Partie Nr. 1

D. Byrne - Fischer
New York 1956
Grünfeld-Indisch

1. Sg1 - f3	Sg8 - f6
2. c2 - c4	g7 - g6
3. Sb1 - c3	Lf8 - g7
4. d2 - d4	0 - 0
5. Lc1 - f4	d7 - d5

Durch Zugumstellung ist eine bekannte Grünfeld-Indische Variante entstanden mit Sf3. Schwarz ist bereit, einen Bauern zu opfern: 6. cxd5 Sxd5 7. Sxd5 Dxd5 8. Lxc7 ist gut für Schwarz wegen 8. ... Sc6 9. e3 Lg4 10. Le2 Tac8 11. Lg3 Da5+ 12. Sd2 Lxe2 13. Dxe2 e5 (oder 13. ... Lxd4).

6. Dd1 - b3	d5 x c4
7. Db3 x c4	c7 - c6
8. e2 - e4	Sb8 - d7

Hier wurden Verbesserungen vorgeschlagen:
Smyslow: 8. ...Sfd7 oder Boleslawski:

8. ... b5 9. Db3 Da5!
Fischer dachte an: 9. e5 Sd5 10. Sxd5 cxd5 11. Dxd5 Sxe5! etc.

9. Ta1 - d1	Sd7 - b6
10. Dc4 - c5?	

Richtig ist 10. Dd3! Le6 11. Le2 Lc4 12. Dc2 Lxe2 13. Dxe2+=.

10. ...	Lc8 - g4
11. Lf4 - g5?	

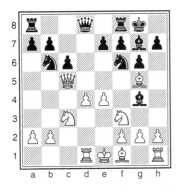

11. ...	Sb6 - a4!

Ein glänzendes Scheinopfer des 13jährigen Wunderkindes, das Weiß nicht annehmen kann: 12. Sxa4 Sxe4, und Weiß hat mehrere Züge, die ihn nicht weiterbringen: z.B. 13. Dxe7 Dxe7 14. Lxe7 Tfe8 mit überwältigender Stellung.

12. Dc5 - a3	Sa4 x c3
13. b2 x c3	Sf6 x e4!

Fischer opfert die Qualität für einen starken Angriff.

14. Lg5 x e7	Dd8 - b6!
15. Lf1 - c4	

Wieder nicht der beste Zug. 15. Le2 war das kleinere Übel (15. ... Tfe8 nebst Lxf3).

15. ...	Se4 x c3!
16. Le7 - c5	

16. Dxc3 Tfe8 17. Da3 Lf8 -+.

16. ...	Tf8 -e8+
17. Ke1 - f1	

Alles verliert jetzt: a) 17. Kd2 Se4+ b) 17. Se5 Lxe5! 18. Lxb6 Ld6+.

17. ...	Lg4 -e6!

Eine elegante Antwort, denn 17. ... Sb5 hätte verloren z.B. 18. Lxf7+ Kxf7 15. Db3+ Le6 20. Sg5+ Kg8 21. Sxe6 Sxd4 22. Sxd4+ Dxb3 23. Sxb3+-.

18. Lc5 x b6

18. Lxe6 Db5+ 19. Kg1 Se2+ 20. Kf1 Sg3+! 21. Kg1 Df1+! 22. Txf1 Se2 #.

18.	Le6 x c4+
19. Kf1 - g1	Sc3 - e2+
20. Kg1 - f1	Se2 x d4+
21. Kf1 - g1	Sd4 - e2+
22. Kg1 - f1	Se2 - c3+
23. Kf1 - g1	a7 x b6
24. Da3 - b4	

24. Dd6 scheitert an 24. ... Tad8! 25. Dxd8 Se2+ 26. Kf1 Sd4+ nebst 27. ... Txd8 +-.

24. ...	Ta8 - a4
25. Db4 x b6	Sc3 x d1
26. h2 - h3	Ta4 x a2
27. Kg1 - h2	Sd1 x f2
28. Th1 - e1	Te8 x e1
29. Db6 - d8+	Lg7 - f8

30. Sf3 x e1	Lc4 - d5
31. Se1 - f3	Sf2 - e4
32. Dd8 - b8	b7 - b5
33. h3 - h4	h7 - h5
34. Sf3 - e5	Kg8 - g7
35. Kh2 - g1	Lf8 - c5+
36. Kg1 - f1	Se4 - g3+
37. Kf1 - e1	Lc5 - b4+
38. Ke1 - d1	Ld5 - b3+
39. Kd1 - c1	Sg3 - e2+
40. Kc1 - b1	Se2 - c3+
41. Kb1 - c1	Ta2 - c2 matt

Diese Partie erhielt den Schönheitspreis.

Partie Nr. 2

Fischer - Benkö
Kandidatenturnier 1959
Sizilianisch

1. e2 - e4	c7 - c5
2. Sg1 - f3	Sb8 - c6
3. d2 - d4	c5 x d4
4. Sf3 x d4	Sg8 - f6
5. Sb1 - c3	d7 - d6
6. Lf1 - c4	Dd8 - b6

Ein ungewöhnlicher Damenausfall, der sofort auf das Zentrum Einfluß nehmen will.

7. Sd4 - e2

Inzwischen spielt man 7. Sb3. Fischer hält 7. Sdb5 a6 8. Le3 Da5 9. Sd4 Sxe4 für schlecht.

7. ...	e7 - e6
8. 0 - 0	Lf8 - e7
9. Lc4 - b3	0 - 0
10. Kg1 - h1	

10. Le3 Dc7 11. f4 Sg4!

10. Lg5 Sa5 11. Sg3 h6 12. Le3 Dc6 13. f4 Sc4 =.

10. ...	Sc6 - a5
11. Lc1 - g5	Db6 - c5!
12. f2 - f4	b7 - b5
13. Se2 - g3	b5 - b4?

Sehr unvorsichtig gespielt. Gligoric schlug 13. ... Lb7 vor. Oder aber 13. ... Sxb3! 14. axb3 Lb7 15. Sh5 Kh8 mit Ausgleich.

14. e4 -e5!	d6 x e5

Wenn jetzt 14. ... Sxb3, so 15. exf6 gxf6 16. Lh4 etc.

15. Lg5 x f6	g7 x f6

Das Schlagen mit dem Läufer 15. ... Lxf6 verliert schnell, z. B.: 16. Sce4 De7 17. Sh5! Kh8 18. Sexf6 gxf6 19. fxe5 fxe5 20. Sf6 mit der Drohung Dh5+-.

16. Sc3 - e4	Dc5 - d4

Nach 16. ... Dc7 macht Fischer auf folgende Variante aufmerksam: 17. Sh5! f5 18. Shf6+! Kg7 19. Dh5! Lxf6 20. Sxf6 h6 21. Tf3! Th8 22. Se8+! Txe8 23. Tg3+ Kf8 24. Dxh6+ Ke7 25. Dh4+ Kd6 26. Td3+ Kc5 27. La4! mit der Drohung Df2+!

17. Dd1 -h5!	Sa5 x b3
18. Dh5 - h6	e5 x f4
19. Sg3 - h5	f6 - f5
20. Ta1 - d1	Dd4 - e5
21. Se4 - f6+	Le7 x f6
22. Sh5 x f6+	De5 x f6
23. Dh6 x f6	Sb3 - c5
24. Df6 - g5+	Kg8 - h8
25. Dg5 - e7	Lc8 - a6
26. De7 x c5	La6 x f1
27. Td1 x f1	Aufgabe.

Partie Nr. 3

Fischer - Tal
Bled 1961
Sizilianisch

1. e2 - e4   c7 - c5
2. Sg1 - f3   Sb8 - c6
3. d2 - d4   c5 x d4
4. Sf3 x d4   e7 - e6
5. Sb1 - c3   Dd8 - c7
6. g2 - g3   Sg8 - f6?

Ein Fehler, wie man ihn bei Tal selten fand. Richtig ist 6. ... a6 7. Lg2 Sf6 8. 0-0 usw.

7. Sd4 - b5!

Fischer ergreift sofort seine Chance.

7. ...   De7 - b8

7. ... Da5 8. Ld2 Dd8 9. Lf4 e5 10. Lg5 +=.

8. Lc1 - f4   Sc6 - e5

Fischer verweist auf die Alternative 8. ... e5 9.Lg5 a6 10.Lxf6 axb5 11.Lg5 +=.

9. Lf1 - e2!

"Die Probleme des Nachziehenden liegen eindeutig auf den schwarzen Feldern, sodaß die weiße Dame von d4 aus heller strahlen würde als die Sonne. Die Läuferentwicklung bereitet dies vor, indem das Gabelfeld f3, obendrein aber auch g4 überdeckt wird" (Konikowski).

9. ...   Lf8 - c5
10. Lf4 x e5 Db8 x e5
11. f2 - f4   De5 - b8

12. e4 - e5   a7 - a6

Tal gibt einen Bauern auf, da er gesehen hat, daß 12. ... Sg8 13. Se4 Le7 14. Dd2 gefolgt von Sbd6+ und 0-0-0 vernichtend ist.

13. e5 x f6   a6 x b5
14. f6 x g7   Th8 - g8
15. Sc3 - e4 Lc5 - e7
16. Dd1 - d4 Ta8 - a4
17. Se4 - f6+ Le7 x f6
18. Dd4 x f6 Db8 - c7
19. 0 - 0 - 0

19. Lh5 d5! 19. Lxb5? Da5+!

19. ...   Ta4 x a2
20. Kc1 - b1 Ta2 - a6

20. ... Da5 21. b3 nebst Lh5
20. ... Ta5 21. Lh5 d5 (21. ... d6 22. Txd6!) 22. Txd5! exd5 23. Te1+!

Michail Tal, WM 1960-1961

21. Le2 x b5

"Ich war so damit beschäftigt, Material zu gewinnen, um die Partie nicht zu verpfuschen, daß ich übersah: 21. Lh5 d6 22. The1 De7 23. Dh6 Kd7 24. Dxh7 mit schnellem Sieg" (Fischer).

| 21. ... | Ta6 - b6 |
| 22. Lb5 - d3 | e6 - e5 |

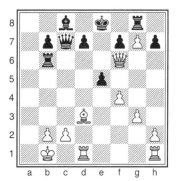

23. f4 x e5!!

Hier wollte Schwarz nach 23. Dxe5+ Dxe5 24. fxe5 Txg7 mit einem Remis entschlüpfen.

23. ...	Tb6 x f6
24. e5 x f6	Dc7 - c5
25. Ld3 x h7	Dc5 - g5
26. Lh7 x g8	Dg5 x f6
27. Th1 - f1	Df6 x g7
28. Lg8 x f7+	Ke8 - d8
29. Lf7 - e6	Dg7 - h6
30. Le6 x d7!	

Die Türme auf der siebten Reihe entscheiden.

30. ...	Lc8 x d7
31. Tf1 - f7	Dh6 x h2
32. Td1 x d7+	Kd8 - e8
33. Td7 - e7+	Ke8 - d8

34. Te7 - d7+

Hier diktiert die fehlende Bedenkzeit die Züge.

34. ...	Kd8 - c8
35. Td7 - c7+	Kc8 - d8
36. Tf7 - d7+	Kd8 - e8
37. Td7 - d1	b7 - b5
38. Tc7 - b7	Dh2 - h5
39. g3 - g4	Dh5 - h3

39. ... Dxg4 40. Th1 Dd4 41. Th8+! Dxh8 42. Tb8+.

40. g4 - g5	Dh3 - f3
41. Td1 - e1+	Ke8 - f8
42. Tb7 x b5	Kf8 - g7
43. Tb5 - b6	Df3 - g3
44. Te1 - d1	Dg3 - c7
45. Td1 - d6	Dc7 - c8
46. b2 - b3	Kg7 - h7
47. Tb6 - a6	Aufgabe.

Partie Nr. 4

R. Byrne - Fischer
USA-Meisterschaft 1963/64
Grünfeldindisch

1. d2 - d4	Sg8 - f6
2. c2 - c4	g7 - g6
3. g2 - g3	c7 - c6
4. Lf1 - g2	

Ein Jahr vorher spielte Byrne 4. d5 b5! 5. dxc6 bxc4 6. cxd7+ Sbxd7 7. Lg2 Tb8 8. Sf3 Lg7 9. 0-0-0 =.

4. ...	d7 - d5
5. c4 x d5	c6 x d5
6. Sb1 - c3	Lf8 - g7
7. e2 - e3	0 - 0
8. Sg1 - e2	Sb8 - c6
9. 0 - 0	b7 - b6

10. b2 - b3	Lc8 - a6
11. Lc1 - a3	Tf8 - e8
12. Dd1 - d2	e7 - e5!

"Ich war etwas besorgt über die Schwächung meines d-Bauern, fühlte aber, daß die gewaltige Aktivität, die meine Leichtfiguren erhielten, dem Weißen keine Zeit geben würde, sie auszunutzen. 12. ... e6 hätte wahrscheinlich zum Remis geführt" (Fischer).

| 13. d4 x e5 | Sc6 x e5 |
| 14. Tf1 - d1? | |

Besser 14. Tad1. Es ist fraglich, ob Fischer am Brett noch eine Gewinnfortsetzung gefunden hätte. Bei der Hausanalyse fand er 14. ... Dc8! 15. Lb2 (noch das Beste) Df5 mit Initiative.

| 14. ... | Se5 - d3! |
| 15. Dd2 - c2 | |

nachdachte, warum Fischer solch eine Variante wählte, weil sie scheinbar für Schwarz verloren war, kam plötzlich 18. ... Sxg2. Dieser blendende Zug kam wie ein Schock ... Die entscheidende Kombination ist von solcher Tiefe, daß im ersten Moment, nachdem ich aufgab, die beiden Großmeister, die das Spiel für die Zuschauer kommentierten, glaubten, ich hätte die Partie gewonnen!"

19. Kg1 x g2	d5 - d4!
20. Se2 x d4	La6 - b7+
21. Kg2 - f1	Dd8 - d7

Weiß gibt auf. Fischer hätte gerne noch das Matt präsentiert: 22. Df2 Dh3+ 23. Kg1 Te1+!! 24. Txe1 Lxd4 25. Dxd4 Dg2#.

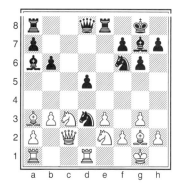

| 15. ... | Sd3 x f2! |

"Die völlige Rechtfertigung dieses Opfers wird nicht eher deutlich, als bis Weiß aufgibt" (Fischer).

16. Kg1 x f2	Sf6 - g4+
17. Kf2 - g1	Sg4 x e3
18. Dc2 - d2	Se3 x g2!

Byrne: "Und als ich saß und darüber

R. Byrne

Partie Nr. 5

Fischer - Gligoric
Olympiade Havanna 1966
Spanisch

1. e2 - e4	e7 - e5
2. Sg1 - f3	Sb8 - c6
3. Lf1 - b5	a7 - a6
4. Lb5 x c6	

Fischers Siege in Havanna mit dieser Abtauschvariante belebten den alten Zug Lasker's, den er bereits 1914 in St. Petersburg einführte. Sie galt seitdem als minderwertig.

| 4. ... | d7 x c6 |
| 5. 0 - 0 | |

GM S. Gligoric (1978)

Bis dato widmete man sich nur 5. d4 exd4 6. Dxd4.

| 5. ... | f7 - f6 |

Diese Stellungen sind seitdem umfangreich analysiert worden.

| 6. d2 - d4 | Lc8 - g4 |

Das ist besser als die Aufgabe des Zentrums mit 6. ... exd4.

| 7. c2 - c3!? | |

Ein Gambit, das Schwarz nicht annehmen darf, z. B.: 7. ... exd4 8. cxd4 Lxf3 9. Dxf3 Dxd4 10. Td1 Dc5 11. Lf4 mit starker Initiative.

| 7. ... | e5 x d4?! |

Besser 7. ... Ld6, um das Zentrum zu halten.

8. c3 x d4	Dd8 - d7
9. h2 - h3	Lg4 - e6
10. Sb1 - c3	0 - 0 - 0
11. Lc1 - f4	Sg8 - e7?!

Fischer gibt 11. ... Ld6! 12. Ld6: Dd6: als Verbesserung an.

12. Ta1 - c1	Se7 - g6
13. Lf4 - g3	Lf8 - d6
14. Sc3 - a4	Ld6 x g3

Richtig war 14. ... Kb8 15. Sc5 De7, um das Feld c5 zu kontrollieren.

15. f2 x g3	Kc8 - b8
16. Sa4 - c5	Dd7 - d6
17. Dd1 - a4!	Kb8 - a7?

17. ... Lc8 18. Tc3 Sf8! (Fischer) sollte kommen.

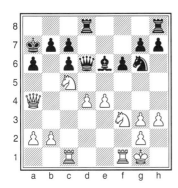

10. Sd2 - c4	Sb8 - c6
11. c2 - c3	Lc8 - e6
12. c3 x d4	Le6 x c4
13. d3 x c4	e5 x d4
14. e4 - e5!	

Gegen 14. ... f6! gerichtet.

14. ...	Dd8 - d7
15. h2 - h4	d4 - d3
16. Lc1 - d2	Ta8 - d8
17. Ld2 - c3	Sc6 - b4
18. Sf3 - d4?!	

Hier konnte Weiß mit 18. Lxb4 die schwarze Bauernformation schwächen und anschließend auf den Bauern d3 Druck ausüben.

18. ...	Tf8 - e8

Erzwungen wegen der Drohung 19. e6.

19. e5 - e6	f7 x e6
20. Sd4 x e6	Lg7 x c3
21. b2 x c3	Sb4 - c2
22. Se6 x d8	

Und nicht 22. Sxc5 Dc8 23. Sxb7 Td7.

22. ...	Te8 x d8
23. Dd1 - d2	Sc2 x a1
24. Te1 x a1	Kg8 - g7
25. Ta1 - e1	Se7 - g8
26. Lg2 - d5	Dd7 x a4
27. Dd2 x d3	Td8 - e8

Schwarz muß verhindern, daß Weiß mit 28. De3 auf der offenen Linie verdoppelt.

28. Te1 x e8	Da4 x e8
29. Ld5 x b7	Sg8 - f6
30. Dd3 - d6	De8 - d7
31. Dd6 - a6	

18. Sc5 x a6!	Le6 x h3
19. e4 - e5	Sg6 x e5
20. d4 x e5	f6 x e5
21. Sa6 - c5+	Ka7 - b8
22. g2 x h3	e5 - e4
23. Sc5 x e4	Dd6 - e7
24. Tc1 - c3	b7 - b5
25. Da4 - c2	Aufgabe.

Partie Nr. 6

Fischer - Hübner
Palma de Mallorca 1970
Caro-Kann

1. e2 - e4	c7 - c6
2. d2 - d3	d7 - d5
3. Sb1 - d2	g7 - g6
4. Sg1 - f3	Lf8 - g7
5. g2 - g3	e7 - e5
6. Lf1 - g2	Sg8 - e7
7. 0 - 0	0 - 0
8. Tf1 - e1	d5 - d4

Beendet die Hoffnungen von Weiß, selbst einmal zu d4 zu kommen.

9. a2 - a4	c6 - c5?!

Hier konnte Schwarz durch 9. ... a5! nebst b5 das Spiel forcieren.

19

Nach 31. Dxd7 Sxd7 steht Schwarz besser.

31. ...   Dd7 - f7!

Der einzige Zug, der 32. Dxa7 verhindert.

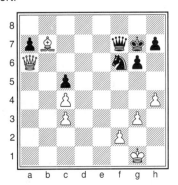

32. Da6 x a7?

Fischer spielt den Zug trotzdem. Er verliert nun eine Figur für drei Bauern. Man hat von Fischer nie gehört, ob er den Figurenverlust übersehen hatte.

32. ...	Sf6 - e4!
33. f2 - f3	Se4 - d6
34. Da7 x c5	Sd6 x b7
35. Dc5 - d4+	Kg7 - g8
36. Kg1 - f2	Df7 - e7
37. Dd4 - d5+	Kg8 - f8
38. h4 - h5	g6 x h5

Dies ist im Remissinne besser als 38. ... Sc5 39. h6 mit unklarer Stellung.

39. Dd5 x h5	Sb7 - c5
40. Dh5 - d5	Kf8 - g7
41. Dd5 - d4+	Kg7 - f7
42. Dd4 - d5+	Kf7 - g7
43. Dd5 - d4+	Kg7 - f7
44. Dd4 - d5+	**Remis.**

Diese Kampfpartie hat sicherlich nichts mit einer der berühmten "Großmeisterremisen" zu tun.

Partie Nr. 7

**Fischer - Taimanow
Vancouver 1971
4. Partie
Sizilianisch**

1. e2 - e4	c7 - c5
2. Sg1 - f3	Sb8 - c6
3. d2 - d4	c5 x d4
4. Sf3 x d4	Dd8 - c7
5. Sb1 - c3	e7 - e6
6. g2 - g3	a7 - a6
7. Lf1 - g2	Sg8 - f6
8. 0 - 0	Sc6 x d4
9. Dd1 x d4	Lf8 - c5
10. Lc1 - f4	d7 - d6
11. Dd4 - d2	h7 - h6

Hier wurde 11. ... Sd7 vorgeschlagen, um die Schwächung des Feldes e5 zu vermeiden.

| 12. Ta1 - d1 | e6 - e5 |
| 13. Lf4 - e3 | Lc8 - g4 |

13. ... Lxe3? 14. fxe3! (Ke7? 15. Txf6).

14. Le3 x c5	d6 x c5
15. f2 - f3	Lg4 - e6
16. f3 - f4	Ta8 - d8

Tal gab für Schwarz folgende Variante an: 16. ... 0-0 17. f5 Tad8 18. De3 Lc8 19. Sd5 Sxd5 20. exd5 f6 usw.

| 17. Sc3 - d5 | Le6 x d5 |
| 18. e4 x d5 | e5 - e4 |

Gegen die Drohung 19. d6.

| 19. Tf1 - e1! | Td8 x d5 |

20. Te1 x e4+	Ke8 - d8	50. Kc4 - b5	Se7 - c8
21. Dd2 - e2	Td5 x d1+	51. Le8 - c6+	
22. De2 x d1+	Dc7 - d7		
23. Dd1 x d7+	Kd8 x d7	51. Lxg6?? Sd6 matt!	
24. Te4 - e5	b7 - b6		
25. Lg2 - f1	a6 - a5	51. ...	Kb7 - c7
26. Lf1 - c4	Th8 - f8	52. Lc6 - d5	Sc8 - e7
27. Kg1 - g2	Kd7 - d6	53. Ld5 - f7	Kc7 - b7
28. Kg2 - f3	Sf6 - d7	54. Lf7 - b3!	Kb7 - a7
29. Te5 - e3	Sd7 - b8	55. Lb3 - d1	Ka7 - b7
30. Te3 - d3+	Kd6 - c7	56. Ld1 - f3+	Kb7 - c7
31. c2 - c3	Sb8 - c6	57. Kb5 - a6	Se7 - g8
32. Td3 - e3	Kc7 - d6	58. Lf3 - d5	Sg8 - e7
33. a2 - a4		59. Ld5 - c4	Se7 - c6
		60. Lc4 - f7	Sc6 - e7
		61. Lf7 - e8!	Kc7 - d8

Damit ist der Punkt b5 als Operationsbasis für Läufer und König gesichert.

Der entscheidende Abwartezug. Fischer hat in der Analyse einen 20zügigen Gewinnweg entdeckt.

33. ...	Sc6 - e7
34. h2 - h3	Se7 - c6
35. h3 - h4	h6 - h5
36. Te3 - d3+	Kd6 - c7
37. Td3 - d5	f7 - f5
38. Td5 - d2	Tf8 - f6
39. Td2 - e2	Kc7 - d7
40. Te2 - e3	g7 - g6
41. Lc4 - b5	Tf6 - d6

Der Abgabezug.

42. Kf3 - e2	Kd7 - d8

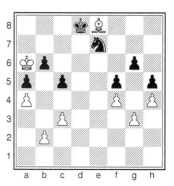

Die schwarzen Bauern am Königsflügel sind auf Feldern von der Farbe des Läufers festgelegt und bieten eine Zielscheibe. Am Damenflügel hat Weiß die Einbruchsfelder Kd3-c4-b5-a6, deshalb tauscht er den Turm ab.

43. Te3 - d3!	Kd8 - c7	62. Le8 x g6!	Se7 x g6
44. Td3 x d6	Kc7 x d6	63. Ka6 x b6	Kd8 - d7
45. Ke2 - d3	Sc6 - e7	64. Kb6 x c5	Sg6 - e7
46. Lb5 - e8!	Kd6 - d5	65. b2 - b4	a5 x b4
47. Le8 - f7+	Kd5 - d6	66. c3 x b4	Se7 - c8
48. Kd3 - c4	Kd6 - c6	67. a4 - a5	Sc8 - d6
49. Lf7 - e8+	Kc6 - b7	68. b4 - b5	Sd6 - e4+
		69. Kc5 - b6	Kd7 - c8
		70. Kb6 - c6	Kc8 - b8
		71. b5 - b6	Aufgabe.

Ein lehrreiches Endspiel Läufer gegen Springer.

Partie Nr. 8

Fischer - Larsen
Denver 1971
5. Partie
Sizilianisch

Hans Kmoch, New York, zu dieser Partie: "Besonders bezeichnend für die Eigenart Fischers ist nach meiner Ansicht ... seine fünfte Partie gegen Larsen. Er gibt einen Bauern auf für einen kleinen Vorteil an Bewegungsfreiheit, der sich trotz Abwesenheit der Dame geltend macht".

1. e2 - e4	c7 - c5	
2. Sg1 - f3	d7 - d6	
3. d2 - d4	c5 x d4	
4. Sf3 x d4	Sg8 - f6	
5. Sb1 - c3	Sb8 - c6	
6. Lf1 - c4	e7 - e6	
7. Lc4 - b3	Lf8 - e7	
8. Lc1 - e3	0 - 0	
9. 0 - 0	Lc8 - d7	
10. f2 - f4	Dd8 - c8	

Gegen 11. f5 gerichtet.

11. f4 - f5!

Fischer spielt trotzdem diesen Zug.

11. ...	Sc6 x d4
12. Le3 x d4	e6 x f5
13. Dd1 - d3	f5 x e4
14. Sc3 x e4	Sf6 x e4
15. Df3 x e4	Ld7 - e6
16. Tf1 - f3	Dc8 - c6!

16. ... Lxb3? 17. Tg3! g6 18. Dxe7 De6 19. Dh4 Lxc2 20. Te3 Df5 21. Dh6! f6 22. Te7+-.

17. Ta1 - e1!

Bei einem Minusbauern läßt Fischer den Damentausch zu. Die Positionen der weißen Läufer und Türme sind aktiver als die von Larsen.

17. ...	Dc6 x e4
18. Te1 x e4	d6 - d5

18. ... Lxb3? 19. Tg3 g6 20. Txb3+-.

19. Tf3 - g3!	g7 - g6
20. Lb3 x d5	Le7 - d6

20. ... Lxd5 21. Txe7 Tfe8 könnte Remis enden. Aber Larsen liegt 0:4 zurück und greift nach jedem Strohhalm.

21. Te4 x e6!	Ld6 x g3
22. Te6 - e7	Lg3 - d6
23. Te7 x b7	Ta8 - c8
24. c2 - c4	a7 - a5
25. Tb7 - a7	Ld6 - c7
26. g2 - g3	Tf8 - e8
27. Kg1 - f1	Te8 - e7
28. Ld4 - f6	Te7 - e3
29. Lf6 - c3	h7 - h5
30. Ta7 - a6!	

Weiß droht Txg6+

30. ...	Lc7 - e5
31. Lc3 - d2!	

31. Txg6+? Kf8!

31. ...	Te3 - d3
32. Kf1 - e2	Td3 - d4
33. Ld2 - c3!	Tc8 x c4
34. Ld5 x c4	Td4 x c4
35. Ke2 - d3!	

35. Le3: Te4+ =.

35. ...	Tc4 - c5
36. Ta6 x a5	Tc5 x a5

37. Lc3 x a5	Le5 x b2	15. Se1 - c2	Ta8 - b8
38. a2 - a4		16. Tf1 - c1	Dc8 - e8
		17. Lb2 - a3	Le7 - d6

Nun entscheidet der entfernte Freibauer.

Wegen dieses Zugs, der b3 - b4 verhindert, wurde 17. cxb5 axb5 18. a3 vorgeschlagen.

38. ...	Kg8 - f8
39. La5 - c3!	Lb2 x c3
40. Kd3 x c3	Kf8 - e7
41. Kc3 - d4	Ke7 - d6
42. a4 - a5	f7 - f6
43. a5 - a6	Kd6 - c6
44. a6 - a7	Kc6 - b7
45. Kd4 - d5	h5 - h4
46. Kd5 - e6	Aufgabe

18. Sc2 - e1	g7 - g6
19. c4 x b5	

Jetzt hingegen ist er planlos.

19. ...	a6 x b5
20. La3 - b2	Sd7 - b6
21. Se1 - f3	Tb8 - a8
22. a2 - a3	Sc6 - a5
23. De2 - d1	

Besser war 23. Tab1.

Partie Nr. 9

Petrosjan - Fischer
Buenos Aires 1971
6. Partie
Nimzowitsch-Angriff

23. ...	De8 - f7
24. a3 - a4	b5 x a4
25. b3 x a4	c5 - c4!
26. d3 x c4	Sb6 x c4
27. Sd2 x c4	Sa5 x c4
28. Dd1 - e2	Sc4 x b2

1. Sg1 - f3	c7 - c5
2. b2 - b3	d7 - d5
3. Lc1 - b2	f7 - f6
4. c2 - c4	d5 - d4
5. d2 - d3	e7 - e5
6. e2 - e3	Sg8 - e7
7. Lf1 - e2	Se7 - c6
8. Sb1 - d2	Lf8 - e7
9. 0 - 0	0 - 0
10. e3 - e4	

Hier wurde 28. ... Tfc8! vorgeschlagen.

29. De2 x b2	Tf8 - b8
30. Db2 - a2	Ld6 - b4

Gestattet das Eindringen des weißen Turms nach c7. Besser 30. ... Tb4.

31. Da2 x f7+	Kg8 x f7
32. Tc1 - c7+	Kf7 - e6
33. g2 - g4!	

Eine Benoni-Stellung mit vertauschten Farben.

Nun droht 34. g5.

10. ...	a7 - a6
11. Sf3 - e1	b7 - b5
12. Le2 - g4	Lc8 x g4
13. Dd1 x g4	Dd8 - c8
14. Dg4 - e2	Sb8 - d7

33. ...	Lb4 - c3
34. Ta1 - a2	Tb8 - c8
35. Tc7 x c8?	

T. Petrosjan WM 1963-1969

Um Remis zu erreichen war 35. Txh7 Tc4 36. Tb7! Tcxa4 37. Txa4 Txa4 38. Tb6+ Kf7 39. g5 nötig.

35. ...	Ta8 x c8
36. a4 - a5	Tc8 - a8
37. a5 - a6	Ta8 - a7
38. Kg1 - f1	g6 - g5!
39. Kf1 - e2	Ke6 - d6
40. Ke2 - d3	Kd6 - c5
41. Sf3 - g1	Kc5 - b5
42. Sg1 - e2	

Der Abgabezug. Die Analyse: Weiß muß genau spielen, um Remis zu halten.

42. ...	Lc3 - a5
43. Ta2 - b2+!	

Schneidet den schwarzen König ab.

43. ...	Kb5 x a6
44. Tb2 - b1	Ta7 - c7
45. Tb1 - b2	La5 - e1
46. f2 - f3?	

Suetin zeigte im Pressezimmer den folgenden Rettungsweg für Weiß: 46. Tb1! Lxf2 (46. ... Lc3 47. Tb3) 47. Tf1 Le3 48. Tf6:+ Ka5! 49. Te6 Tc5 50. Te7 Tb5 51. Kc4! Tb4+ 52. Kd3 Tb3+ 53. Kc4 d3! 54. Sc3! =.

46. ...	Ka6 - a5
47. Tb2 - c2	Tc7 - b7
48. Tc2 - a2+	Ka5 - b5
49. Ta2 - b2+	Le1 - b4
50. Tb2 - a2	Tb7 - c7
51. Ta2 - a1	Tc7 - c8
52. Ta1 - a7?	

Der entscheidende Fehler.

52. ...	Lb4 - a5!
53. Ta7 - d7	La5 - b6
54. Td7 - d5+	Lb6 - c5
55. Se2 - c1	Kb5 - a4
56. Td5 - d7	Lc5 - b4
57. Sc1 - e2	Ka4 - b3
58. Td7 - b7	Tc8 - a8
59. Tb7 x h7	Ta8 - a1
60. Se2 x d4+	e5 x d4
61. Kd3 x d4	Ta1 - d1+
62. Kd4 - e3	Lb4 - c5+
63. Ke3 - e2	Td1 - h1
64. h2 - h4	Kb3 - c4!
65. h4 - h5	Th1 - h2+
66. Ke2 - e1	Kc4 - d3
Aufgabe.	

Das Duell in Reykjavik 1972

Boris Spasski

Robert Fischer

1. Partie
Spasski - Fischer
Nimzoindisch

Mit dem Zug 29. ... Lxh2? gab Fischer eine sichere Remis-Position auf. Dieser Zug wurde 20 Jahre lang diskutiert.

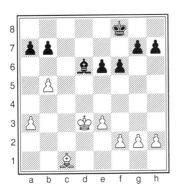

1. d4 Sf6 2. c4 e6 3. Sf3 d5 4. Sc3 Lb4 5. e3 0-0 6. Ld3 c5 7. 0-0 Sc6 8. a3 La5 9. Se2 dxc4 10. Lxc4 Lb6 11. dxc5 Dxd1 12. Txd1 Lxc5 13. b4 Le7 14. Lb2 Ld7 15. Tac1 Tfd8 16. Sed4 Sxd4 17. Sxd4 La4 18. Lb3 Lxb3 19. Sxb3 Txd1+ 20. Txd1 Tc8 21. Kf1 Kf8 22. Ke2 Se4 23. Tc1 Txc1 24. Lxc1 f6 25. Sa5 Sd6 26. Kd3 Ld8 27. Sc4 Lc7 28. Sxd6 Lxd6 29. b5 Lxh2 30. g3 h5 31. Ke2 h4 32. Kf3 Ke7 33. Kg2 hxg3 34. fxg3 Lxg3 35. Kxg3 Kd6 36. a4 Kd5 37. La3 Ke4 38. Lc5 a6 39. b6 f5 40. Kh4 f4 41. exf4 Kxf4 42. Kh5 Kf5 43. Le3 Ke4 44. Lf2 Kf5 45. Lh4 e5 46. Lg5 e4 47. Le3 Kf6 48. Kg4 Ke5 49. Kg5 Kd5 50. Kf5 a5 51. Lf2 g5 52. Kxg5 Kc4 53. Kf5 Kb4 54. Kxe4 Kxa4 55. Kd5 Kb5 56. Kd6 **1:0**.
Stand: Spasski - Fischer 1:0

2. Partie
Fischer - Spasski

0:1 Fischer nicht angetreten; kontumaziert.

Stand: Fischer - Spasski 0:2

3. Partie
Spasski - Fischer
Benoni

Für Fischer war der folgende Sieg psychologisch wichtig, da ihn ein Drei-Punkte-Rückstand fast aussichtslos zurückgeworfen hätte. Er überraschte Spasski schon im 11. Zug mit ... Sh5! und spätestens mit 18. g3 begab sich Spasski auf die Verliererstraße.

1. d4 Sf6 2. c4 e6 3. Sf3 c5 4. d5 exd5 5. cxd5 d6 6. Sc3 g6 7. Sd2 Sbd7 8. e4 Lg7 9. Le2 0-0 10. 0-0 Te8 11. Dc2 Sh5 12. Lxh5 gxh5 13. Sc4 Se5 14. Se3 Dh4 15. Ld2 Sg4 16. Sxg4 hxg4 17. Lf4 Df6 18. g3 Ld7 19. a4 b6 20. Tfe1 a6 21. Te2 b5 22. Tae1 Dg6 23. b3 Te7 24. Dd3 Tb8 25. axb5 axb5 26. b4 c4 27. Dd2 Tbe8 28. Te3 h5 29. T3e2 Kh7 30. Te3 Kg8 31. T3e2 Lxc3 32. Dxc3 Txe4 33. Txe4 Txe4 34. Txe4 Dxe4 35. Lh6 Dg6 36. Lc1 Db1 37. Kf1 Lf5 38. Ke2 De4+ 39. De3 Dc2+ 40. Dd2 Db3 41. Dd4 Ld3+ **0:1**

Stand: Spasski - Fischer 2:1

4. Partie
Fischer - Spasski
Sizilianisch

Eine Partie, in der auf beiden Seiten die Taktik dominierte. Vor allem Weltmeister Spasski bewies hier, wo seine Stärken liegen - nämlich in temperamentvollen Verwicklungen und Varianten. Pachmann war der Meinung, daß Schwarz statt 29. ... Th8? mit 29. ... Td8 Vorteil erzielt hätte.

1. e4 c5 2. Sf3 d6 3. d4 cxd4 4. Sxd4 Sf6 5. Sc3 Sc6 6. Lc4 e6 7. Lb3 Le7 8. Le3 0-0 9. 0-0 a6. 10. f4 Sxd4 11. Lxd4 b5 12. a3 Lb7 13. Dd3 a5 14. e5 dxe5 15. fxe5 Sd7 16. Sxb5 Sc5 17. Lxc5 Lxc5+ 18. Kh1 Dg5 19. De2 Tad8 20. Tad1 Txd1 21. Txd1 h5 22. Sd6 La8 23. Lc4 h4 24. h3 Le3 25. Dg4 Dxe5 26. Dxh4 g5 27. Dg4 Lc5 28. Sb5 Kg7 29. Sd4 Th8 30. Sf3 Lxf3 31. Dxf3 Ld6 32. Dc3 Dxc3 33. bxc3 Le5 34. Td7 Kf6 35. Kg1 Lxc3 36. Le2 Le5 37. Kf1 Tc8 38. Lh5 Tc7 39. Txc7 Lxc7 40. a4 Ke7 41. Ke2 f5 42. Kd3 Le5 43. c4 Kd6 44. Lf7 Lg3 45. c5+ **Remis**

Stand: Fischer - Spasski 1,5:2,5

5. Partie
Spasski - Fischer
Nimzoindisch

Spasski gerät schon früh in Nachteil. 27. Dc2 war ein eklatanter Fehler, der bei den anwesenden Großmeistern mehr als ein Kopfschütteln hervorrief.

1. d4 Sf6 2. c4 e6 3. Sc3 Lb4 4. Sf3 c5 5. e3 Sc6 6. Ld3 Lxc3+ 7. bxc3 d6 8. e4 e5 9. d5 Se7 10. Sh4 h6 11. f4 Sg6 12. Sxg6 fxg6 13. fxe5 dxe5 14. Le3 b6 15. 0-0 0-0 16. a4 a5 17. Tb1 Ld7 18. Tb2 Tb8 19. Tbf2 De7 20. Lc2 g5 21. Ld2 De8 22. Le1 Dg6 23. Dd3 Sh5 24. Txf8+ Txf8 25. Txf8+ Kxf8 26. Ld1 Sf4 27. Dc2 Lxa4 **0:1**

Stand: Spasski - Fischer 2,5:2,5

6. Partie
Fischer - Spasski
Damen-Gambit

Vorentscheidend für Fischers Sieg in dieser Partie war 20. e4. Er kreist seinen Gegner erbarmungslos ein. 41. Df4 ist der Todesstoß.

1. c4 e6 2. Sf3 d5 3. d4 Sf6 4. Sc3 Le7 5. Lg5 0-0 6. e3 h6 7. Lh4 b6 8. cxd5 Sxd5 9. Lxe7 Dxe7 10. Sxd5 exd5 11. Tc1 Le6 12. Da4 c5 13. Da3 Tc8 14. Lb5 a6 15. dxc5 bxc5 16. 0-0 Ta7 17. Le2 Sd7 18. Sd4 Df8 19. Sxe6 fxe6 20. e4 d4 21. f4 De7 22. e5 Tb8 23. Lc4 Kh8 24. Dh3 Sf8 25. b3 a5 26. f5 exf5 27. Txf5 Sh7 28. Tcf1 Dd8 29. Dg3 Te7 30. h4 T8b7 31. e6 Tbc7 32. De5 De8 33. a4 Dd8 34. T1f2 De8 35. T2f3 Dd8 36. Ld3 De8 37. De4 Sf6 38. Txf6 gxf6 39. Txf6 Kg8 40. Lc4 Kh8 41. Df4 **1:0**
Stand: Fischer - Spasski 3,5:2,5

7. Partie
Spasski - Fischer
Sizilianisch

Spasski hat mit dem Abgabezug 41. h4! die Stellung ausgeglichen, aber mit 47. Te4? wahrscheinlich den Gewinn ausgelassen. Er sollte 47. Td3+! Kf4 48. Sg3! mit der Drohung 49. Te4 spielen.

1. e4 c5 2. Sf3 d6 3. d4 cxd4 4. Sxd4 Sf6 5. Sc3 a6 6. Lg5 e6 7. f4 Db6 8. Dd2 Dxb2 9. Sb3 Da3 10. Ld3 Le7 11. 0-0 h6 12. Lh4 Sxe4 13. Sxe4 Lxh4 14. f5 exf5 15. Lb5+ axb5 16. Sxd6+ Kf8 17. Sxc8 Sc6 18. Sd6 Td8 19. Sxb5 De7 20. Df4 g6 21. a4 Lg5 22. Dc4 Le3+ 23. Kh1 f4 24. g3 g5 25. Tae1 Db4 26. Dxb4+ Sxb4 27. Te2 Kg7 28. Sa5 b6 29. Sc4 Sd5 30. Scd6 Lc5 31. Sb7 Tc8 32. c4 Se3 33. Tf3 Sxc4 34. gxf4 g4 35. Td3 h5 36. h3 Sa5 37. S7d6 Lxd6 38. Sxd6 Tc1+ 39. Kg2 Sc4 40. Se8+ Kg6 41. h4 f6 42. Te6 Tc2+ 43. Kg1 Kf5 44. Sg7+ Kxf4 45. Td4+ Kg3 46. Sf5+ Kf3 47. T6e4 Tc1+ 48. Kh2 Tc2+ 49. Kg1
Remis
Stand: Spasski - Fischer 3:4

8. Partie
Fischer - Spasski
Englisch

Wiederum eklatante Verlustzüge mit 15. ... b5? und 19. ... Sd7?? von Spasski brachten Fischer einen Zwei-Punkte-Vorsprung.

1. c4 c5 2. Sc3 Sc6 3. Sf3 Sf6 4. g3 g6 5. Lg2 Lg7 6. 0-0 0-0 7. d4 cxd4 8. Sxd4 Sxd4 9. Dxd4 d6 10. Lg5 Le6 11. Df4 Da5 12. Tac1 Tab8 13. b3 Tfc8 14. Dd2 a6 15. Le3 b5 16. La7 bxc4 17. Lxb8 Txb8 18. bxc4 Lxc4 19. Tfd1 Sd7 20. Sd5 Dxd2 21. Sxe7+ Kf8 22. Txd2 Kxe7 23. Txc4 Tb1+ 24. Lf1 Sc5 25. Kg2 a5 26. e4 La1 27. f4 f6 28. Te2 Ke6 29. Tec2 Lb2 30. Le2 h5 31. Td2 La3 32. f5+ gxf5 33. exf5+ Ke5 34. Tcd4 Kxf5 35. Td5+ Ke6 36. Txd6+ Ke7 37. Tc6 **1:0**
Stand: Fischer - Spasski 5:3

9. Partie
Spasski - Fischer
Damen-Gambit

Spasski nahm ein viertägiges 'time out' nach der schmerzlichen Niederlage in der 8. Partie. Mit 9. ... b5 brachte Fischer eine Neuerung, während der Titelverteidiger schon mit 18. Dc2 seine Friedfertigkeit signalisierte.

1. d4 Sf6 2. c4 e6 3. Sf3 d5 4. Sc3 c5 5. cxd5 Sxd5 6. e4 Sxc3 7. bxc3 cxd4 8. cxd4 Sc6 9. Lc4 b5 10. Ld3 Lb4+ 11. Ld2 Lxd2+ 12. Dxd2 a6 13. a4 0-0 14. Dc3 Lb7 15 axb5 axb5 16. 0-0 Db6 17. Tab1 b4 18. Dd2 Sxd4 19. Sxd4 Dxd4 20. Txb4 Dd7 21. De3 Tfd8 22. Tfb1 Dxd3 23. Dxd3 Txd3 24. Txb7 g5 25. Tb8+ Txb8 26 Txb8+ Kg7 27. f3 Td2 28. h4 h6 29. hxg5 hxg5 **Remis**
Stand: Spasski - Fischer 3,5:5,5

10. Partie
Fischer - Spasski
Spanisch

Auch in seiner Spezialvariante (Breyer System im Spanischen) kommt Spasski "unter die Räder". 27. ... Td7!? mußte nicht zwingend gespielt werden.

1. e4 e5 2. Sf3 Sc6 3. Lb5 a6 4. La4 Sf6 5. 0-0 Le7 6. Te1 b5 7. Lb3 d6 8. c3 0-0 9. h3 Sb8 10. d4 Sbd7 11. Sbd2 Lb7 12. Lc2 Te8 13. b4 Lf8 14. a4 Sb6 15. a5 Sbd7 16. Lb2 Db8 17. Tb1 c5 18. bxc5 dxc5 19. dxe5 Sxe5 20. Sxe5 Dxe5 21. c4 Df4 22. Lxf6 Dxf6 23. cxb5 Ted8 24. Dc1 Dc3 25. Sf3 Dxa5 26. Lb3 axb5 27. Df4 Td7 28. Se5 Dc7 29. Tbd1 Te7 30. Lxf7+ Txf7 31. Dxf7+ Dxf7 32. Sxf7 Lxe4 33. Txe4 Kxf7 34. Td7+ Kf6 35. Tb7 Ta1+ 36. Kh2 Ld6+ 37. g3 b4 38. Kg2 h5 39. Tb6 Td1 40. Kf3 Kf7 41. Ke2 Td5 42. f4 g6 43. g4 hxg4 44. hxg4 g5 45. f5 Le5 46. Tb5 Kf6 47. Texb4 Ld4 48. Tb6+ Ke5 49. Kf3 Td8 50. Tb8 Td7 51. T4b7 Td6 52. Tb6 Td7 53. Tg6 Kd5 54. Txg5 Le5 55. f6 Kd4 56. Tb1 **1:0**
Stand: Fischer - Spasski 6,5:3,5

11. Partie
Spasski - Fischer
Sizilianisch

Spasski in Superform. Diesmal wählt er die schärfste Variante gegen Fischers Bauernraub auf 8. ... Dxb2.

1. e4 c5 2. Sf3 d6 3. d4 cxd4 4. Sxd4 Sf6 5. Sc3 a6 6. Lg5 e6 7. f4 Db6 8. Dd2 Dxb2 9. Sb3 Da3 10. Lxf6 gxf6 11. Le2 h5 12. 0-0 Sc6 13. Kh1 Ld7 14. Sb1 Db4 15. De3 d5 16. exd5 Se7 17. c4 Sf5 18. Dd3 h4 19. Lg4 Sd6 20. S1d2 f5 21. a3 Db6 22. c5 Db5 23. Dc3 fxg4 24. a4 h3 25. axb5 hxg2+ 26. Kxg2 Th3 27. Df6 Sf5 28. c6 Lc8 29. dxe6 fxe6 30. Tfe1 Le7 31. Txe6 **1:0**
Stand: Spasski - Fischer 4,5:6,5

12. Partie
Fischer - Spasski
Damen-Gambit

Wiederum war es Fischer, der hart um den Ausgleich kämpfen mußte. Aber beide Akteure legten die Partie mit größter Vorsicht an.

1. c4 e6 2. Sf3 d5 3. d4 Sf6 4. Sc3 Le7 5. Lg5 h6 6. Lh4 0-0 7. e3 Sbd7 8. Tc1 c6 9. Ld3 dxc4 10. Lxc4 b5 11. Ld3 a6 12. a4 bxa4 13. Sxa4 Da5+ 14. Sd2 Lb4 15. Sc3 c5 16. Sb3 Dd8 17. 0-0 cxd4 18. Sxd4 Lb7 19. Le4 Db8 20. Lg3 Da7 21. Sc6 Lxc6 22. Lxc6 Tac8 23. Sa4 Tfd8 24. Lf3 a5 25. Tc6 Txc6 26. Lxc6 Tc8 27. Lf3 Da6 28. h3 Db5 29. Le2 Dc6 30. Lf3 Db5 31. b3 Le7 32. Le2 Db4 33. La6 Tc6 34. Ld3 Sc5 35. Df3 Tc8 36. Sxc5 Lxc5 37. Tc1 Td8 38. Lc4 Dd2 39. Tf1 Lb4 40. Lc7 Td7 41. Dc6 Dc2 42. Le5 Td2 43. Da8+ Kh7 44. Lxf6 gxf6 45. Df3 f5 46. g4 De4 47. Kg2 Kg6 48. Tc1

La3 49. Ta1 Lb4 50. Tc1 Le7 51. gxf5+ exf5 52. Te1 Txf2+ 53. Kxf2 Lh4+ 54. Ke2 Dxf3+ 55. Kxf3 Lxe1 **Remis**
Stand: Fischer - Spasski 7:5

13. Partie
Spasski - Fischer
Aljechin-Verteidigung

In einer äußerst spannenden Partie unterlief Spasski mit 69. Td1+?? der entscheidende Fehler. Mit 69. Tc3+ Kd4 70. Tf3 c3+! 71. Ka1 c2 72. Txf4+ Kc3 73. Lb4+ Kd3 74. La3 Txg7 75. Tf3+ Kc4 76. Tf4+ Kd5 77. Tf1 Ke4 78. Lc1 Td7 79. Kb2 Td1 80. Tf4+ Kd3 81. Ta4 Txc1 82. Kxc1 Kc3 83. Txa2! hätte er Remis gemacht (Pachmann).

1. e4 Sf6 2. e5 Sd5 3. d4 d6 4. Sf3 g6 5. Lc4 Sb6 6. Lb3 Lg7 7. Sbd2 0-0 8. h3 a5 9. a4 dxe5 10. dxe5 Sa6 11. 0-0 Sc5 12. De2 De8 13. Se4 Sbxa4 14. Lxa4 Sxa4 15. Te1 Sb6 16. Ld2 a4 17. Lg5 h6 18. Lh4 Lf5 19. g4 Le6 20. Sd4 Lc4 21. Dd2 Dd7 22. Tad1 Tfe8 23. f4 Ld5 24. Sc5 Dc8 25. Dc3 e6 26. Kh2 Sd7 27. Sd3 c5 28. Sb5 Dc6 29. Sd6 Dxd6 30. exd6 Lxc3 31. bxc3 f6 32. g5 hxg5 33 fxg5 f5 34. Lg3 Kf7 35. Se5+ Sxe5 36. Lxe5 b5 37. Tf1 Th8 38. Lf6 a3 39. Tf4 a2 40. c4 Lxc4 41. d7 Ld5 42. Kg3 Ta3+ 43. c3 Tha8 44. Th4 e5 45. Th7+ Ke6 46. Te7+ Kd6 47. Txe5 Txc3+ 48. Kf2 Tc2+ 49. Ke1 Kxd7 50. Texd5+ Kc6 51. Td6+ Kb7 52. Td7+ Ka6 53. T7d2 Txd2 54. Kxd2 b4 55. h4 Kb5 56. h5 c4 57. Ta1 gxh5 58. g6 h4 59. g7 h3 60. Le7 Tg8 61. Lf8 h2 62. Kc2 Kc6 63. Td1 b3+ 64. Kc3 h1D 65. Txh1 Kd5 66. Kb2 f4 67. Td1+ Ke4 68. Tc1 Kd3 69. Td1+ Ke2 70. Tc1 f3 71. Lc5 Txg7 72. Txc4 Td7 73. Te4+ Kf1 74 Ld4 f2 **0:1**
Stand: Spasski - Fischer 5:8

14. Partie
Fischer - Spasski
Damen-Gambit

Mit 27. ... f6?? verspielte Spasski seinen möglichen Gewinn. Richtig war 27. ... Lxd4 28. Lxd4 Kf8.

1. c4 e6 2. Sf3 d5 3. d4 Sf6 4. Sc3 Le7 5. Lf4 0-0 6. e3 c5 7. dxc5 Sc6 8. cxd5 exd5 9. Le2 Lxc5 10. 0-0 Le6 11. Tc1 Tc8 12. a3 h6 13. Lg3 Lb6 14. Se5 Se7 15. Sa4 Se4 16. Txc8 Lxc8 17. Sf3 Ld7 18. Le5 Lxa4 19. Dxa4 Sc6 20. Lf4 Df6 21. Lb5 Dxb2 22. Lxc6 Sc3 23. Db4 Dxb4 24. axb4 bxc6 25. Le5 Sb5 26. Tc1 Tc8 27. Sd4 f6 28. Lxf6 Lxd4 29. Lxd4 Sxd4 30. exd4 Tb8 31. Kf1 Txb4 32. Txc6 Txd4 33. Ta6 Kf7 34. Txa7+ Kf6 35. Td7 h5 36. Ke2 g5 37. Ke3 Te4+ 38. Kd3 Ke6 39. Tg7 Kf6 40. Td7 Ke6 **Remis**
Stand: Fischer - Spasski 8,5:5,5

15. Partie
Spasski - Fischer
Sizilianisch

Mit 33. ... Sd3+? gibt Fischer den Sieg aus der Hand. 33. ... Sxa4 sollte die Partie entscheiden.

1. e4 c5 2. Sf3 d6 3. d4 cxd4 4. Sxd4 Sf6 5. Sc3 a6 6. Lg5 e6 7. f4 Le7 8. Df3 Dc7 9. 0-0-0 Sbd7 10. Ld3 b5 11. The1 Lb7 12. Dg3 0-0-0 13.Lxf6 Sxf6 14. Dxg7 Tdf8 15. Dg3 b4 16. Sa4 Thg8 17. Df2 Sd7 18. Kb1 Kb8 19. c3 Sc5 20. Lc2 bxc3 21. Sxc3 Lf6 22. g3 h5 23. e5 dxe5 24. fxe5 Lh8 25. Sf3 Td8 26. Txd8+ Txd8 27. Sg5 Lxe5 28. Dxf7 Td7 29. Dxh5 Lxc3 30. bxc3 Db6+ 31. Kc1 Da5 32. Dh8+ Ka7 33. a4 Sd3+ 34. Lxd3 Txd3 35. Kc2 Td5 36. Te4 Td8 37. Dg7

29

Df5 38. Kb3 Dd5+ 39. Ka3 Dd2 40. Tb4 Dc1+ 41. Tb2 Da1+ **Remis**
Stand: Spasski - Fischer 6:9

16. Partie
Fischer - Spasski
Spanisch

Fischer spielte seine alte Lieblings-Variante: Die Abtauschvariante im Spanischen. Hierauf war natürlich Spasski gut vorbereitet - remis.

1. e4 e5 2. Sf3 Sc6 3. Lb5 a6 4. Lxc6 dxc6 5. 0-0 f6 6. d4 Lg4 7. dxe5 Dxd1 8. Txd1 fxe5 9. Td3 Ld6 10. Sbd2 Sf6 11. Sc4 Sxe4 12. Scxe5 Lxf3 13. Sxf3 0-0 14. Le3 b5 15. c4 Tab8 16. Tc1 bxc4 17. Td4 Tfe8 18. Sd2 Sxd2 19. Txd2 Te4 20. g3 Le5 21. Tcc2 Kf7 22. Kg2 Txb2 23. Kf3 c3 24. Kxe4 cxd2 25. Txd2 Tb5 26. Tc2 Ld6 27. Txc6 Ta5 28. Lf4 Ta4+ 29. Kf3 Ta3+ 30. Ke4 Txa2 31. Lxd6 cxd6 32. Txd6 Txf2 33. Txa6 Txh2 34. Kf3 Td2 35. Ta7+ Kf6 36. Ta6+ Ke7 37. Ta7+ Td7 38. Ta2 Ke6 39. Kg2 Te7 40. Kh3 Kf6 41. Ta6+ Te6 42. Ta5 h6 43. Ta2 Kf5 44. Tf2+ Kg5 45. Tf7 g6 46. Tf4 h5 47. Tf3 Tf6 48. Ta3 Te6 49. Tf3 Te4 50. Ta3 Kh6 51. Ta6 Te5 52. Kh4 Te4+ 53. Kh3 Te7 54. Kh4 Te5 55. Tb6 Kg7 56. Tb7+ Kh6 57. Tb6 Te1 58. Kh3 Th1+ 59. Kg2 Ta1 60. Kh3 Ta4 **Remis**
Stand: Fischer - Spasski 9,5:6,5

17. Partie
Spasski - Fischer
Pirc-Verteidigung

Fischers "Uraufführung" der Pirc-Verteidigung. Nach dem Abgabezug 41. Tc2 von Spasski erwiderte Fischer überraschend 41. ... g5. Gligoric: "Ich glaube, Fischers Bauernzug brachte ihn (Spasski) völlig außer Fassung."
Spasskis Sekundant Geller hatte zuvor den Verdacht geäußert, Fischer arbeite mit "elektrischen Vorrichtungen" und "chemischen Stoffen", um die Kampfkraft des Weltmeisters zu beeinträchtigen. Die Sowjets forderten die Überprüfung des Saales sowie von Fischers Drehstuhl.

1. e4 d6 2. d4 g6 3. Sc3 Sf6 4. f4 Lg7 5. Sf3 c5 6. dxc5 Da5 7. Ld3 Dxc5 8. De2 0-0 9. Le3 Da5 10. 0-0 Lg4 11. Tad1 Sc6 12. Lc4 Sh5 13. Lb3 Lxc3 14. bxc3 Dxc3 15. f5 Sf6 16. h3 Lxf3 17. Dxf3 Sa5 18. Td3 Dc7 19. Lh6 Sxb3 20. cxb3 Dc5+ 21. Kh1 De5 22. Lxf8 Txf8 23. Te3 Tc8 24. fxg6 hxg6 25. Df4 Dxf4 26. Txf4 Sd7 27. Tf2 Se5 28. Kh2 Tc1 29. T3e2 Sc6 30. Tc2 Te1 31. Tfe2 Ta1 32. Kg3 Kg7 33. Tcd2 Tf1 34. Tf2 Te1 35. Tfe2 Tf1 36. Te3 a6 37. Tc3 Te1 38. Tc4 Tf1 39. Tdc2 Ta1 40. Tf2 Te1 41. Tfc2 g5 42. Tc1 Te2 43. T1c2 Te1 44. Tc1 Te2 45. T1c2 **Remis**
Stand: Spasski - Fischer 7:10

18. Partie
Fischer - Spasski
Sizilianisch

Trotz großer Bemühungen beider Spieler mußte auch diese Partie remis gegeben werden, was nur Fischer zugute kam.

1. e4 c5 2. Sf3 d6 3. Sc3 Sc6 4. d4 cxd4 5. Sxd4 Sf6 6. Lg5 e6 7. Dd2 a6 8. 0-0-0 Ld7 9. f4 Le7 10. Sf3 b5 11. Lxf6 gxf6 12. Ld3 Da5 13. Kb1 b4 14. Se2 Dc5 15. f5 a5 16. Sf4 a4 17. Tc1 Tb8 18. c3 b3 19. a3 Se5 20. Thf1 Sc4 21. Lxc4 Dxc4 22. Tce1 Kd8 23. Ka1 Tb5 24. Sd4 Ta5

25. Sd3 Kc7 26. Sb4 h5 27. g3 Te5 28. Sd3 Tb8 29. De2 Ta5 30. fxe6 fxe6 31. Tf2 e5 32. Sf5 Lxf5 33. Txf5 d5 34. exd5 Dxd5 35. Sb4 Dd7 36. Txh5 Lxb4 37. cxb4 Td5 38. Tc1+ Kb7 39. De4 Tc8 40. Tb1 Kb6 41. Th7 Td4 42. Dg6 Dc6 43. Tf7 Td6 44. Dh6 Df3 45. Dh7 Dc6 46. Dh6 Df3 47. Dh7 Dc6 **Remis**
Stand: Fischer - Spasski 10,5:7,5

19. Partie
Spasski - Fischer
Aljechin-Verteidigung

Nach 18. Sxd5!? hielten die Zuschauer den Atem an. Es folgten Angriff und Parade. Aber am Ende hatte Fischer 0,5 Punkte mehr auf seinem Konto.

1. e4 Sf6 2. e5 Sd5 3. d4 d6 4. Sf3 Lg4 5. Le2 e6 6. 0-0 Le7 7. h3 Lh5 8. c4 Sb6 9. Sc3 0-0 10. Le3 d5 11. c5 Lxf3 12. Lxf3 Sc4 13. b3 Sxe3 14. fxe3 b6 15. e4 c6 16. b4 bxc5 17. bxc5 Da5 18. Sxd5 Lg5 19. Lh5 cxd5 20. Lxf7+ Txf7 21. Txf7 Dd2 22. Dxd2 Lxd2 23. Taf1 Sc6 24. exd5 exd5 25. Td7 Le3+ 26. Kh1 Lxd4 27. e6 Le5 28. Txd5 Te8 29. Te1 Txe6 30. Td6 Kf7 31. Txc6 Txc6 32. Txe5 Kf6 33. Td5 Ke6 34. Th5 h6 35. Kh2 Ta6 36. c6 Txc6 37. Ta5 a6 38. Kg3 Kf6 39. Kf3 Tc3+ **Remis**
Stand: Spasski - Fischer 8:11

20. Partie
Fischer - Spasski
Sizilianisch

Nach ruhiger Eröffnungsbehandlung ein Remisendspiel.

1. e4 c5 2. Sf3 Sc6 3. d4 cxd4 4. Sxd4 Sf6 5. Sc3 d6 6. Lg5 e6 7. Dd2 a6 8. 0-0-0 Ld7 9. f4 Le7 10. Le2 0-0 11. Lf3 h6 12. Lh4 Sxe4 13. Lxe7 Sxd2 14. Lxd8 Sxf3 15. Sxf3 Tfxd8 16. Txd6 Kf8 17. Thd1 Ke7 18. Sa4 Le8 19. Txd8 Txd8 20. Sc5 Tb8 21. Td3 a5 22. Tb3 b5 23. a3 a4 24. Tc3 Td8 25. Sd3 f6 26. Tc5 Tb8 27. Tc3 g5 28. g3 Kd6 29. Sc5 g4 30. Se4+ Ke7 31. Se1 Td8 32. Sd3 Td4 33. Sef2 h5 34. Tc5 Td5 35. Tc3 Sd4 36. Tc7+ Td7 37. Txd7+ Lxd7 38. Se1 e5 39. fxe5 fxe5 40. Kd2 Lf5 41. Sd1 Kd6 42. Se3 Le6 43. Kd3 Lf7 44. Kc3 Kc6 45. Kd3 Kc5 46. Ke4 Kd6 47. Kd3 Lg6+ 48. Kc3 Kc5 49. Sd3+ Kd6 50. Se1 Kc6 51. Kd2 Kc5 52. Sd3+ Kd6 53. Se1 Se6 54. Kc3 Sd4 **Remis**
Stand: Fischer - Spasski 11,5:8,5

21. Partie
Spasski - Fischer
Sizilianisch

Fischers wichtige Neuerung im 7. Zug gibt ihm sehr bequemes Spiel. Spasski wählt im 10. Zug einen wohl verfehlten Plan.

1. e4 c5 2. Sf3 e6 3. d4 cxd4 4. Sxd4 a6 5. Sc3 Sc6 6. Le3 Sf6 7. Ld3 d5 8. exd5 exd5 9. 0-0 Ld6 10. Sxc6 bxc6 11. Ld4 0-0 12. Df3 Le6 13. Tfe1 c5 14. Lxf6 Dxf6 15. Dxf6 gxf6 16. Tad1 Tfd8 17. Le2 Tab8 18. b3 c4 19. Sxd5 Lxd5 20. Txd5 Lxh2+ 21. Kxh2 Txd5 22. Lxc4 Td2 23. Lxa6 Txc2 24. Te2 Txe2 25. Lxe2 Td8 26. a4 Td2 27. Lc4 Ta2 28. Kg3 Kf8 29. Kf3 Ke7 30. g4 f5 31. gxf5 f6 32. Lg8 h6 33. Kg3 Kd6 34. Kf3 Ta1 35. Kg2 Ke5 36. Le6 Kf4 37. Ld7 Tb1 38. Le6 Tb2 39. Lc4 Ta2 40. Le6 h5 41. Ld7 **0:1**
Stand: Spasski - Fischer 8,5:12,5

Fischer spielte 20 Jahre nicht mehr

Die Meldung, die am Freitag, den 25. April 1975 über die Fernschreiber der Nachrichtenagenturen tickerte, war kurz und lakonisch: in Moskau, so hieß es da, sei der Leningrader Student Anatoli Karpow nun auch offiziell zum Schachweltmeister gekürt worden.
Unter den Klängen der sowjetischen Nationalhymne legte der Präsident der FIDE, Max Euwe, ihm auf einer Festveranstaltung einen Lorbeerkranz um und überreichte ihm die goldene Meisterschaftsmedaille. Max Euwe sagte bei dieser Gelegenheit in Moskau, Bobby Fischer habe alle Möglichkeiten gehabt, seinen Titel zu verteidigen. Er habe "seine Pflicht gegenüber der Schachwelt nicht erfüllt."
Fischers Entscheidung, seinen Titel nicht zu verteidigen, kam nicht völlig überraschend. Als der Weltschachbund 1974 in Nizza tagte, ging ein Telegramm Fischers ein, in dem er offiziell auf seinen Titel verzichtete. Seine Konditionen für den WM-Kampf 1975 seien von der FIDE nicht angenommen worden. Der Weltmeister hatte gefordert, daß das Match mit zehn gewonnenen Partien entschieden sein sollte und der Titel bei einem Stand von 9:9 beim Weltmeister bleiben sollte. Die FIDE gab nur Fischers Verlangen nach, Remis-Partien nicht mit einem halben Punkt zu werten. Der Kampf sollte aber maximal 36 Partien nicht überschreiten. Die FIDE gab Fischer 90 Tage Bedenkzeit, doch noch seinen Titel zu verteidigen. Da die FIDE ihr Ultimatum wieder rückgängig gemacht hatte, gingen die Bemühungen um Bobby weiter. Anfang 1975 fragte sich alle Welt, wo Fischer geblieben sei. Gerüchte sprachen davon, Bobby habe sich in ein Kloster zurückgezogen. Max Euwe klagte, daß nicht einmal er die Adresse des Champions kenne. Fischers Rechtsanwalt in Los Angeles sei die einzige Verbindung.
Inzwischen hatte Marcos, der damalige Präsident der Philippinen, einen Preisfonds von 13,1 Millionen Schweizer Franken für die Ausrichtung des Titelkampfes garantiert. Aber auch mit der sowjetischen Schachförderation hatte die FIDE große Schwierigkeiten, die keiner Regeländerung zustimmen noch den Austragungsort Manila wegen des Klimas akzeptieren wollte.
Auf einem weiteren FIDE-Kongreß in Holland überlegte man, wie man Fischer das Antreten gegen Karpow schmackhaft machen könne. Es war grotesk. Fischer blieb bei seiner Forderung (obwohl er ja bereits verzichtet hatte), der Herausforderer müsse 10:8 gewinnen, um den Titel zu bekommen. Die letzte Frist wurde Fischer mit dem 1. April 1975 gesetzt. Auch diesen Termin ließ Bobby verstreichen, sodaß den Titel nach drei Jahren wieder ein Vertreter der Sowjetunion innehatte.

In den folgendene Jahren, in denen Fischer öffentlich nicht mehr auftrat, wucherten Spekulationen um seinen Verbleib und sein Wohlbefinden. Immer wieder wollten Schachspieler und Funktionäre ihn getroffen haben.
Ein Beispiel dafür ist der Schweizer Yves Kraushaar. Angeblich half ihm sein Hobby, die wissenschaftliche Astrologie, den Trefftag mit größter Wahrscheinlichkeit zu bestimmen. Seine Begegnung mit Fischer schildert er in seinem Buch: "Bobby Fischer heute".
Auch hier ist zu lesen, daß Fischer nur zu seinen Bedingungen und für viel Geld spielen würde, aber "bestimmt nie mehr im Leben irgendein FIDE-Turnier bestreiten oder zu prähistorischen Tarifen" am Brett sitzen würde.
Gefragt nach seinem Vorbild, antwortet er: "Natürlich Steinitz, der offizielle

Weltmeister. Und dann auch mein Landsmann Paul Morphy ... Morphy war ein leidenschaftlicher Kämpfer. Steinitz war ein Genie. er war es, der die Idee des Positionsspiel, in die schachpraxis einführte - und das zu einer Zeit, in der das Spiel ... noch in den Kinderschuhen steckte."

1990:
Fischer in Deutschland

Während die Schachwelt immer noch die Frage stellte, wo sich Fischer aufhält, ob er je wieder ins öffentliche Schachleben zurückkehren würde, hielt sich Bobby seit Oktober 1990 in einem etwas abgelegenen Gasthof bei Waischenfeld, einem schönen Ferienort in der Fränkischen Schweiz, auf.

Nun ist diese Pension für Insider schon lange ein Begriff. Aus diesem Hause kommt der z. Z. bei der Jugend-Weltmeisterschaft in Argentinien für Furore sorgende Michael Bezold (20), bereits Bundesligaspieler in München.

Hier fühlte sich Fischer drei Monate wohl und aufgehoben, bis Anfang Januar 1991 der "Stern" mit "großer Besetzung" aufkreuzte und mit einem sechsstelligen Betrag für eine Story lockte.

Fischer verschwand leise, wie er gekommen war. Bobby "scheut die Öffentlichkeit wie der Teufel das Weihwasser", schrieb der Reporter R. Reinl von den Nürnberger Nachrichten und weiter: "Man hätte einen Fliegenfischer hinter ihm vermuten können oder einen Abenteurer, der die Höhlen der Fränkischen Schweiz erforscht, so wie er ... in abgetragenen Klamotten am Wirtshaustisch der "Pulvermühle" verbrachte."

Fischer wollte auf unbestimmte Zeit hier wohnen, die Auflage aber war, wie der Besitzer Kaspar Bezold erzählte: "Keine Kamera, kein Journalist."

Natürlich war der Bamberger Schachgroßmeister, Schiedsrichter und Karl May-Verleger Lothar Schmid der Ansprechpartner Fischers. Dieser hatte nicht nur das WM-Finale 1972 geleitet. Im ehemaligen Nachbarzimmer von Fischer sitze ich und schreibe diese Zeilen und Bobbys Geist scheint an jedem Abend, wenn der Wirt zu einigen Blitzpartien einlädt, irgendwie präsent zu sein. Fischer hat abends mit einfachen Gästen - unerkannt - am Tisch gesessen und die Partien von Kasparow - Karpow analysiert und so manches Mal behauptet, daß bei einigen Partien Absprache im Spiel sein müßte.

Der "Stern" vom 17. Januar 1991 wußte auch was "Pikantes" zu schreiben: "Vom 11. bis 18. November 1990 logierte eine Leningrader Delegation mit dem Vizeweltmeister im Fernschach Gennadi Nesis bei Schachfreund Bezold in der "Pulvermühle". Keine Ahnung haben die Russen, daß sie mit der Schachlegende unter einem Dach wohnen. Fischer sitzt in seinem Zimmer, weiß über jeden Schritt Bescheid, den sie tun", was man dem "Stern" bei der Suche nach Fischer nicht nachsagen konnte.

Die Mitarbeiter der "Deutschen Schachzeitung" vor Fischers Domizil "Pulvermühle" in Franken.

1992: Revanchekampf Fischer - Spasski

Dagobert Kohlmeyer,
seit 1980 freischaffender Einziger deutscher Schachjournalist vor Ort.

Prolog

Den Namen Bobby Fischer hörte ich zum ersten Mal mit 14 Jahren. Zu diesem Zeitpunkt war der 17jährige schon Großmeister und spielte 1960 bei der Schacholympiade in Leipzig am Spitzenbrett der USA-Mannschaft. Seine Remispartie gegen den damaligen Weltmeister Michail Tal aus Riga ging um die Welt. Wir lernten die 21 Züge auswendig, und ein inzwischen ergrauter Berliner Schachjournalist, mit dem ich befreundet bin, schrieb sehr treffend: "... ein wahrer Hurrikan brauste über das Brett, fegte die meisten Figuren hinweg und beendete das kurze, aber heftige Duell."

Fischers Partner in dieser unvergänglichen Partie, der Schachzauberer Michail Tal, ist leider schon tot. Bobby aber lebt und hat sich zurückgemeldet! Lange mußte die Schachwelt darauf warten. Ich bin ganz ehrlich, ich gehörte nicht zu den unverbesserlichen Optimisten, die da glaubten, daß er noch einmal in die Schacharena wiederkehren würde. Fischer, der Einsiedler, der sich 20 Jahre lang verkrochen hatte. Nein, zu oft war man durch Zeitungsenten gefoppt worden.

Deshalb nahm ich auch die kleine Nachricht Ende Juli 1992 nicht recht ernst, in der es hieß, es solle ein Duell zwischen Fischer und Spasski geben, eine Neuauflage von Reykjavik 1972. "Unmöglich", dachte ich. Erst als zu lesen war, daß Großmeister Lothar Schmid wieder Schiedsrichter sein soll, wurde ich aufmerksam. Ich rief den Bamberger Verleger an, und er sagte im Brustton der Überzeugung. "Ja, sie werden spielen!"

Sollte mein alter Traum doch noch in Erfüllung gehen, Bobby Fischer live zu erleben und sogar am Brett spielen zu sehen? Es war nicht zu fassen.

Ein Jahr zuvor hatte ich das "Phantom" - wie andere Journalisten auch - nur knapp verpaßt, als es monatelang bei

Schachfreunden in der "Pulvermühle" in der Fränkischen Schweiz wohnte. Ich sprach dort mit dem Wirt Kaspar Bezold, stand in der oberen Etage in dem Zimmer vor Bobbys Doppelbett, in dem er übernachtet hatte, aber es war einige Tage zu spät. - Nun, ein Jahr später sollte er sich wieder außerhalb der USA zeigen? Es grenzte an ein Wunder.

Als dann im August ein dicker Brief vom Deutschen Schachbund mit Akkreditierungsunterlagen für Sveti Stefan kam, gab es für mich kein langes Überlegen. Ich füllte die Blätter aus und faxte sie nach Belgrad. Der "Springer lief".

Meine Freunde sagten, ich sei verrückt, in ein Land zu fahren, in dem Krieg ist. Meinen Angehörigen mußte ich die Reiseroute verschweigen. Vor allem meine alte Mutter in Jena wäre in Ohnmacht gefallen, wenn sie den genauen Weg, der auch durchs Kampfgebiet führte, gekannt hätte.

Aber wenn man erst einmal einen Entschluß gefaßt hat, hält einen nichts mehr. Ich war bereit für das größte schachliche und journalistische Abenteuer meines Lebens. Was ich an beiden Schauplätzen des Matchs, an der Adria und in Belgrad, alles erleben würde, übertraf dann in der Tat sämtliche Erwartungen - und das in jeder Beziehung.

Ich lade Sie, verehrte Leser, zu einer Reise in zwei Etappen ein. Verfolgen wir gemeinsam einen der ungewöhnlichsten Schachwettkämpfe, die es je gegeben hat!

Dagobert Kohlmeyer

Sveti Stefan, 1. - 20. September 1992

Durch halb Europa

Wie kommt man Ende August 1992 am besten von Berlin nach Sveti Stefan in Montenegro? Der Badeort an der Adria ist erst nach eineinhalb Tagen zu erreichen, denn es gibt auf Grund des UNO-Embargos gegen Restjugoslawien - und dazu zählt neben Serbien auch Montenegro - keine internationale Flugverbindung nach Belgrad.

Mit einem Reisebüro in Berlin habe ich in den Tagen vor meiner Abreise nicht weniger als fünf Varianten durchgespielt, wie am besten zum Spielort des Matchs zwischen Bobby Fischer und Boris Spasski zu gelangen sei. Die beiden Altmeister des Schachs selbst kamen auf unterschiedlichen Wegen nach Sveti Stefan: Fischer via Budapest und Spasski über Sofia.

Nachdem für mich die Routen über Dubrovnik oder Zagreb wegfielen, zogen wir noch den Weg über Albanien oder Italien in Erwägung. Nach Tirana gibt es eine Flugverbindung von Swissair, aber zu einem Wahnsinnspreis, der Seeweg mit der Fähre über die Adria von Italien aus erweist sich auch als recht ungünstig, da in der Nähe der Küstenstadt Bari kein Flughafen ist. Bleibt nur der Weg über Budapest, den auch Lothar Schmid vor mir nahm. Er wurde dort - wie schon Fischer - von den Organisatoren mit einem PKW abgeholt. Über den Amerikaner wurde berichtet, daß er nur ein Visum für Ungarn besaß. Seine Begleiter gaben deshalb an der Grenze zu Serbien dem Mercedes einfach per Gaspedal kräftig die "Sporen", so daß die verdutzten Grenzer nur noch eine Staubwolke sahen, ehe sie die Nobelkarosse mit dem

Schachphantom kontrollieren konnten. Ein echter Coup, der so recht ins Bild der Veranstalter um Sponsor Jezdimir Vasiljevic paßt, das sich mir später noch öfter bieten wird.
Ich breche am Vormittag des 31. August in Berlin auf und nehme eine MALEV-Maschine in die ungarische Hauptstadt. Vom Airport bringt mich ein Minibus ins Zentrum zum Keleti-Bahnhof. Der hat sein Aussehen in den letzten 20 Jahren nicht verändert - so lange war ich nicht mehr dort. Ich esse im Restaurant ein leckeres Pariser Schnitzel und habe noch Zeit. Auf dem Bahnsteig lerne ich eine junge Serbin kennen, die in Zürich Management studiert. Susi Petkovic heißt sie, und ihre Belgrader Import-Export-Firma hat sie zu einem einjährigen Kursus delegiert. Wir nehmen das gleiche Abteil und haben mehr als sechs Stunden Zeit, uns zu unterhalten. Susi ist 24. Ihr Ehemann, erzählt sie leise, hat unbedingt Krieg führen wollen. Da trennte sie sich von ihm. Jetzt ist er schon ein halbes Jahr tot. Noch sind wir in Ungarn, und ich habe bereits von einem Schicksal, wie es sinnloser nicht sein kann, erfahren.
Grenzstation Subotica, erste Stadt auf serbischem Gebiet. Wir sind im sanktionierten Land. Früher fanden hier große Schachturniere, zum Teil mit der Weltelite, statt, heute haben sie andere Sorgen. Während ich dieserart Gedanken nachhänge, erfolgt die Paßkontrolle. Was bei den Ungarn genügte, reicht den serbischen Beamten nicht: mein Personalausweis. Seit ich Bundesbürger bin, weiß ich, daß ich mich damit in ganz Europa frei bewegen kann.
Ich habe deshalb nicht daran gedacht, meinen Paß einzustecken. Es wäre besser gewesen. Der zu kleine Ausweis wird mir weggenommen, ich muß den Zug verlassen. Nach langem Warten erhalte ich im Bahnhofsgebäude ein Visum, muß dafür 10 DM bezahlen und bekomme noch einige hundert Dinare heraus, die nachts in einem Belgrader Straßenrestaurant für ein Bier reichen werden. Daheim in Deutschland konnte man die hiesige Landeswährung auf keiner Bank bekommen - Embargo!
Susi Petkovic ergeht es viel schlechter als mir. Der Zoll filzt sie gewaltig, sichtet in ihrem Koffer Unmengen von Schokoladentafeln und andere schöne Dinge aus der lieben Schweiz. Die junge Frau hat aber auch an alle Verwandten gedacht - das wird ihr zum Verhängnis. Schweren Herzens zahlt sie 110 Schweizer Franken, für sie ein Vermögen. Nachdem sich Susis Ärger etwas gelegt hat, macht sie sich chic für den Empfang in Belgrad. Wir rollen mit einer Stunde Verspätung in den Bahnhof ein. Ihre ganze Familie ist gekommen: der grauhaarige Vater, die etwas korpulente Mutter, zwei Geschwister. Susi will mich in Sveti Stefan anrufen und auf der Rückreise nach Budapest wieder den gleichen Zug mit mir nehmen. Ich habe nichts mehr von ihr gehört und sie nie wieder gesehen.
In der Nähe des Belgrader Bahnhofs finde ich ein mehr als bescheidenes Hotel. Heute kommt man nicht mehr weiter.

1. September 1992

Gern würde ich um 12.30 Uhr in Sveti Stefan sein, wo die erste Pressekonferenz Bobby Fischers seit 20 Jahren über die Bühne gehen soll. Rund 200 Journalisten aus über 20 Ländern der Erde sind schon da. Ich schaffe es nicht, die Morgenmaschine ist ausgebucht, mein Ticket erst für den Flug an die Küste um 17 Uhr gültig. Das Belgrader Flughafengebäude ist ein Geisterhaus. Leere Schalter, leere Terminals, leere Restaurants. Es gibt ja nur noch Inlandsflüge. Ich muß einige Stunden totschlagen. Der Mann am Schalter hat offensichtlich ein Einsehen. Auf meine Bitte hin "schaufelt" er einen Platz in der übervollen 15-Uhr-Maschine frei, zu viele wollen ans Meer. Dann deutet er auf ein geschmackloses Plakat, worauf das Schachmatch als WM-Revanche des Jahrhunderts bezeichnet wird. Es zeigt Spasski als jugendlichen Helden und Fischer als griesgrämigen alten Mann mit schütterem Haar und Bart. So kann er doch in natura nicht aussehen, denke ich. Nach ewigem Herumhängen und einem Telefonat mit Berlin wird zum Flug nach Tivat aufgerufen. Wir sitzen schon in der DC 9, da gibt es Sturmwarnung, obwohl über Belgrad strahlender Himmel ist. Gegen 16 Uhr fliegen wir endlich.

In Tivat bietet sich ein reizvolles Panorama subtropischer Landschaft. Jetzt ist es nicht mehr weit bis Sveti Stefan. Ein Shuttlebus des Organisationsstabes bringt mich gemeinsam mit einem AP-Fotografen auf serpentinenreicher Straße über Budva ans Reiseziel. Nachdem wir einen Gebirgstunnel passiert haben, sehe ich hinter einer Kurve zum ersten Mal Sveti Stefan. Die Insel liegt ruhig in der Spätnachmittagssonne. Dort also, einen Kilometer Luftlinie entfernt, wohnt Bobby Fischer schon seit einigen Wochen. Gespielt soll aber ab morgen auf dem Festland werden. Der Ort heißt - wie die Insel auch - Sveti Stefan und hat ganze eintausend Seelen. Alles vom Bankier Vasiljevic auf Jahre gepachtet. Aber seine Rechnung ging bislang, durch den Krieg, nicht auf.

Die Touristen bleiben aus. Da kommt so ein spektakuläres Schachmatch - und dann noch mit Bobby Fischer - gerade recht.

Wir halten vor dem Hotel "Maestral", wo der Spielsaal und auch das Pressezentrum sind. Ich lasse mich akkreditieren, werde abgelichtet und erhalte später eine rote Plastekarte mit meinem Konterfei.

Damit stehen einem für Sveti Stefan und auch für die zweite Hälfte des Matchs in Belgrad (fast) alle Wege offen. Ich beziehe ein geräumiges Zimmer im Hotel "Vila Milocer", nur etwa dreihundert Schritt von der Spielstätte entfernt. Das Personal ist überaus freundlich, sie haben lange keine ausländischen Gäste gesehen.

Ich muß mich beeilen, denn am Abend ist auf der Insel eine Eröffnungsfeier mit allem Pomp geplant. Dort treffe ich

Bobby Fischer, 1. September 1992

Lothar Schmid sowie viele Journalistenkollegen und Großmeister, die man von früheren Turnieren kennt. Erstaunlich, wer sich alles auf den weiten Weg nach Sveti Stefan gemacht hat. Alle wollen Bobby sehen.

Eröffnung für Könige

Es ist schon dunkel. Wir stehen dicht gedrängt am Steg, der vom Festland zur Insel führt. Junge, kräftige Burschen bilden eine Absperrung für die wichtigsten Teilnehmer des ungewöhnlichen Schauspiels. Auf der Brüstung sehe ich Ehrenjungfrauen und Fackelträger, rechts neben mir Musiker, die fast ohne Pause ihre Blasinstrumente traktieren. Der Tubabspieler betäubt eines meiner Ohren über die Schmerzgrenze hinaus, ich aber muß ruhig stehenbleiben und meine Fotoausrüstung festhalten.

Gegen 21 Uhr beginnt das Spektakulum. Als erste kommen Fischer und Vasiljevic über den Steg, gefolgt von Spasski mit Familie. Zita Rajczanyi, Bobbys Freundin, sehe ich erst später beim Fest.

"Miß Montenegro" wartet schon mit Brot und Salz auf den Schachkönig. Sie ist über 1,80 m groß, brünett und wunderschön. Ich frage die 22jährige, was sie von Fischer weiß. Ihre Antwort: "Er ist eine interessante, faszinierende Persönlichkeit." Viele teilen diese Meinung, manche nicht. Kennt das Fotomodell auch die dunklen Seiten des Genies? Es ist schwer, auf die Insel zu kommen. König Bobby und sein Hofstaat werden von einem riesigen Aufgebot an Leibwächtern hermetisch abgeschirmt. Nur die honorigsten Gäste - der Sohn des früheren jugoslawischen Königs und einige Diplomaten sind auch zugegen -

Sveti Stefan

werden auf das Felsplateau gelassen, wo die Eröffnungszeremonie stattfindet. Vorn am Tisch sitzen die Hauptakteure: Bobby und Zita, Sponsor Vasiljevic mit Gattin sowie Boris und Marina Spasski. Teller mit Goldrand, Silberbestecks, Speisen vom Feinsten, Musik von Klassik bis Pop. Es wird viel geboten: Lieder, Solo- und Gruppengesang, Geiger, Pianisten, Rezitatoren. An nichts wird gespart. Der Bankier dirigiert den riesigen Chor der Interpreten. Wird ihm eine Darbietung zu lang, winkt er ab, und der auftretende Künstler verstummt sobald. Später wird die Atmosphäre lockerer. Der Wein fließt in der lauen Sommernacht, die Gespräche geraten lauter. Ich sehe mir das Pärchen Bobby und Zita aus der Nähe an. Der 11. Weltmeister der Schachgeschichte ist jetzt 49 Jahre alt. Träfe man ihn unvermittelt auf der Straße, würde man ihn nicht wiedererkennen. Nichts ist geblieben von der sportlichen drahtigen Figur früherer Jahre. Das Haar wurde lichter, nun gut, das ist ein Naturgesetz. Aber in den hellen Augen flackert es. Da ist Unruhe, Nervosität, vielleicht auch Angst. Man merkt, der Mann ist es nicht gewohnt, mit der Öffentlichkeit umzugehen. Hinter betonter Lässigkeit verbergen sich Scheu und Verletzlichkeit.

Zita an seiner Seite ist ruhig und freundlich. Jede Zeitung, die sie zuvor als feurige Ungarin beschrieb, hat maßlos übertrieben.

So entstehen Geschichten und Legenden. Und doch muß etwas Besonderes an der jungen Frau sein, die heute ihren 19. Geburtstag feiert. Sie hat Bobbys Vertrauen, das sieht man, und ohne sie säße er jetzt nicht hier auf der Insel. Das sagen mir später alle, die näher mit der Organisation des Matchs zu tun haben. Es gibt also noch Dinge zwischen Himmel und Erde, die man nicht hinreichend erklären kann. Und das ist sicher gut so.

Bobbys großer Sidestep

Ich feiere unterdessen herzliches Wiedersehen mit meinem Kollegen Peter Dürrfeld aus Kopenhagen, der mich über die versäumte Pressekonferenz von Fischer und Spasski am Mittag informiert. Er erzählt so plastisch und originell, daß wir beide an vielen Stellen lauthals lachen müssen. Ich komme aus dem Staunen nicht heraus. Für den Leser sei das Wichtigste, mit dem notwendigen Ernst, festgehalten.

Es begann damit, daß alle Fragen an Robert James Fischer zuvor schriftlich eingereicht werden mußten. Nur drei je Journalist! Dies bedeutete noch lange nicht, daß sie beantwortet würden, denn der Amerikaner saß vorn und wählte aus. Die meisten Fragen fielen unter den Tisch. Deshalb, so Peter Dürrfeld, herrscht anfangs minutenlanges Schweigen im Saal, bis dem Moderator die Sache zu peinlich wird. Er schlägt vor, Fragen zunächst an Boris Spasski zu richten. Dieser aber wehrt bescheiden (oder ängstlich?) ab und sagt, nein, erst solle der "Weltmeister" antworten. Ein Journalist aus Chicago, den das Theater langsam nervt, murmelt: "He can't find the question: 'Why are You so wonderful?'".

Schließlich bequemt sich Fischer zu antworten, hier sind die Hauptpassagen:

Auf die Frage des Reporters der "New York Times" nach seiner Ansicht zum Krieg in Jugoslawien, sagt er "Pass on" (Ich passe).

Ob er nach einem Sieg über Spasski Kasparow herausfordern wolle?

Antwort: "Können Sie lesen, was dort

steht?" Und Bobby deutet auf das Transparent hinter sich, wo in großen Lettern steht: "Fischer - Spasski - WM-Revanchekampf des Jahrhunderts".
Bei der folgenden Szene, so mein Chronist, stockt den Journalisten im Saale der Atem. Fischer wird gefragt, ob er keine Angst vor Sanktionen habe, die aus Washington gegen ihn verhängt werden könnten, wenn er hier spielt:. Seine Reaktion: "Eine Sekunde."
Und er zieht den Brief des US-Finanzamtes vom 21. August 1992 aus der Aktentasche, in dem ihm bei Zuwiderhandlung eine Geldstrafe in Höhe von 250 000 Dollar oder bis zu zehn Jahren Gefängnis angedroht werden. "Das ist meine Antwort", ruft Bobby in den Saal und spuckt vor laufenden Kameras auf das Papier! Die Medienvertreter aus aller Welt trauen ihren Augen nicht. Sie haben ihre erste Titelstory, dicke Schlagzeilen und einen handfesten Skandal, noch ehe das Match überhaupt beginnt.

Es ging noch weiter. Im Verlauf der Pressekonferenz bezeichnet Fischer Garri Kasparow und Anatoli Karpow als Betrüger, die alle ihre WM-Matches, ja sogar einzelne Partien, abgesprochen hätten! Dasselbe träfe auch auf Kortschnoi zu. Sie seien Kriminelle. Bobby zieht vom Leder, ohne an sich zu halten. Sollte das ein Vorgeschmack auf das sein, was Organisatoren, Journalisten und Zuschauer in den nächsten Tagen und Wochen von ihm zu erwarten hatten? Oh Bobby, hast du dich nicht verändert?

Ruhig und moderat im Ton sind dagegen die Antworten Spasskis, obwohl er Fischer in beinahe allen Punkten zustimmt. So habe er sich 1990 in Lyon sehr geärgert, als Kasparow in der 19.WM-Partie den Kampf in klarer Gewinnstellung remis gab. Da sei ihm der

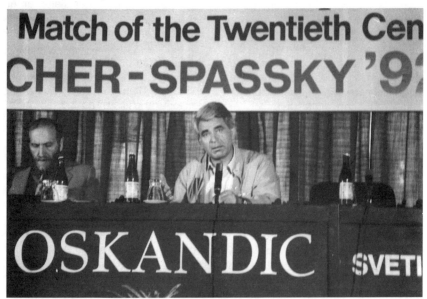

Pressekonferenz mit Spasski und Fischer

Kragen geplatzt, und er habe als Kommentator die Figuren vom Brett gefegt. Seine Bemerkung "dirty guys" tue ihm heute leid. Spasski bezeichnet sich auf eine entsprechende Frage als Schachpensionär. Das Match in Jugoslawien, meint er, finde das Interesse der Schachwelt und werde nicht nur dem Schach viel bringen.
Jezdimir Vasiljevic, der vorn zwischen den beiden Altstars sitzt, erwidert auf die Frage, warum er an diesem Ort zu diesem Zeitpunkt Sponsor des Duells wurde: "Ich liebe Spektakel."
Über die zweite Pressekonferenz vom 7. September wird noch zu berichten sein. Die späteren je 20minütigen Pressetermine von Fischer und Spasski an der Adria und in Belgrad sind nicht mehr so substantiell, meist werden Fragen und Antworten der vorherigen Treffs wiederholt. Meine Fragen, die ich schriftlich eingereicht hatte, darunter die, was Fischer in all den Jahren der Einsamkeit getan habe, hat er nie beantwortet!
Zurück zur Eröffnungsfeier auf der Insel. Peter Dürrfeld hat seinen spannenden Bericht beendet, und wir trinken gemeinsam ein Glas Sekt. Es gibt ein freudiges Hallo, als ich Alexander Nikitin, Kasparows ehemaligen Trainer, und Großmeister Juri Balaschow erblicke. Beide Moskauer sind von Boris Spasski als Sekundanten angeheuert worden und schon über drei Wochen auf Sveti Stefan. Wir alle warten voller Ungeduld auf die erste Partie.
Hauptschiedsrichter Lothar Schmid nimmt an diesem Abend, der mit einem Feuerwerk endet, auch die Auslosung vor. Sie beschert Fischer die weißen Steine. Zu vorgerückter Stunde verkündet der Bankier Vasiljevic, wenn Bobby morgen nachmittag tatsächlich seinen ersten Zug ausgeführt hat, dann wolle er im Anzug in die Adria springen.

2. September 1992

Der Tag X ist gekommen. Genau zwanzig Jahre nach Reykjavik, als Robert James Fischer seinen Vorgänger Boris Spasski klar besiegte und 11. Weltmeister der Schachgeschichte wurde, kehrt er ans Brett zurück. Normalerweise ein Freudenfest für die ganze Schachwelt, wenn da nicht der unselige Krieg in der Nachbarschaft wäre. Bobby Fischer, der Schachkönig, residiert auf einer Märcheninsel, umgeben von einem Tränenmeer, denn wenige Kilometer weiter wird geschossen. Das ist der bittere Wermutstropfen oder sollte man besser sagen, die Flasche Wermut dabei. Die Meinungen sind, wie bei so vielen Dingen des Lebens, geteilt. Sie gehen quer durch Kontinente, Länder, Organisationen, Sportverbände, Medien und Familien. Ja, mancher einzelne ist mit sich selbst im Zwiespalt.
Die einen sagen: "Einen ungünstigeren Ort und Zeitpunkt für das sonst so pikante Schachduell gibt es nicht. Wo Krieg ist, da darf man keinen sportlichen Wettkampf ansetzen." Die anderen halten dagegen: "Laßt das Schachgenie Bobby Fischer mit all seinen Ekken und Kanten endlich wieder spielen. Er hat uns noch so viel zu geben! Schach und Polik haben nichts miteinander zu tun."
Streit der Argumente. Wer kommt der Wahrheit näher? Ich will da kein Richter sein.
Zunächst siegt die Neugier aller, auch der Gegner des Matchs.
"Spielt er oder nicht?", das ist die Tagesfrage.
Er kommt tatsächlich!. Um 15.25 Uhr

öffnet sich der Vorhang, und Bobby Fischer erscheint im Spielsaal des Maestral-Hotels als erster(!) auf der Bildfläche. Er wird also tatsächlich spielen.

Vor einem sehr erlesenen Publikum. Der etwa 200 Zuschauer fassende Saal ist voll. Fotografen und Kamerateams des Fernsehens dürfen erst unmittelbar vor Beginn der Partie hinein. Der Schachtisch befindet sich in respektabler Entfernung vom Publikum, ich schätze sie auf etwa 30 Meter. Bobbys Überempfindlichkeit ist hinlänglich bekannt.

Bobby zieht 1.e4

Als auch Boris Spasski Platz genommen hat, drückt Hauptschiedsrichter Lothar Schmid die neue Uhr, auf deren Wirkungsweise wir noch zu sprechen kommen. Shake hands der beiden Exweltmeister, das Spiel kann beginnen.

Bobby Fischer wartet, bis die Fotografen ihre Arbeit getan haben, dann zieht er 1.e2-e4. Ich sehe auf meine Uhr. Es ist exakt 15.38 Uhr MEZ. Diese Zeit soll festgehalten werden. Mit dem Doppelschritt des weißen Königsbauern vollzieht sich das wohl spektakulärste Comeback der Sportgeschichte. Man denkt an den Schwimmer Mark Spitz, an den Tennishelden Björn Borg und andere Größen. Viele haben es versucht, aber ohne Erfolg. So etwas geht wahrscheinlich nur im Schach.

Fischer und Spasski spielen die Eröffnung verhältnismäßig schnell. Auf Bobbys Spanier wählt Boris das ihm sehr vertraute Breyer-System. "Vorsicht", sagt Großmeister Adrian Michaltschischin im Pressezentrum, "vor zwanzig Jahren in Reykjavik hat Fischer gegen diese Variante in der 10. Partie glänzend gewonnen." Und heute?

Im 17. Zug spielt der Amerikaner seinen Randbauern nach a4. "Das ist eine theoretische Neuerung", behauptet Svetozar Gligoric, der oben in einem kleinen Zimmer die erste Partie für das Matchbulletin kommentiert. Andere widersprechen. Nein, das Manöver sei schon vorgekommen, allerdings zwei Züge vorher.

Der weiße Figurendruck wächst. Bobby lehnt sich lässig in seinem Drehsessel zurück und schaukelt ein wenig damit hin und her. Er hat vor dem Wettkampf nicht weniger als acht Designerstühle aus Belgrad probiert und sieben davon als untauglich ausgemustert.

Spasski nimmt jetzt viel Zeit auf der Fischer-Uhr. Im 29. Zug opfert er einen Springer für zwei Bauern und bekommt vorübergehend etwas Luft. Doch Weiß macht weiter Druck, gibt zehn Züge

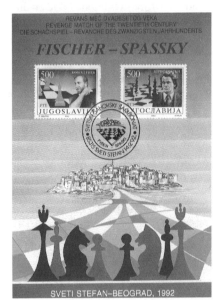

Briefmarken für den Revanchekampf

später die Mehrfigur zurück und erhält dafür einen unwiderstehlichen Angriff. Spasski muß den Läufer nehmen und kommt immer mehr in Bedrängnis. Bobbys Figuren stehen jetzt optimal. Nach 50 Zügen und über sechs Stunden Spielzeit ist es vorbei und das Schlußbild sehr eindrucksvoll. Gleich zum Auftakt hat Robert James Fischer eine Glanzpartie gespielt. Schachwelt, du kannst happy sein, Bobby ist wieder da!

Die jugoslawische und internationale Presse würdigt diesen schachlichen Paukenschlag am nächsten Tag mit entsprechenden Schlagzeilen. USA-Großmeister Robert Byrne, gegen den Bobby schon 1956 als 13jähriger Junge eine wunderschöne Grünfeld-Partie gewonnen hatte, wählt in der "New York Times" den eindrucksvollen Titel "A Fischer Display of Power, Logic and Coolness". Mein Kollege Peter Dürrfeld hat auch eine hübsche Headline-Idee:"Bobby ist back in town". Was wird der Gary Cooper des Schachs noch zu bieten haben? Kann er auf diesem Level weiterspielen?

Welchen der Kommentatoren man auch fragt, alle sagen: "Fischers Leistung entspricht mindestens der ELO-Zahl von 2700". Und das nach 20 Jahren! Abwarten, wie es weitergeht. Es kommen sicher auch weniger "fette" Zeiten...

3. September 1992

Vor dem zweiten Spieltag herrscht wieder großer Andrang der Fotografen. Ich habe kein Teleobjektiv dabei und versuche, ein paar Meter weiter nach vorn an den Spieltisch zu kommen. Sofort sind Fischers Leibwächter zur Stelle und versuchen, das zu verhindern.

Schiedsrichter Lothar Schmid und Turnierdirektor Janos Kubat schalten sich ein. Sie gestatten uns, etwas näher ans Brett der Schachbretter heranzurücken. Am nächsten und übernächsten Spieltag werden wir alle die Quittung dafür bekommen...

Zur Partie: Heute ist Farbenwechsel. Was hat Boris Spasski als Weißer gemeinsam mit seinen Weltklassesekundanten vorbereitet? Großmeister Juri Balaschow galt früher als Fischer-Fan und kennt fast alle Partien des Amerikaners auswendig. "Jura" assistierte seinerzeit gemeinsam mit Tal und Polugajewski Anatoli Karpow erfolgreich bei dessen WM-Matches gegen Viktor Kortschnoi. Und Alexander Nikitin entdeckte 1973 das Talent eines zehnjährgen Jungen, der auf den Namen "Garik" Kasparow hörte. Zwölf Jahre später machte er ihn zum Weltmeister. Das ist Schachgeschichte.

Nachdem im Maestral-Hotel die Fotos, nach Fischers Willen ohne Blitzlicht, geschossen sind, eröffnet Boris Spasski mit seinem Damenbauern. Bobby verteidigt sich königsindisch. Es wird eine Premiere, denn noch nie hatten beide diese Eröffnung gegeneinander auf dem Brett.

Wir sehen das Sämisch-System, und bereits im achten Zug verschwinden die Damen vom Brett. Spasski hat leichte Initiative, kann aber nichts daraus machen. Beim Übergang zum Endspiel übersieht er eine Parade von Schwarz und gerät klar in Nachteil. Nach Fischers teuflischem Turmzug 36. ... Tf8! muß er die Qualität geben, um den starken Freibauern des Gegners auf der h-Linie zu halten. Als Boris seinen 40. Zug ausführt, hat er nur noch wenige Sekunden Bedenkzeit. Es beginnt das dramatischste Endspiel von Sveti

Stefan. Die Trainer Balaschow und Nikitin neben mir rutschen unruhig auf ihren Stühlen hin und her. Der 57jährige Alexander Nikitin raunt mir ins Ohr: "Es ist eine Gratwanderung am Rande des Abgrunds, aber Boris hat noch einen Strohhalm, an den er sich klammern kann. Den muß er festhalten." Der Meistertrainer behält recht. Spasskis Freibauer auf der c-LInie reicht aus, da Fischer, der frühere Endspielkünstler, nicht exakt fortsetzt. Er verschmäht einen naheliegenden Gewinnzug, was keiner versteht, und bietet später um 22.30 Uhr, als Spasski seinen Läufer auf d6 zurückzieht, resignierend Remis an. Wie wird dieser Partieausgang psychologisch auf ihn wirken? Der Sieg war greifbar nahe, und dann wurde es doch nur ein halber Punkt, der laut Fischers eigenem Reglement nicht zählt, das muß doch Folgen haben?!

Am Freitag, dem 4. September, ist spielfrei. Fischer und Spasski haben hier folgenden Matchrhythmus: vier Partien je Woche, die mittwochs, donnerstags sowie sonnabends und sonntags ausgetragen werden. Ich fahre mit Peter Dürrfeld ins benachbarte Budva. Er bucht sein Rückflugtiket nach Kopenhagen via Belgrad (von dort muß er sich per Bus nach Budapest durchschlagen), und ich lasse meinen ersten Farbfilm entwickeln.

Erste Sanktionen

Am späten Vormittag will ich gerade zum nahen Strand meines Hotels gehen, als an der Rezeption Einladungen verteilt werden. Sponsor Jezdimir Vasiljevic hat wenige Stunden vor Beginn der dritten Partie eine Pressekonfe-

Spielort Hotel Maestral

renz einberufen. Was ist passiert? Geht es Bobby etwa nicht gut?
Die Organisatoren kommen ohne Umschweife zur Sache und verlesen neue Forderungen Fischers. Deren Zielscheibe sind Zuschauer und Journalisten. Der Exzentriker verlangt, daß die ersten drei Sitzreihen im Saal abgebaut werden, damit er bei seinen Rösselsprüngen noch ungestörter nachdenken kann. Fotos sind, wenn überhaupt, nur noch bis zwei Minuten nach Beginn einer Partie gestattet, dann haben die Reporter zu verschwinden. Die Krönung: Es wird gefordert, den Kampf Fischer - Spasski in allen Medien als Weltmeisterschaft bzw. Revanchematch von Reykjavik zu bezeichnen. Wer dem zuwiderhandelt, spielt mit seiner Akkreditierung. Laut Vasiljevic läßt sich der launische Amerikaner jeden Morgen das Presseecho der großen Zeitungen in sein Luxusappartement kommen. Viele Redaktionen faxen die gedruckten Beiträge ihrer Korrespondenten einer internationalen Tradition folgend als "Belegexemplare" ins Pressezentrum nach Sveti Stefan. Etliches kommt auch über die ausländischen Botschaften in Belgrad hier an. Ich werde einen Teufel tun, meine Kollegen daheim in Deutschland (dpa und "Berliner Zeitung") um den "Rücklauf" zu bitten. Das hat Zeit bis nach meiner Heimkehr. Man möchte ja noch ein paar Tage an der schönen Adria bleiben und sehen, wie sich das schachliche und sonstige Geschehen weiter entwickeln werden.
Auf unsere Frage, ob Fischer denn überhaupt zur dritten Partie antreten werde, erwidert der Bankier: "Ich denke, er wird spielen." Großmeister Svetozar Gligoric, ein alter Freund Bobbys und in diesem Match gemeinsam mit Eugenio Torre dessen Sekundant, verweist noch einmal auf Fischers inneren Hauptkonflikt. Mitte der 70er Jahre sei ihm der Weltmeistertitel von der FIDE am grünen Tisch aberkannt worden. Das habe er bis heute noch nicht verwunden und verziehen. Deshalb seine große Sensibilität, die den Umgang mit ihm so schwierig mache. Für alle Kapriolen muß dies als Erklärung dienen. Zum Schluß heißt es, Bobby und Boris werden am spielfreien Montag wieder vor die Presse treten. Mit neuen Forderungen? Zumindest beim Amerikaner ist man da nie sicher.

Aber zuvor wollen sie ja noch zweimal Schach spielen. Wie schön! Pünktlich um 15.30 Uhr beginnt die dritte Partie. Bobby eröffnet wieder mit 1.e4, und zur Überraschung vieler bleibt Spasski seinem Breyer-System treu. Bis zum 15. Zug verläuft die Partie identisch mit der ersten, dann hat der grauhaarige Wahlfranzose mit 16. ... exd4 eine echte Verbesserung parat. Sie erweist sich als stichhaltig, so daß Schwarz die Partie ohne große Mühe ausgleichen kann. Spasski behält sogar das Läuferpaar und fühlt sich wohl damit, das sieht man. Die Sekundanten sind auch zufrieden. Nachdem keiner mehr einen deutlichen Vorteil erreichen kann, bie-

Pressekonferenz mit GM Gligoric und Sponsor Vasiljevic

tet Fischer im 39. Zug Remis. Spasski, so scheint es, ist zur rechten Zeit in Schwung gekommen. Nikitins Fazit nach drei Runden: "Fischers Spiel wird schwächer."

Nach der Partie kommt Lothar Schmid ins Pressezentrum und nimmt mich beiseite. Er macht sich Gedanken um die Berichterstattung über das Match in Deutschland.

Die beiden Fernsehteams, die inzwischen wieder nach Hause gereist sind - sie interessierte nur der Anfang von Bobbys Comeback - haben den Bamberger nur einseitig zur Problematik Krieg in Jugoslawien und Schach befragt. Wir unterhalten uns eine Weile und kommen zu dem Schluß, daß die Sache nicht so einfach ist und es verkehrt wäre, schwarz-weiß zu malen. Daß Schachspieler im Grunde friedliche Menschen sind und ihre Kämpfe vorwiegend auf dem Brett austragen, ist wohl kaum zu leugnen. Er, Lothar Schmid, sehe in dem Match sogar eine kleine Chance, die Öffentlichkeit aufmerksam zu machen, wie man normal miteinander umgehen kann. (Fischer tut es leider nicht immer allen gegenüber). Wir reden später noch öfter miteinander, telefonieren dann in Deutschland auch mehrmals zwischen Bamberg und Berlin hin und her. Das ausführliche Interview mit dem Schiedsrichter von Reykjavik 1972 und von Jugoslawien 1992 finden Sie im Anhang.

Fischer strauchelt

Kein Tag ohne Überraschungen. Heute sind es deren zwei. Die eine betrifft alle Fotografen, die andere die Partie. Fotoreporter haben an diesem Tage Pech. Sie dürfen den Saal nicht betreten. Ein Kollege sagt zu mir: "Jetzt schnappt er wohl völlig über."

Das Foto-Verbot wird zur fünften Partie zwar wieder aufgehoben, aber keiner bricht deshalb in Jubel aus, denn es ist eh eintönig, aus großer Entfernung immer wieder das gleiche Motiv aufzunehmen.

Die schachliche Überraschung des Tages ist eine neue Eröffnung. Auf 1.d4 von Spasski erwidert Fischer 1. ... d5. Laut Statstik hat er erst sieben Mal in seiner Laufbahn so gespielt. Die eigentliche Sensation aber folgt einen Zug später: 2. ... dxc4. Noch nie in seinem Leben hat Robert James Fischer ein Damengambit angenommen! Wie wird das wohl ausgehen?

Boris Spasski hat jedenfalls viel vor. Er ist ja auch der einzige Mensch in Sveti Stefan, der es Bobby am Brett "zeigen" kann. Alle anderen Leidtragenden von Fischers "Sanktionen" haben nicht die Möglichkeit dazu.

Und es wird Spasskis Tag. Im 20. Zug bringt der Vorgänger Fischers auf dem Schachthron ein chancenreiches Qualitätsopfer. Dafür bekommt er das Läuferpaar, einen Mehrbauern und Raumvorteil, also sehr viel Kompensation. Fischer igelt sich ein und versucht, als es bereits zu spät ist, die Qualität zurückzugeben. Von seinem sonst so harmonischen Figurenspiel ist nichts zu sehen. Hilflos kleben die schwarzen Offiziere am Brettrand, am Ende geht ihnen die Luft aus.

Hinterher sagt Fischer, der seine erste Niederlage in einer Wettkampfpartie seit 20 Jahren erlitten hat, leise in ein Mikrofon des jugoslawischen Fernsehens: "But that's chess. One day you give a lesson, next day your opponent gives you a lesson."

Es steht damit 1:1 im Match. Auf die

nächste Schachlektion müssen wir bis Mittwoch warten, weil zwei spielfreie Tage anstehen. Aber die Themen gehen uns nicht aus, denn morgen um 12.30 Uhr soll es ja die angkündigte wöchentliche Pressekonferenz der beiden Schachkoryphäen geben, die hier, wie manche Stimmen spöttisch behaupten, nur für ihre Rente spielen. Gemach, ihr Neider! Das Preisgeld sei ihnen doch gegönnt, vor allem Fischer, der so viel für die Entwicklung des Schachs getan und es in all den Jahren nie so recht verstanden (oder gewollt?) hat, seinen Ruhm entsprechend zu vermarkten.

7. September 1992

Umringt von vielen Muskelmännern bahnen sich Bobby Fischer und Boris Spasski gegen 12.30 Uhr ihren Weg in den Pressesaal. Sponsor Vasiljevic, der vor einer Woche nur den einen Satz "Ich liebe Spektakel" von sich gab, nimmt nicht vorn bei ihnen Platz, sondern an der Seite.

Schachwelt als Monarchie

Die gleiche Prozedur wie am 1. September: Fischer liest sich ein und beantwortet dann nur ihm genehme Fragen. Spasski tut es aus dem Stand. Er hat an diesem Tag auch mehr Substantielles zu sagen als der Partner zu seiner Rechten. Die eine Antwort ist sogar etwas philosophisch. Boris Spasski beschreibt die Schachwelt als eine Monarchie, in der es nicht demokratisch zugeht. Und setzt mit Blick auf seinen Nachbarn hinzu: "Und Bobby war ein guter König. Als er sich nach seinem WM-Sieg 1972 zurückzog, war das auch für mich eine persönliche Tragödie." Die Entscheidung der FIDE, dem Amerikaner seinen Weltmeistertitel abzuerkennen, sei falsch gewesen. Bobby Fischer wiederholt dann seine Angriffe gegen den amtierenden Weltmeister Garri Kasparow und erklärt, er werde niemals gegen ihn antreten. Wer wie Kasparow mit Karpow alle WM-Duelle vorher abgesprochen habe, sei ein pathologischer Lügner und kein Gegner für ihn.

Des weiteren beklagt sich Fischer auch darüber, daß sein Buch "Meine 60 besten Partien" bereits vor Jahren in riesigen Auflagen in Moskau erschienen sei, er aber bis heute dafür noch keinen einzigen Dollar Tantiemen erhalten habe. Als Boris Spasski am Ende noch die Frage gestellt wird, ob er denn im Falle eines Sieges über Fischer später Kasparow herausfordern würde, antwortet er ausweichend: "Darüber habe ich noch nicht nachgedacht."

Nach genau 20 Minuten bricht der Moderator die Pressekonferenz ab, obwohl noch viele Fragen offen sind. Die beiden Schachspieler werden von ihren Bodyguards wieder auf die Trauminsel Sveti Stefan gebracht.

Der Nachmittag ist frei. Am Adriaufer lerne ich die attraktive Nada Ivkovic kennen, die mit ihrem 4jährigen Sohn Igor aus Bosnien nach Montenegro flüchtete, um etwas Ruhe zu finden. Ihr Mann ist Moslem und durch die Kriegsereignisse halb verrückt geworden, erzählt sie. Nada selbst hat Narben an den Knien, die von Granatsplittern herrühren. Wenn die junge Frau vom Krieg erzählt, überläuft sie selbst bei 40 Grad in der Sonne eine Gänsehaut. Realitäten bei meinem Aufenthalt im Sommer 1992 in Restjugoslawien.

Wir treffen uns auch an den folgenden Tagen. Nach einer Woche sagt der

Junge Papa zu mir. Okay, denke ich, bin ich eben dein Holiday-Vater. Möge dir das Schicksal der Kinder von Sarajevo erspart bleiben!

Gefangen auf der Insel

Den 8. September, einen Dienstag, werde ich nicht so schnell vergessen. An diesem Tag zieht es mich zur Insel Sveti Stefan, denn ohne Fotos von ihr kann ich natürlich nicht nach Hause zurückfahren. Ich geh also von meinem Hotel an drei malerischen Stränden entlang zu Steilküste. Etwa 300 Meter vor mir liegt die Insel, auf der Schachkönig Bobby nun schon über einen Monat residiert, wenn man seine Vorbereitungszeit mit einrechnet. Das felsige Eiland ist ein einziges Luxushotel. In Bobbys Haus 118 logierten einst Sophia Loren und Carlo Ponti. Politiker wie Brandt und Pertini kamen gern an diesen idyllischen Ort. Zur Zeit aber ist Sveti Stefan eine einzige Festung. Nicht wegen des nahen Krieges - nein, der Paranoiker Fischer will sich abschotten. Das soll ich gleich zu spüren bekommen.

Nachdem ich zwei Aufnahmen von der Insel gemacht habe, springt ein muskulöser Mann aus dem Gebüsch und bedeutet mir stehenzubleiben. Er fordert mich auf, den Film herauszugeben. Auf meine Frage "Warum?" knurrt er: "Sie haben soeben Mr. Fischer fotografiert." Ich lächle ihn an und frage: "Wo ist denn Herr Fischer?" Der Mann gibt keine Antwort und winkt einen zweiten, noch hünenhafteren Burschen, herbei. Ich versuche den Gorillas klarzumachen, daß ich die Insel und sonst nichts abgelichtet habe, für Detailaufnahmen aus dieser Entfernung sei mein Objektiv viel zu klein. Sie lassen das nicht gelten, packen mich brutal an den Oberarmen und schleifen micht gegen meinen Widerstand über den Steg auf die

Insel: "We go to the Boss!"
Mir soll es recht sein, ich bin an der Aufklärung des Irrtums interessiert. Noch ist der Film in der Kamera. Auf der Insel gehen wir nach links, steigen einige Dutzend Stufen hinauf, bis wir zum Haus 58 kommen. Ein bewaffneter junger Mann sitzt vor der Tür, auf dem Tisch vor ihm steht ein Telefon. Ich bitte darum, Schiedsrichter Lothar Schmid anrufen zu dürfen. Der Bamberger Großmeister wohnt auch auf der Insel. Sie verweigern es mir und fordern erneut den Film. Ihre Drohungen werden deutlicher. Der Boß von Fischers Leibwache ist nicht da. Ich sitze - von den Bodyguards umringt - auf der Insel fest. Wir "verhandeln" etwa eine Stunde, ohne Ergebnis. Ich bin in der schwächeren Position und spüre, hier nicht heil herauszukommen, ohne den Film abgegeben zu haben. Es sind nur ein paar Außenaufnahmen darauf, also kein riesiger Verlust. Aber das brutale, hirnlose Benehmen dieser Leute widerstrebt mir.

Erst am nächsten Tag erfahre ich, daß der Exzentriker Bobby und seine um 30 Jahre jüngere Freundin Zita an diesem Nachmittag vor Sveti Stefan gebadet haben sollen. Deshalb das Theater der Gorillas. Schon bei Fischers Ankunft auf dem Budapester Flughafen hatte seine Leibgarde einem ahnungslosen Passagier mit umgehängtem Fotoapparat diesen zertrümmert, obwohl der Mann Bobby weder erkannt, geschweige denn fotografiert hatte. Wo viele Muskeln sind, da ist offenbar nur wenig Platz fürs Hirn. Das bekam auch Groß-

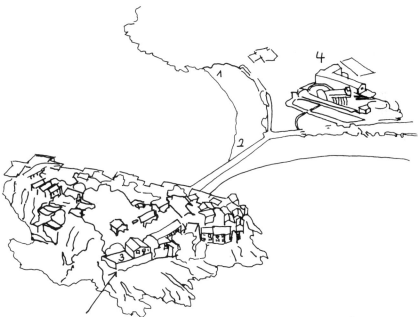

1 - STANDORT D. KOHLMEYER   2 - BODYGUARDS V. B. FISCHER
3 - HOTEL B. FISCHERS   4 - SPIELORT HOTEL MAESTRAL

meister Dragoljub Velimirovic zu spüren, der Bobby Fischer seit Jahrzehnten kennt. Er wollte ihn in Sveti Stefan begrüßen, wurde von den Wächtern des Amerikaners für einen Attentäter gehalten und entsprechend behandelt. Diese Geschichte konnte man am 1. September in der Belgrader Abendzeitung lesen.
Zurück auf die Insel. Ich nehme schließlich den Film aus der Kamera und werde danach wieder aufs Festland gebracht. Um mich erstmal zu beruhigen, gehe ich den Weg bis zu meinem Strand zurück, wo Gordana Cvetkovic, eine der Hostessen, mit ihrem Freund liegt. Sie ist auf Grund ihrer Deutschkenntnisse meine Hauptstütze im Pressezentrum. Die beiden hören sich meine Geschichte an und sind schockiert. Sie haben aber Bedenken, ob ich Recht bekomme, wenn ich bei der Turnierleitung Protest einlege. Alle arbeiten für den Bankier Vasiljevic; Gordanas Freund, er ist auch aus Bosnien geflohen, als Kameramann bei Jugoskandic-TV. Keiner muckt auf, denn jeder will seinen Job behalten. Ich betrachte die Sache etwas anders. Wir werden ja sehen.
Abends treffe ich Lothar Schmid. Er hat es eilig, weil er vor seiner Heimreise noch viele Dinge erledigen muß. Der Schiedsrichter empfiehlt mir, mich an den Match-Direktor Janos Kubat zu wenden. Am nächsten Tag rede ich mit ihm. Wir kennen uns von der Schacholympiade 1990 in Novi Sad. Auf seine Frage, wie es mir geht, antworte ich mit einem nicht druckreifen Wort. Er hört aufmerksam zu und sagt, er schämt sich für die Veranstalter. Kubat veranlaßt sofort eine Entschuldigung, die im folgenden Bulletin - in serbokroatischer und englischer Sprache - erscheint.

Jugoslawische und andere Kollegen kommen zu mir. Sie wollen meine Story hören und veröffentlichen. Einer macht sogar drei Fortsetzungen daraus: die "Entführung", meine Darstellung des Geschehens und die Entschuldigung. Der Reporter von Radio Montenegro, ein sehr guter Schachspieler, sagt: "Wir sind stolz auf Dich."
Als ich Nada abends mein Erlebnis berichte, werden ihre braunen Augen noch dunkler. Sie gießt uns auf den Schreck erstmal einen Grappa ein, geht dann zum Chef der Sicherheitsleute und sagt ihm die Meinung. Es ist in der Folgezeit überaus freundlich und lädt mich sogar zum Kaffee ein. Ich habe aber keine Lust dazu.

Was ist los, Bobby?

Nach zwei spielfreien Tagen gibt es heute beim Stand von 1:1 die fünfte Partie. Wer hat die Pause besser genutzt? Wie verkraftet Fischer seine erste Niederlage? Stören ihn seine eigenen Eskapaden nicht beim Spiel? Das sind nur drei von vielen Fragen.
In Moskau hat sich nach Kenntnis der ersten Partien auch der amtierende Weltmeister Garri Kasparow zu Wort gemeldet. Sein Zeitungsinterview hängt im Pressezentrum von Sveti Stefan. Kasparow betont darin, daß Bobby spielerisch auf dem Niveau von 1972 stehengeblieben sei. Zu den Ausfällen des Amerikaners gegenüber seiner Person bemerkt er nur, er habe den Eindruck, Fischer sei nicht sehr gebildet. Weiß er nicht, daß Bobbys Intelligenzquotient einst mit 186 "vermessen" wurde?
Die Fünfte an der Adria bringt den dritten Spanier. Erst im 18. Zug geht Fischer neue Wege. Spasski aber zeigt sich bestens vorbereitet. Als Bobby im

weiteren Spiel nicht den richtigen Plan findet und danebengreift (24.a3?), nimmt Schwarz die Gabe dankend an, und sein Freibauer auf der a-LInie wird später zum Matchwinner, denn Fischer muß zähneknirschend den Turm dafür geben.
Boris Spasski führt mit einem Male 2:1, wer hätte nach Bobbys Auftaktsieg daran gedacht?
Ich vermisse Alexander Nikitin schon den zweiten Tag im Spielsaal.
Juri Balaschow beruhigt mich. Er ist nicht krank, sitzt zu Hause auf der Insel und brütet neue Varianten aus. Mit Erfolg, wie es aussieht!
Tags darauf läßt sich Bobby nochmal auf das angenommene Damengambit ein. Mut hat er ja, will wohl nachweisen, daß seine Vorbereitung besser ist, als es das 0:1 in der vierten Partie aussagt.

Doch im 61. Zug ist er froh, das Remis gesichert zu haben. Nicht auszudenken, wenn Spasski den Vorsprung noch weiter ausgebaut hätte. Zu Beginn fällt Fischer nicht durch kluge Züge auf, die läßt er sich erst einfallen, als ihm das Wasser faktisch bis zum Halse steht. Vor dem Duell hat er überraschend Saalverbot für die Sekundanten Spasskis verfügt. Ihn störe ihr Flüstern während der Partie. Die beiden Moskauer Trainer begeben sich gelassen ins Hotel-Foyer und verfolgen die Partie dort per Monitor. Möglicherweise hat Fischer heute ein besonderer "Talisman" gerettet. Seit der 6. Partie trägt der Amerikaner, der jeden Tag wirklichh etwas Neues "kreiert" (man kann darauf warten!), einen ledernen Sonnenschutz, da ihn das Neonlicht blendet. Er behält ihn, wenn es sein muß, bis zu sieben Stun-

Spasski - Fischer "The World Chess Championship"

den auf dem Kopf. Wie er da so - manchmal allein - vorn am Brett sitzt, entsteht wieder das Bild vom "Phantom" Fischer, aber nicht vor dem geistigen, sondern vor dem natürlichen Auge des Betrachters.

Hinter Glas

Als wir am 12. September vor der 7. Matchpartie den Spielsaal im Hotel "Maestral" betreten, stehen wir vor einer riesigen Glaswand, die Schachtisch und Zuschauer trennt. Bobbys neue "Barriere" läßt nur noch Blickkontakt zu, alle Geräusche bleiben "draußen". Es entsteht der Eindruck eines riesigen Aquariums, in dem beide Großmeister ihre Züge machen. Es sind aber keine Fischzüge, dazu fehlen noch Wasser, Fische und Grünpflanzen. Aber all das würden die Veranstalter auch noch herbeischaffen, wenn es der empfindlichste aller Schachspieler verlangt. Schachlich wird an diesem Tage wieder mehr geboten. Fischer zeigt zur Abwechslung und zur Freude der Insider etwas von seinem noch vorhandenem großen Können. Er hält am "Spanier" fest, was die junge Fotografin Rosa de las Nieves aus Madrid neben mir mit der Zunge schnalzen läßt. "Viva Espana!"

Nachdem sich Bobby davon überzeugt hat, daß Boris' Breyer-System nicht mehr zu knacken ist, zieht er 9.d3. Nach 14.Sg3 ergibt sich eine Stellung, die man von Italienisch her kennt (vgl. die Partie Illescas - Iwantschuk, Linares 1992). Schwarz spielte dort 14. ... d5!? und gewann. Spasski aber zieht 14. ... g6, und der Vorstoß 16. ... d5 erweist sich danach als Fehler. Nach wildem Handgemenge im Mittelspiel erhält Fischer das bessere Endspiel plus Mehrbauern und realisiert es gekonnt bis zum bitteren Ende für seinen Gegenüber.

Kapitale Fehler

Der 13. September wird auch kein glücklicher Tag für Boris Spasski. In der 8. Partie, dem zweiten Königsinder, passiert ihm vielleicht d e r Patzer des Jahres. So nehmen alle an, als er in recht ausgeglichener Stellung 30.Tc1 zieht. Später stellt sich heraus, daß dies gar nicht der gravierende Fehler war, auch wenn Kommentatoren, darunter namhafte Großmeister, nach flüchtigem Ansehen der Partie vom "Fehler des Jahrhunderts" sprechen. Sicher, Spasski hat das doppelte Springermanöver von Schwarz übersehen, das gesteht er nach der Partie. Aber der entscheidende Lapsus ist erst 33.Tc6?. Danach geht die weiße Stellung den Bach hinunter. Dabei konnte der Anziehende seinen Kopf entweder mit 33.Dc2 oder aber mit 33.Dc3 wahrscheinlich noch aus der Schlinge ziehen.

Als erster findet ein 81jähriger am Ort des Geschehens diese Züge! Andor Lilienthal, zweitältester Großmeister der Welt (nach Miguel Najdorf), hat den weiten Weg von Moskau per Bahn, Auto und Flugzeug an die Adriaküste nicht gescheut, um dieses Match mitzuerleben. Er sei aus mehreren Gründen gekommen: wegen Bobbys Comeback, über das er sich mit der ganzen Schachwelt freut, und wegen seinem alten Freund Boris, der einen gewaltigen Anteil am Zustandekommen des Duells habe. Man müsse ihm herzlich danken, daß er all die Jahre immer Verbindung zu Fischer gehalten hat. Andor Lilienthal wird von seiner etwa

dreißig Jahre jüngeren Frau Olga begleitet. Jeden Morgen um 7.30 Uhr badet er - im Gegensatz zu ihr - in der Adria. Ja, die Schacholdies machen es den Jüngeren in vieler Beziehung noch vor - am Brett und im Leben.!
Mit Andor Lilienthal analysiert auch Milunka Lazarevic, die Grande Dame des jugoslawischen Schachs, täglich voller Leidenschaft die Partien von Fischer und Spasski. Die älteren Schachcracks erzählen sich Wunderdinge über ihre Schönheit, die noch heute zu sehen ist, und über ihre Romanze mit Exweltmeister Wassili Smyslow, der sich vor Jahren für sie beinahe von seiner Ehefrau in Moskau getrennt hätte.

Da ein Fehler selten allein kommt, passiert Spasski am nächsten Spieltag, dem 16. September, ein neues Malheur. Im fünften(!) Spanier gibt es zum erstenmal die Abtauschvariante, eine alte Liebe von Bobby. Er zeigt gute Ideen im Mittelspiel, und wieder führt Boris ein völlig unverständliches Manöver aus, diesmal mit seinem König: 17. ... Kc6? Experten und Zuschauer sehen sich ratlos an. Die ersten Stimmen werden laut: "Geht es hier etwa nicht mit rechten Dingen zu? Wird auch zwischen Fischer und Spasski geschoben?" Ich frage später Alexander Nikitin, der mich wie folgt aufklärt. Die Fehler seines Schützlings resultieren aus großer Übermüdung. Er kann wegen der Mückenplage auf Sveti Stefan nachts schlecht schlafen. Am Tage träumt er dann zuweilen am Brett. Daher die unglaublichen Versehen. Lothar Schmid sagt mir später, er lege seine Hand dafür ins Feuer, daß es

Zita Rajczanyi und Matchdirektor J. Kubat

zwischen den beiden Spielern korrekt zugeht.

Nachdem Bobby Fischer drei Partien in Serie gewonnen hat und 4:2 führt, nimmt Boris Spasski die erste und einzige Auszeit in Sveti Stefan. Die 10. Partie, die remis endet, bietet wenige Höhepunkte. In der elften gibt es mit Sizilianisch eine neue Eröffnung. Spasskis Sekundanten empfahlen ihm den Wechsel, denn die spanische Bilanz Fischers ist mit 3,5 aus 5 mehr als erfolgreich. Mein ständiger Ansprechpartner Nikitin dazu: "Der Mensch trägt auch nicht jeden Tag den gleichen Anzug, man muß variieren."

Aber auch der "Sizi" bewahrt den grauhaarigen Altmeister nicht vor einer Niederlage, denn Fischer spielt in der Eröffnung ideenreich 7.b4 und trägt im Mittelspiel (15.Sf5!) einen schwungvollen Angriff vor. Er läßt reihenweise Figuren hängen und behält immer die Oberhand. Nach 41 Zügen hat Bobby in überzeugendem Stil den fünften Siegpunkt eingefahren und damit alles für den Umzug nach Belgrad klargemacht, so wie es vorher vertraglich festgelegt war.

Bobby tanzt

Montenegro ade! Nach der letzten Partie an der Adria treffen sich im Hotel "Maestral" alle, die in irgendeiner Form etwas mit der Organisation des Matchs zu tun haben, mit Bobby Fischer und Boris Spasski zum Abschiedsabend. Der Saal ist voll, auf den Tischen stehen zuerst nur Mineralwasser und Salzgebäck. Nachdem alle Platz genommen haben, trägt eine Frau Bobby zu Ehren englische Songs aus seiner großen Zeit Anfang der 70er Jahre vor. Sie hat eine schöne Stimme, und auch die nächste, die für Boris Spasski russische Zigeunerromanzen singt, kommt gut an. Danach wird Bobby aber ungeduldig, zieht ein Magnetschach aus der Tasche seines Jacketts und analysiert mit Boris irgendeine Variante. So war er früher schon, stets trug er ein Schachspiel bei sich.

Mittendrin, man ist jetzt bei Beefsteaks und Wein, greift sich einer der Bodyguards, sie nennen ihn Dragan, das Mikrofon und singt ein altes serbisches Volkslied. Inspiriert durch die Melodie springen einige der Hostessen auf und beginnen zu tanzen. Sie bilden einen großen Kreis und kommen an den Tisch, wo die beiden Schachhelden sitzen. Boris, der ein sehr geselliger Mensch ist, läßt sich als erster auffordern und geht mit auf die Tanzfläche. Nach einigen Minuten ruft er Bobby zu: "Komm, die Analyse können wir später fortsetzen." Fischer sträubt sich noch etwas, aber dann kapituliert auch er. Mit zwei Mädchen an der Hand beteiligt er sich an dem Ringelreigen. Aus dem Exzentriker ist für kurze Zeit ein normaler Mensch geworden. Später teilen Bobby und Boris ihr Brot am Tisch.

In Belgrad wird Fischer wieder launisch sein und verfügen, daß die Fotos, auf denen er tanzend zu sehen ist, aus dem Foyer entfernt werden.

Nach einem letzten Frühstück mit Blick auf die ruhige blaue Adria und die Berge Montenegros heißt es, Abschied zu nehmen. Im kleinen Reisebus zum Flugplatz nach Tivat lasse ich die Tage von Sveti Stefan noch einmal im Zeitraffer Revue passieren. Da waren die nächtliche Eröffnungsfeier auf der Märcheninsel, tags darauf am 2. September Bobbys Zug 1. e2-e4, der das Comeback einleitete. Da gab es Schachpartien unterschiedlicher Güte und Spannung, wo hin und wieder die alte Klasse des Genies aufblitzte; Pressekonferenzen voller Seitenhiebe und Kapriolen über Kapriolen des Amerikaners. Sveti Stefan, das waren Begegnungen mit freundlichen Einwohnern, die keinen Krieg wollen, mit Opfern des Wahnsinns und meine "Entführung" auf die Insel.

Ich habe das Eiland natürlich später nochmal von einem sicherern Standort aus fotografiert. Zwei Anlieger, Nada und Isavo Mitrovic, deren Haus auf dem Festland am Berghang oberhalb der Insel liegt, waren sehr gastfreundlich und luden mich für meinen nächsten Besuch in Montenegro zu sich ein. Sie erzählten mir, daß Silvester Stallone ("Rocky") vor einem Jahr hier gewesen sei. Er kam mit dem Privathubschrauber von Italien herüber und wollte ein Stück des Strandes kaufen. Wegen der Jugoslawienkrise wurde nichts daraus. Zu meinen Erinnerungen gehört auch, daß ich im Nachbarort Budva Generaloberst Zivora Panic beim Tennisspielen traf. Der Generalstabschef der Armee von Restjugoslawien gab mir sogar ein kurzes Interview. Die Serben seien nicht schuld am Bürgerkrieg, sie würden vom Ausland falsch beurteilt, erklärt er. In Belgrad werde ich dann später seinen Namensvetter, den Premier Milan Panic, kennenlernen.

Zwischenspiel

Jetzt aber geht es erst einmal nach Hause. Ich fliege mit einer JAT-Maschine nach Belgrad, nehme dort den Zug nach Budapest und dann wieder ein Flugzeug nach Berlin. Vor der Abfahrt kaufe ich mir am Belgrader Hauptbahnhof noch eine Zeitung. Die "Politika" widmet dem Schachmatch wieder eine

Fischer tanzt

ganze Seite, mehr als der Nationalheldin Monica Seles, die gerade das Tennistunier in Flashing Madow gewonnen hat oder Diego Maradonas Rückkehr nach Europa.

In Berlin erscheint mein Insel-Abenteuer in sechs Tageszeitungen - dpa hat die Geschichte verbreitet. Ein Blatt schickt mir seinen Fotoreporter ins Haus, eine Radiostation lädt mich zur Livesendung am Vormittag ein. Für einen Augenblick ist man Stadtgespräch, aber der Alltag hat mich sofort wieder, denn es müssen umfangreiche Artikel für ein Schachmagazin und einen Schachkalender geschrieben sowie das Fotomaterial ausgewertet werden.

Fischer und Spasski pausieren derweil für zehn Tage, am 30. September soll es in Belgrad weitergehen. Ich entscheide mich erst in letzter Minute, auch zur zweiten "Halbzeit" zu fahren, unter anderem deshalb, weil mir ein Buchprojekt vorschwebt. Wir haben es doch hier mit lebendiger Schachgeschichte zu tun, auch wenn manche Leute das aus ganz bestimmten Gründen nicht wahrhaben wollen. Ich buche also am 29. September um 12 Uhr mittags ein Ticket, und um 18 Uhr sitze ich in der Maschine nach Budapest.

Die 12. Partie ist für Mittwoch, den 30. September 1992, im Sava-Kongreßzentrum von Belgrad angesetzt. Ich muß mich beeilen, damit ich den Beginn nicht verpasse. Was wird Teil zwei des Schachabenteuers alles bringen?

Partienteil

Vor den Partien erscheint es nützlich, zum Verständnis aller Anmerkungen in bezug auf die Bedenkzeit erst einmal kurz zu veranschaulichen, wie dies mit der neuen Fischer-Uhr im Lauf einer Partie vonstatten geht: Zu Beginn erhält jeder Spieler 110 Minuten und für jeden gemachten Zug eine Minute dazu. Das bedeutet für die ersten 40 Züge wie bei der herkömmlichen Regelung für WM-Kämpfe 2,5 Stunden. Nach dem 40. Zug gibt es pro Spieler 40 weitere Minuten dazu, nach dem 60. noch einmal 30 und dann jeweils 20 Minuten nach 20 Zügen, sowie stets fortlaufend eine Minute pro Zug. Das heißt für die Praxis:

- Zeitnot tritt in der Regel wie bisher vor dem 40., 60., 80. Zug usw. auf; nach jedem "Kontrollzug" ist wieder reichlich Zeit da;
- extreme Zustände (etwa 10 Züge in einer Minute) sind nicht mehr möglich wegen der Minutenzählung pro Zug;
- dagegen kann ein Spieler nicht schon in den ersten 15 bis 20 Zügen seine vollen 2,5 Stunden auflaufen lassen;
- den Spielern ist es möglich, durch mehrere schnelle Züge hintereinander wieder Zeit zu gewinnen, was im Vergleich zur bisherigen Praxis etwas völlig Neues ist.

(Gerd Treppner)

1. Partie

Fischer - Spasski
Spanisch (C 95)

1. e2 - e4   e7 - e5
2. Sg1 - f3   Sb8 - c6
3. Lf1 - b5   a7 - a6
4. Lb5 - a4   Sg8 - f6
5. 0 - 0   Lf8 - e7
6. Tf1 - e1   b7 - b5
7. La4 - b3   d7 - d6
8. c2 - c3   0 - 0
9. h2 - h3   Sc6 - b8

Dieses Breyer-System gehört zu den Eröffnungen, die beide am besten kennen; offenbar ist zum Auftakt keiner geneigt, Experimente zu machen, man tastet sich ab. Natürlich gilt das Hauptinteresse einer Frage: Wird Fischer eröffnungstheoretisch up to date sein oder spielt er wie anno 1972?

10. d2 - d4	Sb8 - d7
11. Sb1 - d2	Lc8 - b7
12. Lb3 - c2	Tf8 - e8

Das hatten die beiden schon in der 10. WM-Partie 1972 auf dem Brett. Fischer spielte damals 13. b4 Lf8 14. a4 und gewann nach langem, verwickeltem Kampf. Jetzt folgt er einer in neuerer Zeit oft vorkommenden Variante.

| 13. Sd2 - f1 | Le7 - f8 |
| 14. Sf1 - g3 | g7 - g6 |

Nun geht es üblicherweise so weiter: 15. a4 c5 16. d5 c4 17. Lg5 h6 18. Le3 Sc5 19. Dd2 h5 und Weiß richtet sein Augenmerk in der Regel auf die Königsseite. Damit wurde auch Spasski in den letzten Jahren mit Schwarz mehrfach konfrontiert (z.B. gegen Short im Kandidatenturnier 1985, gegen Beljawski in Reggio Emilia 1986/87 und in einer Reihe anderer Partien, in denen die Weißen abwichen). Fischers nächster Zug ist ebenfalls nicht neu, jedoch läßt er nicht ahnen, daß er mit einer sehr wohl neuen Idee verknüpft ist.

| 15. Lc1 - g5 | h7 - h6 |
| 16. Lg5 - d2 | Lf8 - g7?! |

Der bisher übliche Zug. Nicht uninteressant ist, daß Spasski in Santa Monica 1966 diese Stellung selbst mit Weiß gegen Unzicker gewann. Damals geschah 17. Tc1. Der moderne Zug freilich ist 17. Dc1, z.B. in zwei Partien Smirin - Georgadse bzw. Beljawsky (UdSSR-Meisterschaft 1989), die nach 17. ... h5 18. Lh6 Sh7 19. Dd2 Lxh6 20. Dxh6 bzw. 17. ... Kh7 18. h4 d5 das gewohnte Bild mit weißem Spiel am Königsflügel aufwiesen.

17. a2 - a4

Man glaubte, dieser Zug sei an dieser Stelle neu, was halb stimmt - der Zug nicht, aber wie schon oben gesagt die Idee! Nun gibt es eine Art Zugumstellung in die Gefilde der Hauptvariante mit 15. a4 usw., jedoch mit einer kleinen Abweichung, deren Bedeutung offenbar erst Fischer auffiel.

| 17. ... | c7 - c5 |
| 18. d4 - d5 | c5 - c4 |

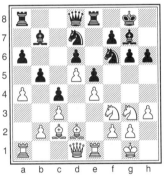

Nun steht im Vergleich zu der oben bei 14. ... g6 angegebenen Variante der weiße Läufer auf d2 statt e3, und Schwarz hat Lg7 gespielt statt Sc5.

19. b2 - b4!

Es gibt zwei Partien Kurajica - Ivanovic, Reggio Emilia 1984 und Hepworth - Smigielska, Oakham 1988, in denen Weiß mit 19. Le3 fortsetzte, aber weder ein neues Konzept noch praktischen

Erfolg vorweisen konnte. Statt dessen kommt Fischer mit einer völlig anderen Idee heraus: er will ganz und gar nicht am Königsflügel spielen, sondern auf der anderen Seite, und dabei nutzt er aus, daß diesbezüglich Lg7 ein ziemlich nutzloser Zug ist: stünde statt dessen der Springer auf c5 (vgl. obige Anmerkung), wäre dies für Schwarz nach cxb3 ganz offensichtlich von Nutzen. Dagegen steht der weiße Läufer, wie sich zeigen wird, auf d2 bestimmt nicht schlechter als auf e3; eher besser. Somit hat Fischer den Gegner, man kann fast sagen, in eine Falle gelockt, und Spasski hat dies wohl erst jetzt durchschaut, denn nach relativ flottem Spiel überlegte er nun erstmals 10 Minuten.

19. ...   Sf6 - h7

Damit überläßt Schwarz den Damenflügel praktisch dem Gegner; der Sd7 kommt nicht mehr nach c5 und bleibt ohne rechte Zukunft, und aufgrund der Bauernstellung hat Weiß die beliebige Öffnung der a-Linie in der Hand sowie hernach ein Angriffsobjekt im Bb5. Wie die Folge zeigt, glaubte Spasski aber wohl, daß er die a-Linie genügend verteidigen und, während Weiß dort seine Stücke konzentriert, am Königsflügel zu Gegenspiel kommen kann. Es ist schwer zu sagen, ob die Alternative 19. ... cxb3 20. Lxb3 Sc5 besser war; Weiß könnte entweder, wie allgemein vorgeschlagen, mit 21. axb5 axb5 22. Lc2 gegen den Bb5 spielen, während sein c3 gut gedeckt ist (ein Nutzen von Ld2) oder, wie GM Wahls in "Schach" empfiehlt, nach 21. c4!? auf Raum und Felder nach Öffnung des Damenflügels (auch dafür wäre der Ld2 nützlich, da er das starke 21. ... b4 verhindert und selbst auf b4 oder a5 vielleicht gut zu verwenden ist).

20. Ld2 - e3   h6 - h5
21. Dd1 - d2

Nun sieht man sowohl die Ähnlichkeit mit der Hauptvariante 15. a4 wie auch die für Weiß günstigen "kleinen Unterschiede" noch deutlicher.

21. ...   Te8 - f8?!

Offenbar übereilt, denn diesen Zug machte Spasski schnell in 2 Minuten, um sich beim nächsten dann nach über 20 Minuten zu vergewissern, daß das geplante f7-f5 größte Bedenken hat.

22. Ta1 - a3

Weiß beginnt den Aufmarsch in der a-Linie; wie es sich gehört, zuletzt mit der Dame als wertvollster Figur hinten.

22. ...   Sd7 - f6

Die Folgen von 22. ... h4 23. Sf1 f5 gefielen ihm mit Recht nicht, z.B. 24. Lg5 (Borik, "Schach 64"; auch das z.T. vorgeschlagene 24. exf5 gxf5 25. Sg5 mag gut sein) 24. ... Lxf6 (24. ... Sxg5 25. Dxg5 Dxg5 26. Sxg5 mit Einstieg auf e6) 25. Lh6 Lg7 26. Lxg7 Kxg7 27. exf5 gxf5 28. Se3 und der Druck auf f5 sowie den ganzen aufgerissenen Königsflügel sollte den Ausschlag geben.

23. Te1 - a1   Dd8 - d7
24. Ta1 - a2   Tf8 - c8
25. Dd2 - c1   Lg7 - f8
26. Dc1 - a1   Dd7 - e8

Und jetzt? Schwarz hat a8 genügend gedeckt und steht bereit, nach Öffnung der a-Linie mit der "Abholzung" zu beginnen. Erst das nächste Springermanöver, das z.T. mit überschwenglichen Kommentaren ("märchenhaft" etc.) gefeiert wurde, deckt die Tiefe des weißen Plans auf.

27. Sg3 - f1	Lf8 - e7
28. Sf1 - d2	Kg8 - g7
29. Sd2 - b1!	

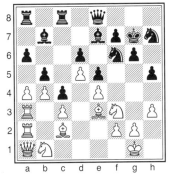

Das zerschlägt in der Tat die schwarze Auffangstellung, denn es droht, nach 30. axb5 axb5 31. Txa8 und Generalabtausch auf a8 durch Sa3 den Bauern b5 abzuholen. Die a-Linie durch 31. ... Lxa8 aufzugeben wäre ebenfalls nicht auszuhalten. Wenn Schwarz nicht "eingedost" werden will, ist das folgende Opfer seine beste Chance.

29. ...	Sf6 x e4 (!)
30. Lc2 x e4	f7 - f5?!

Von Spasski ohne Zögern gespielt, aber Hübner, Seirawan (Inside Chess) und Dorfman (Europe Echecs) empfehlen 30. ... Sf6 mit Varianten wie 31. Sbd2 Sxe4 32. Sxe4 Lxd5 33. Sed2 bxa4 34. Txa4 Lb7 oder 31. Lc2 Sxd5 32. axb5 axb5 33. Ta7 Txa7 34. Txa7 Ta8. Die imposant aussehende schwarze Bauernfront erweist sich bald als verwundbar.

31. Le4 - c2	Lb7 x d5

32. a4 x b5	a6 x b5
33. Ta3 - a7	Kg7 - f6

Nach 33. ... Lxf3 34. gxf3 muß Schwarz die a-Linie aufgeben und kann schwerlich die weiße Bauernschwächung nutzen, weil alle seine Figuren passiv stehen.

34. Sb1 - d2	Ta8 x a7
35. Ta2 x a7	Tc8 - a8
36. g2 - g4!	

Diesen Zug hatte Spasski wohl nicht erwartet; er kostete ihn eine knappe Viertelstunde. Weiß versucht damit letztendlich selbst zum Angriff überzugehen, nachdem die Bauernkette gesprengt ist.

36. ...	h5 x g4
37. h3 x g4	Ta8 x a7
38. Da1 x a7	f5 - f4

Offensichtlich bleibt Schwarz nach 38. ... fxg4? 39. Sh2 ein positioneller Trümmerhaufen (Doppelbauern g4/g6, Feld e4 für Weiß). Die einzige beachtliche Alternative war Abwarten mit 38. ... Ke6 (da Weiß ohnehin Sh4 drohte). Nach 39. Lh6 mit der Idee 40. De3 (Wahls) sieht es aber auch hier für den schwarzen König mulmig aus.

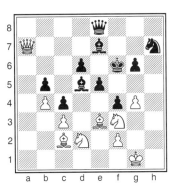

39. Le3 x f4!

Nach 39. Lb6, um die Figur zu behalten, wurden diverse Vorschläge gemacht, wie Schwarz noch zu Gegenspiel kommen kann; am besten sieht 39. ... Dc8 40. Sh2 Sg5 aus.

39. ...   e5 x f4?!

Mehr Widerstand war nach einer Analyse von S. Bücker mit 39. ... Lxf3 möglich: 40. Lxe5+? dxe5 41. Sxf3 Sg5 42. Db6+ Kg7 43. Sxe5 Lf6 44. Sxg6 Sf3+ 45. Kf1 Sd2+ 46. Kg2 Da8+ 47. Kh2 Sf3+ 48. Kh3 Se1 kann Weiß nicht gefallen, wenn aber 40. Sxf3 exf4 41. Dd4+ Kf7, so sieht 42. Dxf4+ Kg7 nicht ganz so schlimm aus wie die Partie.

40. Sf3 - h4   Ld5 - f7

Oder 40. ... Sf8 41. Dd4+ Ke6 42. Sxg6! Sxg6 43. Lf5+ Kf7 44. Dxd5+ nebst Se4 und Schwarz wird seine Schwächen gegen die dominierenden weißen Figuren nicht lange halten können.

41. Da7 - d4+   Kf6 - e6
42. Sh4 - f5!

Droht Sg7+, was gar nicht so leicht zu parieren ist: 42. ... gxf5?? 43. Lxf5 matt oder 42. ... Kd7? 43. Da7+ Kd8 44. Db8+ Kd7 45. Dxb5+; die Dame könnte nur nach d8 oder f8 ziehen, weil sonst De4+ gewinnt, bzw. 42. ... Dd7?? 43. Sg7 matt; möglich wäre dann aber z.B. 43. Se4, drohend 44. Sc5+ dxc5 45 Sg7+, während 43. ... gxf5 wegen 44. Sc5+ dxc5 45. Lxf5 matt verhindert bleibt.

42. ...   Le7 - f8
43. Dd4 x f4   Ke6 - d7

Jetzt kostet 43. ... gxf5 nach Figurrückgewinn auf h7 "nur" einen Bauern, aber das wäre auch genug.

44. Sf5 - d4   De8 - e1+

Stellt nur die Dame ins Abseits und sieht ein wenig wie das berühmt-berüchtigte "Racheschach" aus. Da Spasski fast 20 Minuten nachdachte, fand er wohl keine Idee mehr, wie die beherrschende weiße Figurenstellung auszuhalten wäre; z.B. 44. ... Ke7 45. Se4 Dd7 (Borik) 46. Sg5 +-.

45. Kg1 - g2   Lf7 - d5+
46. Lc2 - e4   Ld5 x e4+
47. Sd2 x e4

Nun ist die schwarze Lage offenkundig trostlos; b5 hängt, Df7+ droht usw.

47. ...   Lf8 - e7
48. Sd4 x b5   Sh7 - f8
49. Sb5 x d6   Sf8 - e6

und zugleich von Schwarz aufgegeben (50. De5 sichert einen leichten Gewinn). Eine saubere Leistung von Fischer; für jemand, der 20 Jahre lang kein ernstes Turnier oder Match gespielt hat, sogar wohl eine große Partie.

(Gerd Treppner)

2. Partie

Spasski - Fischer
Königsindisch (E 80)

1. d2 - d4	Sg8 - f6
2. c2 - c4	g7 - g6
3. Sb1 - c3	Lf8 - g7
4. e2 - e4	d7 - d6
5. f2 - f3	c7 - c5

"Dieser Bauernvorstoß vor der Rochade war zu Beginn der 70er Jahre in Mode.

Zumindest in diesem Fall scheint Fischer die Zeit dazwischen zu ignorieren" (Andric). Immerhin zeigt die Folge, daß sich Fischer durchaus wohl einige neue Gedanken gemacht hat.

6. d4 x c5	d6 x c5
7. Dd1 x d8+	Ke8 x d8
8. Lc1 - e3	Sf6 - d7

Ein psychologisch kritischer Moment: Die Theorie stützt sich hier noch immer auf eine alte Partie Spasskis gegen Gheorghiu (Moskau 1971), in der er nach 9. 0-0-0 b6 10. f4 Lxc3 11. bxc3 Lb7 12. Sf3 Ke8 13. e5 Lxf3 14. gxf3 f5 15. exf6 Sxf6 16. f5 in Vorteil kam. Wahrscheinlich rechnete er jedoch damit, daß Fischer dies gründlich bearbeitet hatte, und wählte nach fünfminütiger Überlegung eine andere Variante.

| 9. Sg1 - e2 | b7 - b6 |
| 10. 0 - 0 - 0 | |

Nun geht das Spielchen anders herum: Spasski will offenbar gern der letzten bekannten Schwarz-Partie Fischers mit dieser Variante folgen (Gheorghiu - Fischer, Olympiade Siegen 1970), was verständlich ist, denn nach 10. ... Sc6 11. f4 Lb7 12. g3 Sa5 13. Lh3 e6 14. b3 Ke7 hat man statt Gheorghius Plan Td2 nebst Thd1, der nichts einbrachte, einiges Neue für Weiß gefunden:
a) 15. f5 Le5 16. fxe6 fxe6 17. Lf4 Sc6 18. Sb5 Sf6 19. Td6!, Portisch - Torre, Interzonenturnier Rio de Janeiro 1979, oder 15. ... gxf5 16. Thf1 f4 17. gxf4 Tad8 18. Lf2 jeweils mit Vorteil für Weiß (Timman, New in Chess);
b) 15. Thf1 Thd8 16. f5 h6 17. fxe6 fxe6 18. Sb5 Sf8 (Groszpeter - Rodriguez, Minsk 1982) und nach Pachmann (Europa-Rochade) führt nun 19. Sf4 zum Vorteil für Weiß.

Fischer weicht nun seinerseits ab und bringt eine Neuerung:

| 10. ... | Sb8 - a6!? |

Der Springer soll nach c7, um die unangenehmen Springerausfälle zu verhindern, die auch in den oben erwähnten Partien vorkamen (Sd5 und besonders wenn Schwarz e6 spielt auch Sb5-d6). Spasski verbrauchte nun 10 und für die nächsten fünf Züge insgesamt gut 45 Minuten, was deutlich macht, daß nun in der Tat das Buchwissen zu Ende war.

11. g2 - g3	Sa6 - c7
12. f3 - f4	e7 - e6
13. Lf1 - h3	Kd8 - e7
14. Th1 - f1	

Im Prinzip hat sich Weiß wie oben nach 10. ... Sc6 entwickelt und versucht nun f4-f5 mit möglichst viel Schub durchzudrücken.

| 14. ... | h7 - h6 |

Aber dieser unscheinbare Zug bringt ihn offenbar wieder von dieser Idee ab, weil Weiß nach 15. f5 g5 die Felder g5 und f4 genommen sind, während e5 Schwarz gehört. Man darf daher vermuten, daß Fischer auch auf das direkte 14. f5 mit h6 fortgesetzt hätte.

15. e4 - e5	Lc8 - b7
16. g3 - g4	Ta8 - d8
17. Se2 - g3	

Nun geht es weniger um f5, sondern darum, einen Springer via e4 auf d6 einzupflanzen, nachdem es über b5 nicht gut möglich war. Schwarz darf dies natürlich nicht untätig abwarten.

17. ...	f7 - f6
18. Sc3 - e4?!	

Nach gut 25 Minuten Denkpause entschließt sich Spasski, auf's Ganze zu gehen. Die Wahl war nicht leicht: 18. exf6 sichert völlig risikolos wohl noch immer einen leichten Vorteil wegen des vereinzelten Be6, obwohl ohne den Be5 und das Feld e4 dem weißen Druck viel Kraft genommen ist. Das Bauernopfer wurde vor Ort anfangs für aussichtsreich gehalten, vielleicht aber zu Unrecht.

18. ...	f6 x e5
19. f4 - f5	Lb7 x e4
20. Sg3 x e4	g6 x f5
21. g4 x f5	Sd7 - f6

Hier empfahl Gligoric 22. Sg3, um fxe6 und Sf5+ folgen zu lassen. Nach 22. ... Txd1+ nebst Kf7 (Bücker) ist aber sehr zweifelhaft, ob Weiß damit etwas erreichen kann.

22. Tf1 - g1	Td8 x d1+
23. Kc1 x d1	Lg7 - f8
24. Se4 x f6	Ke7 x f6
25. Tg1 - f1	

Nach 25. Tg6+ Kf7 kommt der Druck auf e6 wegen des hängenden Tg6 nicht recht voran. Auf 26. Ke2 mit dem einfachen Plan Kf3-e4 empfiehlt Seirawan 26. ... Lg7 27. b3 e4 mit Vorteil für Schwarz.

25. ...	e6 x f5
26. Tf1 x f5+	Kf6 - g7
27. Tf5 x e5	Lf8 - d6
28. Te5 - e3	Ld6 x h2

Nun hat Schwarz definitiv einen Bauern mehr, allerdings sollte das weiße Läuferpaar in der offenen Stellung stark genug sein, um zumindest noch das Remis zu sichern. Vor Ort wurde nun 29. Ld2 (Velimirovic) zwecks Aktivierung dieses Läufers vorgeschlagen. Aber so, wie Spasski spielt, geht es vorerst auch.

29. Kd1 - e2	h6 - h5
30. Te4 - e7+	Kg7 - f6
31. Te7 - d7	Lh2 - e5
32. b2 - b3	h5 - h4
33. Ke2 - f3	Th8 - g8
34. Lh3 - g4?	

Spasski hatte in diesem Moment noch eine knappe Viertelstunde, war also nicht in akuter Zeitnot, aber den Trick im 36. Zug konnte man in der Tat übersehen. Nach Andric war man vor Ort der Überzeugung, daß 34. Lf4! das Remis gesichert hätte; da der Sc7 angegriffen ist, wäre die plausibelste Folge das Turmendspiel nach 34. ... Lxf4 35. Kxf4 Se6+ 36. Lxe6 Kxe6, in dem 37. Txa7 Th8 38. Tg7 h3 39. Tg6+ nebst Tg1 schon gut genug sein sollte; am genauesten ist vielleicht 37. Th7 und erst auf 37. ... Tg2 38. Txa7 (Borik), um den schwarzen Turm nicht hinter seinen Bauern zu lassen. Etwas Ähnliches könnte sich auch ergeben nach der ebenfalls mehrfach vorgeschlagenen Alternative 34. Lf2 Lg3 35. Lxg3 Txg3+ 36. Kf4 Txh3 37. Txc7.

34. ...	h4 - h3
35. Td7 - h7	

Natürlich nicht 35. Lxh3?? Tg3+.

35. ...	h3 - h2
36. Le3 - f4	

Nun sieht es so aus, als würde dem Bauern h2 unverzüglich das Lebenslicht ausgeblasen, aber ...

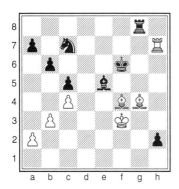

Läufer im Verein mit dem eigenen König die schwarzen Bauern genauso schnell beseitigen wie Schwarz die weißen.

42. Lh2 - d6	Te8 - e4
43. Lg4 - d7	Te4 - e2
44. a2 - a4	Te2 - b2

Um nach dem Schlagen auf b3 zugleich den dann angegriffenen Bb6 zu decken. Nach 44. ... Sxb3 45. Lb8 mag es sein, daß Weiß mehr Chancen hätte.

36. ...   **Tg8 - f8!!**

Eine echte "Gemeinheit"; es droht Kg6 oder zunächst Lxf4 nebst Kg6+. 37. Th6+ Kg7 oder 37. Th5 (um Kg6 noch mit Tg5+ usw. zu beantworten) 37. ... h1D+ 38. Txh1 Kg7 ändert nichts. Nur der Textzug scheint überhaupt noch spielbar.

| 37. Lf4 x e5+ | Kf6 - g6+ |
| 38. Kf3 - e4 | |

Nach 38. Kg2 Kxh7 39. Lxc7 Tg8 gewinnt Schwarz den Lg4, wonach der Rest Sache der Technik sein sollte.

38. ...	Kg6 x h7
39. Le5 x h2	Tf8 - e8+
40. Ke4 - f5	

Nach Seirawan konnte Weiß dem Gegner mit 40. Le5, um sich den möglichen Einbruchsweg d5-c6 zu erhalten, mehr Probleme stellen.

| 40. ... | Sc7 - e6 |
| 41. Kf5 - f6 | Se6 - d4 |

Weiß hat immerhin noch eine gewisse Hoffnung: der schwarze König ist ausgesperrt und vielleicht können die zwei

45. Ld6 - b8	a7 - a5
46. Lb8 - a7	Tb2 x b3
47. Kf6 - e5	Sd4 - f3+
48. Ke5 - d6	Sf3 - d2
49. Ld7 - e6	

Nach 49. Lb5? Txb5! geht in jedem Fall ein schwarzer Bauer durch: 50. cxb5 c4 51. Lxb6 c3 und der Läufer kann weder auf a3 noch e3 stoppen wegen Sc4+, oder 50. axb5 a4 51. Lxb6 Sxc4+ 52. Kxc5 Sxb6 53. Kxb6 (nach 53. Kb4 kommt einfach der König heran) 53. ... a3 54. Kc7 a2 55. b6 a1D 56. b7 mit theoretischem Gewinn für Schwarz.

| 49. ... | Tb3 - b4 |
| 50. Kd6 - c6 | |

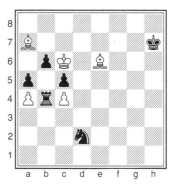

50. ... Sd2 - b3?

Warum Fischer nicht auf c4 nahm, könnte nur er selbst sagen. Dem Betrachter bleiben nur Vermutungen anhand der Umstände. Es heißt, Fischer hätte die ganze Nacht mit Torre und Gligoric analysiert, und gegen Morgen seien sie zu dem Schluß gekommen, daß der Gewinn gar nicht so klar sei. Fischer hatte vor diesem Zug noch gut eine Viertelstunde, was bestimmt nicht die Welt ist, um ein kompliziertes Endspiel zu berechnen. Er investierte etwa sieben Minuten, und es mag sein, daß er dann davon Abstand nahm, weil er keinen klaren Gewinn fand und meinte, es müsse anders genauso gut oder noch besser gehen.

Die große Frage ist allerdings, wo in diesem Endspiel nach 50. ... Sxc4 51. Lxc4 Txc4 52. Lxb6 Txa4 53. Kxc5 (53. Lxc5? Tb4!; 53. Kb5? Tb4+ nebst Txb6) die Probleme liegen sollen. Alle Kommentatoren erklärten es einstimmig für theoretisch gewonnen. Nach 53. ... Ta2 54. Kb5 a4 kann Weiß nicht verhindern, daß der schwarze König herankommt und Kontakt mit seinem Bauern aufnimmt. Der Versuch, den Läufer nach a3 zu spielen und dann a4 zu verspeisen, scheitert schon allein am Zeitfaktor, denn nach 55. Le3 Kg6 56. Kb4 Kf5 57. Lc1 Ke4 58. La3 Kd5 verliert 59. Kxa4 wegen Kc4 sofort. Es geht wohl sogar einfacher: 55. Le3 (55. Kb4? Tb2+) 55. ... a3 56. Kb4 (56. Lc1 Ta1) 56. ... Te2 und falls 57. Ld4 Te4 oder 57. Lg5 Kg6. Wenn aber Weiß nichts unternimmt, entsteht bald etwa folgende Stellung (aus einer Analyse von Stefan Bücker):

Wo auch immer Weiß den Läufer aufstellt, er muß irgendwann durch Zugzwang auf ungedeckte Felder, so daß Schwarz seinen Turm auf die 4.

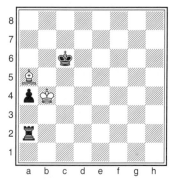

Reihe umdirigieren kann, z.B. hier 1. Ld8 Td2 2. Lf6 Tf2 3. Le7 (3.Lg5 Tg2) 3. ... Tf4+ 4. Ka3 Kb5 (mit der Verbindung von König und Bauer ist der wichtigste Schritt geschafft; für die Theorie ist noch wichtig, daß der weiße Läufer, der das Eckfeld beherrscht, hier der schlechtere ist) 5. Ld6 Tf3+ 6. Ka2 Kc4 7. Le7 a3! 8. Ld6 (8. Lxa3 Tf2+ 9. Lb2 Kb4 nebst Kb3 und gewinnt) 8. ... Tc3! (wie sich bald zeigt, ein wichtiger Zug) 9. Lf8 Kb5 10. Lxa3 (sonst Ka4 und Tc2+) 10. ... Ka4 11. Ld6 (auch andere Läuferzüge ändern nichts, z.B. 11. Lb2 Tc2 12. Kb1 Kb3 und der Läufer muß ins Freie, da auf 13. Lc1 Th2 nebst Th1 folgt) 11. ... Tc2+ 12. Kb1 Kb3 (jetzt ist es wichtig, daß der weiße König nicht über die c-Linie herauskommt) und als nächstes greift Schwarz den Läufer mit Tempo an gefolgt von Schach auf der 1. Reihe, z.B. 13. Lb8 Tc8 14. La7 Tc7 15. Lb6 Tb7 und der Läufer wird endlich ins Freie getrieben, da er auf a5/c5 durch Abzugsschach verlorengeht: 16. Le3 Te7 17. Ld2 Th7! und gewinnt.

Dies mag alles sehr kompliziert scheinen, aber etwa ab dem Diagramm ist die Gewinnführung in jedem Lehrbuch zu finden und sollte daher eigentlich in der Weltspitze bekannt sein. War also doch Fischers Endspielwissen "eingerostet" oder hat er wieder einmal mehr gesehen als alle zum Teil prominenten Analytiker?

51. Le6 - d5

Natürlich nicht 51. Lxb6? Sd4+.

51. ...	Tb4 x a4
52. La7 x b6	Ta4 - a1
53. Lb6 x c5	a5 - a4

Falls 53. ... Sxc5 54. Kxc5 a4 55. Kd6 a3 56. c5 Td1 (nach a2 kann Weiß den Läufer opfern) 57. c6 a2 58. c7 a1D 59. c8D und Schwarz kann wohl nicht gewinnen, da die weiße Dame Schachs ihrer Gegnerin abdeckt. Vielleicht noch einfacher ist 55. Kb4 a3 56. Kb3.

54. Lc5 - b4	a4 - a3
55. c4 - c5	Sb3 - d4+
56. Kc6 - d7	Ta1 - d1

Auf 56. ... a2 57. Lxa2 Txa2 58. c6 scheint Schwarz ebenfalls den Bauern trotz eines Mehrturms nicht gewinnbringend stoppen zu können, z.B. 58. ... Sb5 59. c7 Ta7 60. Ld6.

57. Lb4 x a3	Sd4 - c2

57. ... Sb5 58. Lb4 Txd5+ 59. Kc6.

58. c5 - c6	Td1 x d5+

58. ... Sxa3 59. c7 Txd5+ 60. Kc6 Td1 61. c8D Tc1+, remis.

59. La3 - d6	Remis.

Am einfachsten wäre jetzt 59. ... Sd4 60. c7 Txd6+ 61. Kxd6 Sb5+. Daß er diese Partie nicht gewann, dürfte Fischer doch erheblich frustriert haben. Vielleicht war das ein Grund, weswegen er nach der hervorragenden 1. und der über weite Strecken ebenfalls gut gespielten 2. Partie plötzlich aus dem Konzept zu geraten schien.

3. Partie

Fischer - Spasski
Spanisch (C95)

Hier weist Andric auf einen interessanten Umstand hin: Dies war die erste Partie, die an einem Samstag gespielt wurde, was früher bei Fischer aus religiösen Gründen tabu war. Hierzu paßt auch, daß er sich bei der Pressekonferenz auf eine entsprechende Frage als "zur Zeit nicht sehr religiös" bezeichnete. Je nach eigenem Standpunkt mag man das sehen, wie man will; wenn es jedoch bedeutet, daß er sich von der Sekte, der er früher angehörte, distanziert hat, so mag das auf ihn durchaus positiven Einfluß gehabt haben.

1. e2 - e4	e7 - e5
2. Sg1 - f3	Sb8 - c6
3. Lf1 - b5	a7 - a6
4. Lb5 - a4	Sg8 - f6
5. 0 - 0	Lf8 - e7
6. Tf1 - e1	b7 - b5
7. La4 - b3	d7 - d6
8. c2 - c3	0 - 0
9. h2 - h3	Sc6 - b8
10. d2 - d4	Sb8 - d7
11. Sb1 - d2	Lc8 - b7
12. Lb3 - c2	Tf8 - e8
13. Sd2 - f1	Le7 - f8
14. Sf1 - g3	g7 - g6
15. Lc1 - g5	h7 - h6
16. Lg5 - d2	

Bisher alles wie in der 1. Partie.

16. ...   **e5 x d4!?**

Diese neue Idee Spasskis macht insofern einen logischen Eindruck als bei einem offenen Spiel im Zentrum der Läufer auf d2 kaum ideal plaziert sein kann.

Es sollte ja wohl auch einen Grund haben, daß die meisten Spieler es vorziehen, zunächst mit der Zugfolge 15. a4 c5 16. d5 c4 (vgl. 1. Partie) die Lage im Zentrum weitgehend zu klären, bevor solche Manöver wie Lc1-g5-d2 unternommen werden.

17. c3 x d4   c7 - c5

Während bisher beide sehr schnell gespielt hatten, verbrauchte Fischer jetzt für die nächsten vier Züge fast eine Stunde. Das zeigt, daß er mit diesem Stellungstyp offenbar nicht so gut vertraut war, und vielleicht hat er auch deswegen darauf verzichtet, die prinzipielle Fortsetzung 18. d5 zu testen, was er erst nach häuslicher Vorbereitung in der 5. Partie tat (und selbst dann, wie wir sehen werden, hatte er noch Probleme damit). In dieser Richtung äußerte sich auch Spasski nach der Partie, nämlich daß er zwar der völligen Korrektheit seiner Idee noch nicht ganz sicher sei, daß es ihm aber gelungen sei, Fischer damit vor Probleme zu stellen. Selbst dieser gab zu, in Schwierigkeiten gewesen zu sein, worauf Spasski hinzufügte: "In großen Schwierigkeiten!"

18. Ld2 - f4?!

Wahrscheinlich muß man bereits diesen Zug kritisieren. Die Felder c5/e5 sowie die greifbar nahe Möglichkeit d5 lassen die momentane Schwäche d6 unbedeutend erscheinen.

18. ...   c5 x d4
19. Sf3 x d4

Man könnte an 19. Dxd4 denken, um e5 besser zu kontrollieren und d6 anzugreifen, aber nach etwa Tc8, Sc5 nebst Se6 bzw. d5 scheint Schwarz auch hier bequemes Spiel zu erlangen.

19. ...   Sd7 - e5
20. b2 - b3

Hier wurde allgemein 20. a4 vorgeschlagen, allerdings ohne überzeugende Begründung. Schwarz hätte wahrscheinlich kaum 20. ... b4?! 21. Lb3 gewählt, sondern mit etwa 20. ... Db6 den Bb5 behauptet, da 21. Le3 mit Sc4 beantwortet werden könnte.

20. ...   d6 - d5!
21. Dd1 - d2

Die Auflösung im Zentrum geht zugunsten von Schwarz aus, aber 21. Lxe5 Txe5 22. f4 Te8 23. e5, um eine Bauernmehrheit zu installieren und den blockierten Lb7 bzw. den Bd5 als Nachteile für Schwarz zu beweisen, ist wohl auch nicht besser wegen 23. ... Lc5! (Borik) und falls 24. exf6? Txe1+ nebst Lxd4, sonst aber Db6 und falls Weiß d4 mit Sge2 decken muß, ist Se4 sehr gut. Ähnlich verläuft nach Bücker der weniger schwächende Versuch 22. Sf3 Te6 23. Sd4 Te8 und auf 24. e5 wiederum Lc5! usw.

21. ...   d5 x e4
22. Sg3 x e4   Sf6 - d5
23. Lf4 - g3

Auf h6 kann man sich nicht bedienen wegen 23. Lxh6 Lb4 und die Dame hat kein gutes Feld; muß sie sofort oder nach Lxe1 Dxe1 in die e-Linie, droht neben dem Qualitätsverlust durch f7-f5 weiteres Ärgernis. Jetzt dagegen wäre 23. ... Lb4 24. Dxh6 Lxe1 25. Txe1 mit Drohungen wie Lh4 oder Sg5 sehr verdächtig für Schwarz.

23. ...	Ta8 - c8
24. Te1 - e2	

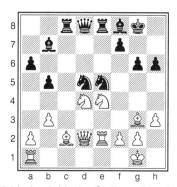

Wohl eine kritische Stellung; hier überlegte Spasski eine halbe Stunde, wie er die Spannung im Zentrum mit der kuriosen Springerversammlung zu seinem Vorteil auflösen könnte. Das Hauptaugenmerk vor Ort konzentrierte sich auf 24. ... Sb4 mit einigen für Schwarz günstigen Möglichkeiten: 25. Df4 Lg7 bzw. 25. Lb1? Lg7 (Sed3) 26. Dxb4 Dxd4 27. Dxd4 Sf3+ oder 25. Lxe5 Txe5 26. Df4 Lg7! (Andric). Nach 25. Td1! (Bücker) ist jedoch kein klarer Weg zu sehen, z.B. 25. ... f5 26. Sc3 oder 25. ... Sxa2 26. Sxb5!? und nach axb5 wäre 27. Lxe5 möglich (Dxd2 28. Sf6+ nebst Sxe8+), nach Dxd2 27. Tdxd2 aber könnte 27. ... axb5 mit 28. Sf6+ nebst Sxe8 beantwortet werden und e5 hinge immer noch.

24. ...	f7 - f5

Eine sichere Wahl, die auf jeden Fall für Schwarz ein besseres Endspiel ohne Risiko ergibt.

25. Lg3 x e5	Te8 x e5
26. Se4 - g3	Te5 x e2
27. Sg3 x e2	Sd5 - b4
28. Ta1 - d1	Sb4 x c2

Jetzt hat Sxa2 wegen 29. Lxf5 Bedenken, obwohl Byrne dann 29. ... gxf5 30. Dxa2 Dd5 31. Sf4 De4 für Schwarz anregt.

29. Sd4 x c2	Dd8 x d2

Wieder die solide Lösung; mit den Damen auf dem Brett hätte Schwarz wohl mehr aktive Möglichkeiten, aber auch seine offene Königsstellung könnte ins Gewicht fallen.

30. Td1 x d2	Tc8 - c7
31. Sc2 - e3	Kg8 - f7

Normalerweise gelten solche Endspiele als aussichtsreich für das Läuferpaar; aber solange Weiß für seine Springer gute Felder im zentralen Bereich hat und der schwarze König keine zu aktive Rolle spielen kann, ist angesichts der spannungslosen Bauernstruktur wohl das Spiel zu halten.

32. h3 - h4	Lb7 - c8

Diesen Zug wird Spasski nicht gern gemacht haben, da sich der Läufer von der Diagonale und speziell vom Feld d5 entfernt. Aber Weiß drohte immerhin mit h5 den Königsflügel in Unordnung zu bringen, woraufhin jetzt g5 möglich wäre.

33. Se2 - f4	g6 - g5
34. h4 x g5	h6 x g5
35. Sf4 - d3	Lf8 - g7

Interessant war hier noch 35. ... Le6, um d5 zu kontrollieren, und falls 36. f4 (um schwarzes f5-f4 zu verhindern), so 36. ... Kf6 (Bücker).

36. Se3 - d5	Tc7 - c6	
37. Sd5 - b4	Tc6 - c7	

Weiterspielen konnte Schwarz mit 37. ... Td6, aber nach 38. Tc2 Ld7 39. Sc5 a5 40. Sxd7 Txd7 41. Sc6 (Bücker) bringt dies wohl auch nichts mehr.

38. Sb4 - d5	Tc7 - c6
39. Sd5 - b4	Remis.

Vielleicht hätte Spasski mit mehr Risikobereitschaft aus dieser Partie etwas machen können; aber nach dem schlechten Start hatte man den Eindruck, daß er auf jeden Fall erst einmal zu seinem Spiel finden wollte.

(Gerd Treppner)

4. Partie

Spasski - Fischer
Angen. Damengambit (D 27)

1. d2 - d4	d7 - d5

Das ist bereits eine ziemliche Überraschung. Ob Fischer wirklich genau siebenmal in seiner Karriere diesen Zug gewählt hat, wie die Statistiker behaupten? Oft war es jedenfalls nicht.

2. c2 - c4	d5 x c4

Und das hat man von ihm wohl noch nie gesehen. In der Tat gilt die Annahme des Damengambits als eine aktive, anspruchsvolle und wohl auch etwas riskante Variante, die anzudeuten scheint, daß Fischer einen lebhaften Kampf wünscht. Man muß sich aber doch fragen, ob dies psychologisch gesehen gerade gegen Spasski das richtige Mittel zum Zweck war. Denn man weiß, daß dieser dagegen ein sehr ruhiges

System bevorzugt, und ob diese Stellungen das Richtige für einen aktivdynamischen Spielertyp wie Fischer sind, der im allgemeinen für frühzeitige Verödung oder gar schnelle Remisen nichts übrig hat?

3. Sg1 - f3	Sg8 - f6
4. e2 - e3	e7 - e6
5. Lf1 x c4	c7 - c5
6. 0 - 0	a7 - a6
7. d4 x c5	

Das war zu erwarten. Nachdem Spasski bis zum 10. Zug fast keine Zeit verbrauchte, hat er wohl dieses System aus Gewohnheit gewählt und keineswegs als spezielle psychologische Waffe gegen Fischer, denn mit dessen Eröffnung konnte er ja im voraus wohl nicht rechnen.

7. ...	Dd8 x d1

Nach 7. ... Lxc5 tauschte Spasski in seinen Partien gewöhnlich selbst auf d8, was zu annähernd denselben Stellungen führt, wenn Schwarz später Ke7 spielt.

8. Tf1 x d1	Lf8 x c5
9. b2 - b3	Sb8 - d7
10. Lc1 - b2	b7 - b6

Auf den ersten Blick würde den meisten Spielern wohl das aktiver scheinende b5 näher liegen, aber dies gilt allgemein als weniger gut, wenn es auch keineswegs zwingend zum Nachteil führen muß. Immerhin gibt die 6. Partie ein Beispiel, welche Möglichkeiten Weiß dabei zur Verfügung stehen.

11. Sb1 - c3	Lc8 - b7

Diese Stellung hatte Spasski schon einmal in ganz ähnlicher Form (gegen Chandler, Wellington 1988); dort stand allerdings der schwarze König bereits auf e7. Nach beidseitigen Fehlern, die mit der Eröffnung nichts Direktes mehr zu tun haben, endete diese Partie remis.

12. Ta1 - c1   Lc5 - e7

Bisher hatte auch Fischer recht flüssig gespielt, was genau wie die Anmerkung zum 17. Zug zu beweisen scheint, daß er sich in der Tat bewußt auf Spasskis Lieblingsvariante einließ. Jetzt ist die standardmäßige Entwicklung vorbei, und Fischers Zeitverbrauch stieg auf etwa 10 Minuten pro Zug. Der Läufer geht offenbar zurück, um Sa4 zu verhindern, indem sich dann nach b5 der Sa4 nicht mehr durch Tausch aus der Affäre ziehen könnte.

13. Sf3 - d4   Ta8 - c8
14. f2 - f3

Dieser Aufbau scheint Schwarz, wie die Folge zeigt, die Aufgabe zu erleichtern.

14. ...   b6 - b5
15. Lc4 - e2   Le7 - c5

Nun könnte die Schwäche e3 schon Unannehmlichkeiten verursachen, etwa nach 16. a4 b4 und Sd5.

16. Kg1 - f1   Ke8 - e7
17. e3 - e4   g7 - g5!?

Laut Fischers Sekundant Torre war diese Angriffsidee im Prinzip für ähnliche Stellungen vorbereitet worden.

18. Sc3 - b1

Dieser Zug zeugt davon, daß Spasski im Prinzip seine Stellung skeptisch einschätzt, wenn er sich veranlaßt fühlt, unter Zeitverlust Figurentausch anzusteuern. Gleichzeitig stellt er aber auch eine Falle, die sich auf eine wohl zutreffende Einschätzung des Gegners gründet.

18. ...   g5 - g4

Nach dem vorherigen Zug gewiß logisch, aber dennoch überlegte Fischer wiederum knapp 10 Minuten. In der Tat hatte er hier nach Analysen von Bücker eine vielversprechende Alternative: 18. ... Ld6 mit dem Plan Lf4 (nimmt Weiß mit dem Feld c1 die c-Linie und infiltriert evtl. auf den dunklen Feldern), nachdem zuvor das unangenehme La3+ entschärft worden ist, z.B. 19. Kg1 Thd8 (jetzt könnte Lf4 und falls dann La3+ Ke8 folgen, wobei die schwarzen Türme verbunden bleiben) 20. La3 b4 21. Lb2 Lf4 22. Txc8 Txc8 mit schönem Spiel für Schwarz. Schaltet Weiß jedoch mit 19. g3 diese Idee aus, dann ist g5-g4 stärker als in der Partie, weil nun f3 nicht mehr durch einen Bauern gedeckt ist, so daß nach dem Verschwinden des Bf3 ein schwacher Be4 zurückbleiben würde.

Wahrscheinlich gab bereits hier für Fischers Zugwahl den Ausschlag, daß er eben zu seinem Pech das Opfer im 20. Zug nicht ausreichend gewürdigt hat.

19. Lb2 - a3   b5 - b4?

Natürlich wird Fischer nicht geglaubt haben, daß Weiß zwei Züge verlor, um sich nun schnöde wieder zurückzuziehen. Er hat also sicher das Qualitätsopfer gesehen, aber falsch eingeschätzt (wie er selbst nach der Partie sagte), vielleicht auch im Unterbewußtsein gar nicht recht ernst genommen, weil er unter dem Eindruck seiner guten Stellung stand und nicht glauben konnte, daß sich diese durch ein Opfer, das gar keine direkten Drohungen enthält, so rapid verschlechtern würde.

Richtig war selbstverständlich 19. ... Lxa3 20. Sxa3 und nach 20. ... gxf3 Sh5 hat Schwarz eine angenehme Stellung; Weiß müßte immer noch um den Ausgleich kämpfen. Für seinen Zug verbrauchte Fischer übrigens nur etwa fünf Minuten, was selbst in Verbindung mit früheren Überlegungen wohl kaum ausreichen konnte, die Lage zutreffend einzuschätzen.

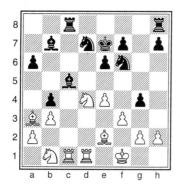

20. Tc1 x c5!

Ohne langes Nachdenken gespielt.

20. ...   Sd7 x c5

Natürlich verliert Schwarz nach Txc5 21. Lxb4 das Material mit Zinsen wieder zurück.

21. La3 x b4

Weiß hat "nur" einen Bauern für die Qualität und droht auch nichts unmittelbares; überhaupt ist die Stellung insofern schwer einzuschätzen, als sich weder für Weiß noch für Schwarz konkrete Pläne oder gar zwingende Varianten aufdrängen (solche wurden auch bisher von kaum einem Analytiker angegeben). Man kann aber feststellen, daß die weißen Figuren z.T. bereits gut stehen, z.T. leicht auf bessere Felder gebracht werden können (Sb1 nach c4); dagegen sind die schwarzen Türme schwer zu verwenden, und es gibt eine Reihe von Schwächen im schwarzen Lager, so die Felder b6, a5 (wenn der Springer auf c4 erscheint), die Fesselung auf c4 und generell die unsichere Lage des Königs, der im Wirkungsbereich der weißen Leichtfiguren stets von irgendwelchen taktischen Tricks bedroht ist. Schwarz muß mehr oder weniger defensiv auf Konsolidierung spielen und dabei ständig auf der Hut sein - sicherlich eine Tortur für einen Spieler wie Fischer, der stets nach Initiative strebt. Alles in allem dürfte Weiß vom Standpunkt des praktischen Kampfs aus fühlbar besser dran sein, wenn auch fraglich ist, ob sich dies gegen präzisestes schwarzes Spiel verdichten ließe.

21. ...   Th8 - d8

Dies ist schon irgendwie symptomatisch: Fischer macht ohne langes Nachdenken (4 Minuten) einen natürlichen Zug, der sich aber wenig später als zwecklos erweist und prompt "zurückgenommen" wird (25. und 27. Zug), nachdem 23. ... Sfd7 deutlich gemacht hat, daß in der d-Linie sowieso für den Turm wenig Zukunft besteht. Sofort 21. ... Sfd7 war sicher vorzuziehen.

22. Sb1 - a3   g4 x f3
23. g2 x f3   Sf6 - d7

24. Sa3 - c4	Lb7 - a8
25. Kf1 - f2	Td8 - g8

In dieser Phase hätte man irgendwann einmal Kf6 erwartet, um aus der Fesselung zu gehen; aber dies bringt neue Probleme, z.B. hier nach 25. ... Kf6 26. Sd6 Tb8 (oder 26. ... Tc7 27. La5) 27. e5+ Kxe5? 28. Sxf7+ bzw. 27. ... Sxe5? 28. Lxc5 bzw. 27. ... Ke7 28. La3 oder 27. ... Kg7 28. Tg1+ Kf8 29. La3 und es sieht immer schlechter für Schwarz aus.

26. h2 - h4	Tc8 - c7
27. Sd4 - c2	Tg8 - b8

Schwarz hat immer noch Probleme, wie dieser Turm sinnvoll einzusetzen ist. Es fällt auf, daß Fischer für die Züge seit dem 21. mit einer Ausnahme nie mehr als jeweils 5 Minuten verbrauchte, was nicht auf ein klares Konzept hindeutet (Zeitnot lag nicht vor; noch im 25. Zug hatte Schwarz 30 Minuten übrig). Allerdings hat auch Weiß außer der Verstärkung seiner Figurenstellung bis jetzt noch keinen handgreiflichen Plan demonstriert, wie er gewinnen will.

28. Lb4 - a3	h7 - h5?

Verliert Fischer die Nerven? Hier liefert sich der Bauer dem Angriff aus, nicht zuletzt da dem weißen Turm das Feld g5 eingeräumt wird. Vielleicht war dies die entscheidende Blöße, in die Weiß nun sofort hineinstößt.

29. Td1 - g1	Ke7 - f6
30. Kf2 - e3	

Auf 30. Tg5? Lxe4! läßt sich Weiß natürlich nicht ein. Jetzt aber droht der Turmeinbruch.

30. ...	a6 - a5?!

Auch das nützt nur dem Weißen, dessen Stellung durch den b-Freibauern bald kräftig verstärkt wird. Hier war aber wohl schon sehr fraglich, ob sich Schwarz überhaupt noch retten konnte.

31. Tg1 - g5

Natürlich geht Spasski auch hier auf Nummer Sicher und läßt keine Abzüge des Sc5 nach 31. Sxa5 zu.

31. ...	a5 - a4
32. b3 - b4	Sc5 - b7
33. b4 - b5	Sb7 - c5
34. Sc2 - d4	

Nun droht bereits 35. b6 Tcc8 36. Sd6, und der Turm kann den Sc5 nicht mehr decken.

34. ...	e6 - e5

Dies ist nur noch ein letzter verzweifelter Versuch, Verwirrung zu stiften. Sehr stark war jetzt 35. Sf5 Txb5 36. Txh5 (Rogers), mit der fatalen Mattdrohung auf h6 und falls z.B. 36. ... Ke6 37. Scd6 nebst Lc4+. Spasskis Wahl ist aber auch gut genug.

35. Sc4 x e5	Sd7 x e5
36. Tg5 - f5+	Kf6 - g7
37. Tf5 x e5	Sc5 x e4

Die letzte schwache Hoffnung auf Tc3+ wird schnell ausgelöscht.

38. Le2 - d3	Tc7 - c3

Ein Springerrückzug ist nach 39. Ld6 auch hoffnungslos.

39. La3 - b4	Tc3 x d3+	
40. Ke3 x d3	Se4 - f6	

Schwarz hat ungleiche Läufer erreicht, aber es wird nicht bei einem einzigen Minusbauern bleiben.

41. Lb4 - d6	Tb8 - c8
42. Te5 - g5+	Kg7 - h7
43. Ld6 - e5	Sf6 - e8
44. Tg5 x h5+	

Ein Freund frühen Aufgebens ist Fischer nicht, denn spätestens hier hat er, nach Tartakower, eine günstige Gelegenheit dazu verpaßt.

44. ...	Kh7 - g6
45. Th5 - g5+	Kg6 - h7
46. Le5 - f4	f7 - f6
47. Tg5 - f5	Kh7 - g6
48. b5 - b6	Tc8 - d8

In diesem Zug wollte ein Witzbold noch die "Drohung" Kxf5 erkannt haben (immerhin war Txd4+ tatsächlich zu beachten).

49. Tf5 - a5	La8 x f3
50. h4 - h5+	Aufgabe.

50. ... Lxh5 51. b7 nebst b8 oder 50. ... Kf7 51. Ta7+ nebst b7 überzeugt auch den Hartnäckigsten. Hier sah man den Spasski früherer Glanztage, der sich, wie schon die 3. Partie andeutete, nun allmählich seiner Bestform zu nähern schien.

(Gerd Treppner)

5. Partie

Fischer - Spasski
Spanisch (C95)

1. e2 - e4	e7 - e5
2. Sg1 - f3	Sb8 - c6
3. Lf1 - b5	a7 - a6
4. Lb5 - a4	Sg8 - f6
5. 0 - 0	Lf8 - e7
6. Tf1 - e1	b7 - b5
7. La4 - b3	d7 - d6
8. c2 - c3	0 - 0
9. h2 - h3	Sc6 - b8
10. d2 - d4	Sb8 - d7
11. Sb1 - d2	Lc8 - b7
12. Lb3 - c2	Tf8 - e8
13. Sd2 - f1	Le7 - f8
14. Sf1 - g3	g7 - g6
15. Lc1 - g5	h7 - h6
16. Lg5 - d2	e5 x d4
17. c3 x d4	c7 - c5

Da sind wir wieder! Fischer hat offenbar nun Spasskis neue Idee aus der 3. Partie gründlich unter die Lupe genommen (sollte man denken) und ist bereit, ihren Wert in der Hauptfortsetzung zu testen.

18. d4 - d5

Daß Spasski in der Tat dies erwartet hatte (wohl schon in der 3. Partie), zeigt sich daran, daß ihn auch die nächsten drei Züge noch kein Kopfzerbrechen kosteten (je 1 - 2 Minuten). Die Bauernstruktur ist nun thematisch bekannt und läßt einen scharfen Kampf zwischen den Mehrheiten von Schwarz am Damenflügel und Weiß auf der anderen Seite erwarten. Die Figurenstellungen, z.B. Fischers Patent-Läufer auf d2, bringen natürlich selbständige Aspekte ins Spiel.

18. ...	Sd7 - b6
19. Ld2 - a5	

Darüber kann man zumindest streiten; das folgende schwarze Manöver scheint ja ohnehin prinzipiell nützlich zu sein (Kontrolle von e5 bzw. der Diagonalen a1-h8). Immerhin könnte der Zug mit Fischers folgenden zusammen eine Idee bilden, zunächst die schwarze Mehrheit am Damenflügel zu hemmen, bevor er seine eigenen Interessen gegen den König verfolgt. Aber dann wiederum läßt die Ungereimtheit im 21./22. Zug sowie Fischers Geständnis zum 23./24. die Vermutung aufkommen, daß sein ganzes Konzept trotz Vorbereitung keineswegs perfekt und allen Feinheiten der Stellung gerecht war.

19. ...	Sf6 - d7
20. b2 - b3	Lf8 - g7
21. Ta1 - c1	Dd8 - f6
22. Tc1 - b1?!?	

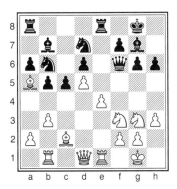

Mehr noch als der Verlust der zweiten Partie hintereinander schockte dieses scheinbar unverständliche Hin und Her mit dem Turm die Fischer-Fans. "Er tickt nicht mehr richtig", hieß es vielerorts teils schadenfroh, teils entsetzt, je nach Einstellung. Verdorben ist mit diesem Manöver, wie die späteren Analysen erbrachten, wohl noch nichts; aber allein der Zeitverbrauch zeigt, daß irgend etwas bei Fischers Planung faul gewesen sein muß: Die Züge 18 bis 20 hatten ihn jeweils nur gut 5 Minuten gekostet, der 21. war ihm mit 2 Minuten sogar recht flott von der Hand gegangen, aber dann kam nach fast 15 Minuten Brüten dieser paradoxe Rückzug. Als einzig plausiblen Grund kann man vermuten, daß Db2 ein Anlaß zur Sorge war; aber hatte dann Fischer den Zug Df6 schlicht übersehen, weil er nicht sofort mit dem Turm nach b1 ging? Und letztlich bleibt auch unklar, ob Db2 wirklich eine Drohung war; jedenfalls fehlte es nicht an Vorschlägen für Weiß. So kommen die prosaischen Züge 22. Ld3 oder 22. Lb1 in Betracht, um Db2 mit Te2 bzw. Tc2 zu parieren. Einen ideenreichen Plan entwickelten Speelman und Chandler mit 22. h4 (plant h5; auf 22. ... Db2 soll 23. a4 folgen) 22. ... h5 23. e5!? dxe5 24. Se4 De7 25. d6 Dd8 26. Sfg5 mit beachtlichem Angriff (z.B. droht allmählich Sxf7). Demgegenüber analysiert freilich Dorfman auf sofort 22. e5 dxe5 23. Se4 das Qualitätsopfer 23. ... Dd8 24. Sd6 Lxd5 25. Sxe8 Dxe8 und sieht die besseren Chancen bei Schwarz, woran die eingeschachtelten Züge h4/h5 nicht so viel ändern dürften. Schließlich kommt auf 22. h4 auch Bückers Vorschlag 22. ... Df4 nebst f5!? in Betracht.

22. ...	b5 - b4?!

Nach Andric ist dies möglicherweise verfrüht, nach Seirawan sogar "extrem unnatürlich. Die Spieler ließen selbst im Dialog nach der Partie erkennen, daß sie die Lage für Weiß gar nicht so schlecht beurteilten, wenn Fischer nicht die folgende Fehleinschätzung unterlaufen wäre.

23. Sg3 - e2?!

Bereitet den entscheidenden Fehler bereits vor. Es ist klar, daß Weiß a3 plant, um sowohl den La5 zu befreien wie auch die schwarze Bauernstruktur zu zerschlagen; und mit dem Textzug will er nach bxa3 die Möglichkeit Lc3 haben. Das erleichtert jedoch in jeder Weise den schwarzen Vorstoß f5: der Springer läßt diesen Punkt selbst außer acht, gibt die Deckung von e4 auf und verstellt noch die e-Linie. Fischers eigene Erklärung deckt den Grund auf: er hatte tatsächlich f5 nicht kommen sehen (etwas verblüffend, denn dies ist in solchen Stellungen, zumal wenn wie hier bereits starker Druck auf d5 besteht, keineswegs ungewöhnlich).

Richtig war, a3 anders vorzubereiten: 23. Dc1, z.B. Sc8 24. a3 bxa3 25. Dxa3 Sa7 nebst Sb5 wohl mit leichtem Vorteil für Weiß (Schachwoche).

23. ...   Df6 - e7
24. a2 - a3?

Konsequent und schlecht. Fischer titulierte den Zug als "lemon" (Zitrone, im Deutschen verwendet man bekanntlich meist dafür den Begriff Gurke).

24. ...   b4 x a3
25. La5 - c3

Wenn Fischer nicht mit f5 rechnete, ist es tatsächlich plausibel, daß er den Ba3 nicht ernst nahm und genug Zeit zu haben glaubte, um ihn in Ruhe einzusammeln. Jetzt aber bekommt er diese Zeit nicht mehr.

(siehe Diagramm rechts oben!)

25. ...   f7 - f5!
26. Lc3 x g7

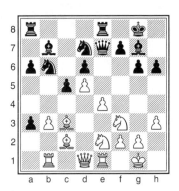

Auch 26. exf5 Sxd5 27. Lxg7 (27. La1!? Seirawan) Dxg7 28. fxg6 a2 nebst Sb4 sieht günstig für Schwarz aus.

26. ...   De7 x g7
27. Se2 - f4

27. exf5 Sxd5 siehe oben, aber vor Ort wurde noch 27. Sd2 (Andric) vorgeschlagen. Es scheint freilich, daß nach der weiteren Analyse von Bücker 27. ... fxe4 28. Sxe4 Lxd5 29. Sxd6 Te6 30. Sc4 Lxc4 31. bxc4 Schwarz mit 31. ... Tae8, drohend bereits a2 nebst Txe2 bzw. falls 32. Lb3 De7, doch die Oberhand behalten kann.

27. ...   f5 x e4
28. Sf3 - h4

Versehen oder Verzweiflungsakt? 28. Se6 Df7 29. Lxe4 Sf6 wäre klar günstig für Schwarz; in Frage kam 28. Lxe4, worauf aber wohl auch 28. ... Sf6 geplant war, z.B. 29. Se6? Txe6 oder 29. Lxg6 Txe1+ 30. Dxe1 a2 31. Ta1 Sfxd5 und 32. De6+ Kh8 bringt nichts, da f4 bzw. e1 hängen. Auch 31. De6+ dürfte wenig ändern. Mit dem Textzug wird ein Opfer angeboten, das letztlich nichts bringt, aber Spasski muß doch genauer spielen, als es vielleicht zunächst aussehen mag.

28. ...	g6 - g5

Nach Torre hätte sich Schwarz mit 28. ... Sf6 29. Shxg6 Sbxd5 30. Ta1 a2! (31. Txa2 Sc3) auf ruhigere Art den Vorteil sichern können. Spasski investierte eine halbe Stunde und entschied dann, daß ihm auch beim Verspeisen der Beute keine Gefahr droht.

29. Sf4 - e6	

Oder 29. Sf5 Df6 bzw. 29. Sh5 Df7.

29. ...	Dg7 - f6
30. Dd1 - g4	Sb6 x d5
31. Se6 x g5	

Auf 31. Dxe4 hat Schwarz mit Sf8! gerade einen Zug, der alles deckt und gewinnt.

31. ...	h6 x g5
32. Dg4 x d7	Sd5 - b4!

Auch diese Pointe war vorauszusehen, denn 32. ... gxh4 33. Dxb7 (und e4 hängt) hätte Fischer noch nicht erschüttert. Gut war allerdings nach Seirawan auch 32. ... Te7 33. Dg4 Lc8 34. Dg3 Sc3 35. Tbc1 Tg7.

33. Dd7 x b7	Sb4 x c2
34. Te1 x e4	a3 - a2
35. Tb1 - f1	Sc2 - b4
36. Te4 - g4	a2 - a1D

Nun ist es vorbei, aber wiederum weigert sich Fischer noch einige Zeit, sich damit abzufinden.

37. Tf1 x a1	Df6 x a1+
38. Kg1 - h2	Da1 - g7
39. Db7 - f3	Dg7 - e5+
40. g2 - g3	Te8 - f8
41. Df3 - g2	De5 - f6

42. f2 - f4	Ta8 - a7
43. Tg4 x g5+	Ta7 - g7
44. Tg5 - h5	Df6 - e6
45. g3 - g4	Tf8 x f4
Aufgabe.	

Die erste Niederlage hatte Fischer nach Andric noch philosophisch hingenommen ("So ist Schach - manchmal erteilt man jemand eine Lektion, manchmal bekommt man selbst eine erteilt"), und eigentlich war seine dortige Fehleinschätzung verzeihlich, aber diesmal hatte er richtiggehend schwach gespielt. Seit der 1. Partie zeigte seine Leistungskurve stetig nach unten. War er auf dem Weg, seine Legende selbst zu zerstören?

(Gerd Treppner)

6. Partie

Spasski - Fischer
Angen. Damengambit (D 27)

1. d2 - d4	d7 - d5
2. c2 - c4	d5 x c4
3. Sg1 - f3	Sg8 - f6
4. e2 - e3	e7 - e6
5. Lf1 x c4	c7 - c5
6. 0 - 0	a7 - a6
7. d4 x c5	Dd8 x d1
8. Tf1 x d1	Lf8 x c5
9. b2 - b3	Sb8 - d7
10. Lc1 - b2	

Bisher ist Fischer erstaunlich hartnäckig in punkto Eröffnungen - mit Weiß dreimal dasselbe, mit Schwarz zweimal. 1972 war er mit Erfolg nach der Devise verfahren "fast in jeder Partie etwas Neues", und man hielt diese Taktik auch diesmal für gut, da Spasski zwar aufgrund seiner langjährigen Erfahrung in seinen "Leib- und Magen- Systemen" schwer beizukommen ist, dafür gilt jedoch sein

Repertoire nicht als so breit angelegt und als anfällig gegen Überraschungen.

10. ...   b7 - b5

Das ist neu gegenüber der 4. Partie, aber Spasski nicht weniger gut bekannt; und wie dort bereits erwähnt, muß Schwarz nach theoretischer Ansicht nun mehr Probleme lösen als nach b6.

11. Lc4 - e2   Lc8 - b7
12. Sb1 - d2   Ke8 - e7

Wohin mit dem König? Nach dem Damentausch und vor weiterer wegen der offenen Linien zu erwartender Vereinfachung scheint es logisch, ihn im Zentrum zu lassen. Aber dennoch zeigte sich in der 4. Partie und wird sich auch hier zeigen, daß dieses mit Risiken verbunden sein kann; zu beachten bleibt auch die Wirkung des Lb2 auf den Bg7, die später zum Tragen kommt. Somit spricht auch einiges für 12. ... 0-0; vgl. die 14. Partie.

13. a2 - a4!

Eben das ist die Idee, die für Weiß gegen b7-b5 als aussichtsreich betrachtet wird. Verwunderlich, daß Fischer nun fast eine halbe Stunde nachdachte, denn mit diesem Zug mußte er bei seiner Vorbereitung rechnen.

13. ...   b5 x a4

In einer fast identischen Stellung (gegen Hübner, Venedig 1989) beantwortete Spasski b5-b4 mit a4-a5, um die schwarzen Damenflügelbauern zu trennen und als Schwächen zu markieren (hinzu kommt noch das Feld c4) und konnte in der Folge wohl leichte Initiative erreichen.

14. Ta1 x a4   Th8 - b8

In der Absicht, dem Druck auf a6 mit Gegendruck auf b3 zu begegnen und womöglich diese Bauern gegeneinander zu tauschen.

15. Td1 - c1

In seinen Kommentaren zur oben genannten Partie empfiehlt Hübner im "Informator" hier 15. Tda1 Ld5 16. Lc4 Lxc4 17. Txc4 als günstig für Weiß. Dorfman und Seirawan geben jedoch auf 15. Tda1 an, daß sich Schwarz mit 15. ... Sb6 16. Ta5 Lb4 17. La3 Sfd5 gut verteidigen könne.

15. ...   Lb7 - d5

Die konsequente Fortsetzung des mit Thb8 eingeleiteten Plans. Nach Schlagen auf a6 und b3 könnte das Spiel jetzt rasch verflachen. Spasski betrachtete die Stellung länger als 30 Minuten und fand einen Weg, Initiative zu behalten.

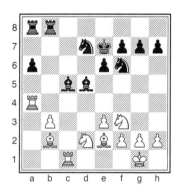

16. Sf3 - e5!

Jetzt wird schon wieder das Qualitätsopfer auf c5 eine Möglichkeit, da nach La3 der zweite auf d7 deckende Springer geschlagen werden kann. 16. ... Lxb3

17. Sc6+ ist ebenfalls bedenklich für Schwarz; sowohl 17. ... Kd6 wie 17. ... Ke8 können nach diversen Analysen (Borik, Dorfman) auf folgende Varianten hinauslaufen: 18. Txa6 Txa6 19. Sxb8 Ta2 (nach Sxb8 20. Lxa6 hängt noch b3) 20. Lxf6 Txd2 21. Sxd7 Kxd7 22. Lb5+ nebst 23. Lxg7 mit einem Mehrbauern für Weiß. Seirawan hält die schwarze Stellung nach 16. ... Lb4 17. S2f3 (17. Txb4 Txb4 18. La3 a5) 17. ... a5 für minderwertig, aber noch spielbar.

16. ...	Lc5 - d6
17. Se5 x d7	

Nach 17. Sc6+ Lxc6 18. Txc6 a5 wäre es nicht leicht für Weiß, etwas herauszuholen.

17. ...	Sf6 x d7
18. Ta4 x a6	Ta8 x a6
19. Le2 x a6	f7 - f6

Nach 19. ... Lxb3 20. Sxb3 Txb3 21. Lxg7 hat Weiß mit Mehrbauer plus Läuferpaar reelle Gewinnchancen, aber wie ist es mit 19. ... Sc5? Nach 20. Lc4 Lxc4 21. Sxc4 mag es sein, daß Schwarz Rettungschancen besitzt, doch nach einem forcierten Remis, wie mehrfach behauptet, sieht es noch nicht aus, z.B. 21. ... Sxb3 22. Td1 nebst Lxg7, oder 21. ... f6 22. Td1 Txb3 23. La3 bzw. 22. Sxd6 Kxd6 23. La3 Tb5 24. e4!?. Auch 20. ... Sxb3 21. Lxb3 Lxb3 22. Sxb3 Txb3 23. Lxg7 läßt Weiß einen Mehrbauern, war jedoch nach Seirawan noch am besten für Schwarz.

20. La6 - c4	Ld5 x c4
21. Tc1 x c4	Sd7 - c5
22. Tc4 - c3	

Gligoric empfahl folgende Variante: 22. La3 Sxb3 23. Tc7+ Kd8 24. Lxd6 Sxd2 25. f3 Tb6 26. Lg3, jedoch 26. ... Tb1+ 27. Kf2 Tf1+ 28. Ke2 Tg1! (Bücker) mit der Absicht 29. Kxd2 Txg2+ nebst Txg3 oder 29. Txg7 Txg2+ 30. Kd3 Ke8 (es drohte Lc7+) dürfte Weiß die Hoffnung auf Erfolg nehmen.

22. ...	f6 - f5?!

Hier war 22. ... Sa4 ein besserer Versuch: 23. Tc2 Sxb2 (Dorfman empfiehlt 23. ... Sc5 mit Übergang in die obige Gligoric-Variante, jedoch nach 24. La3 Sxb3 spielt Weiß statt 25. Tc7+ einfach 25. Lxd6+ Kxd6 26. Tb2) 24. Txb2 Lb4 25. Sc4 Td8 (Schachwoche) mit der Absicht Td3-c3 und es fällt Weiß nicht leicht, den Mehrbauern zu verwerten.

23. Lb2 - a3	Sc5 - e4
24. Tc3 - c7+	Ke7 - d8

Schwarz würde lieber den Bg7 decken, aber 24. ... Kf8? 25. Sxe4 Lxa3 26. Sg5 ließe ihm wenig Hoffnung.

25. La3 x d6	Se4 x d2
26. Tc7 x g7	

Auf 26. Tc2 geht gerade noch Txb3, da Weiß den Springer wegen Matt nicht nehmen darf.

26. ...	Tb8 x b3

(siehe Diagramm nächste Seite oben!)

Dieses Endspiel muß eigentlich für Weiß gewonnen sein - neben dem Mehrbauern sind auch die restlichen schwarzen Bauern schwach, und der schwarze König auf der Grundreihe macht keinen sehr kräftigen Eindruck. Weiß muß allerdings etwas achtgeben, da Turm und Springer manche taktischen Mätzchen anbringen können.

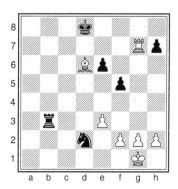

Verhindert für den Moment 33. ... Se1 wegen 34. Te7+ Kf8 35. Txe6 Txg2+ 36. Kf4 Tf2 37. Kxf5 Txf3+ 38. Kg6 und Weiß gewinnt.

33. ...	e6 - e5
34. Kg3 - h3	Sd3 - f2+
35. Kh3 - h2	Sf2 - d3

Spasski war hier knapp an Zeit (noch 5 Minuten), und Fischer versucht immer wieder sein Glück mit taktischen Gegendrohungen (jetzt würde Se1 neben g2 auch f3 angreifen, so daß Weiß z.B. nicht mehr e5 abholen könnte).

36. Lg5 - h6	Sd3 - e1
37. Kh2 - g1	Se1 - d3
38. Lh6 - g5	

27. h2 - h4?!

Nach 27. g4 fxg4 28. Txg4 hätte der weiße König Luft, und der Wirkungskreis des schwarzen Springers wäre bei weitem weniger lästig. Bücker gibt folgende Varianten: 28. ... Kd7 29. Lg3 Kc6 30. Kg2 bzw. 28. ... Ke8 29. Kg2 Td3 30. Le5 Td5 31. Lc3 h5 32. Tf4 Tg5+ 33. Kh3 und Weiß sollte gewinnen.

Mit dem offensichtlichen Wunsch, erst einmal den 40. Zug zu erreichen. Sonst hätte er vielleicht 38. Tg5 gespielt.

27. ...	h7 - h5
28. Ld6 - f4	Kd8 - e8
29. Kg1 - h2?!	

38. ...	Tb2 - b1+
39. Kg1 - h2	Tb1 - b2
40. Tg7 - e7+	Ke8 - f8
41. Te7 - e6	Kf8 - g7

Das sieht nach einem Tempoverlust aus. Falls 29. Th7 Tb1+ 30. Kh2 Sf1+ 31. Kh3, so könnte Schwarz im Moment keinen weiteren Angriff organisieren, und nach 29. ... Tb1+ 30. Kh2 Tb2 bekäme Schwarz die Partiestellung erst einen Zug später. Nach Seirawan gewinnt auch das direkte 29. Lg5 Se4 30. Te7+ Kf8 31. Txe6 Tb1+ 32. Kh2 Sxf2 33. Tf6+ Kg7 34. Txf5.

Auf 41. ... Se1 geht z.B. 42. Kg1 und nun Txg2+ 43. Kf1 mit Figurengewinn oder Sxg2 43. Txe5 mit weiterem Bauerngewinn oder Tc1 43. Kf2 und der König entkommt endlich den Sticheleien.

29. ...	Tb3 - b2
30. Kh2 - h3	Sd2 - e4
31. f2 - f3	Se4 - f2+
32. Kh3 - g3	Sf2 - d3
33. Lf4 - g5	

42. Kh2 - h3	Tb2 - e2
43. Te6 - d6	Sd3 - e1
44. Lg5 - f6+	Kg7 - g8
45. Lf6 x e5	Te2 x e3
46. Le5 - f4?!	

Spasski soll hinterher der Meinung gewesen sein, daß er mit 46. Lg3 noch immer gewinnen konnte. Nach Sd3 folgt 47. Tf6; überhaupt droht der Turm hinter die Bauern zu kommen, weswegen Andric 46. ... Kg7 empfiehlt mit der Idee, daß das Turmendspiel 47. Lxe1 Txe1 48. Kg3 Te2 49. Kf4 Txg2 50. Kxf5 remis ist. Aber vielleicht hätte Spasski dann 47. Lf2 Te2 48. Ld4+ gespielt, z.B. 48. ... Kf7 49. Tf6+ Ke7 50. Txf5 Sxg2 51. Kg3! oder 48. ... Kh7 49. Td7+ Kh6 50. Lg7+ Kg6 51. Lc3 mit der Absicht Sxg2? 52. Tg7+ und Figurgewinn, sonst aber evtl. Tg7-g5, oder 51. ... f4 52. Td6+ Kh7 53. Lxe1 Txe1 54. Kh2 nebst Td4 bzw. Tf6.

46. ...	Te3 - e2
47. Td6 - g6+?!	

Mit 47. Ld2 (Schachwoche) konnte Weiß immer noch versuchen, in ähnliche Bahnen zu gelangen; falls dann 47. ... Kh7 48. Td7+ und nach 48. ... Kg6 49. Lc3 ergibt sich z.B. dieselbe Stellung.

47. ...	Kg8 - f7
48. Tg6 - g5	Kf7 - e6

Wie soll Weiß nun h5 erobern, ohne selbst einen Bauern zu verlieren?

49. Lf4 - c7	Te2 - a2
50. Lc7 - b6	Se1 - d3
51. Kh3 - h2	Sd3 - e1

Der Springer pendelt zwischen Angriff auf g2 und der indirekten Deckung von h5 mit der Gabel auf f4.

52. Kh2 - h3

Nach 52. Kg1 war vielleicht immer noch nicht alles klar; zumindest kann Weiß nach der von Dorfman angegebenen Variante 52. ... Ta1 53. Kf2 Sd3+ 54. Ke3 Sb4 doch wohl den Bh5 nehmen, da Sd5xb6 wegen Th6+ keine Figur gewinnt. Andererseits ist die Frage, wie es ohne Ta1 weitergeht, denn nach Kf1 und Sd3 ist auf h5 wieder nichts zu holen wegen Ta1+ nebst Sf4+. Im Text jedenfalls kommt Weiß noch weniger vorwärts.

52. ...	Se1 - d3
53. Lb6 - c7	Ta2 - c2
54. Lc7 - b6	Tc2 - a2
55. Kh3 - g3	Sd3 - e1
56. Tg5 x h5	Ta2 x g2+
57. Kg3 - f4	Se1 - d3+
58. Kf4 - e3	Sd3 - e5
59. Th5 - h6+	Ke6 - d5
60. Lb6 - c7	

Nach 60. Kf4 Tb2 61. Lc7 Tb4+ 62. Kxf5 Sxf3 dürfte der einzelne h-Bauer auch keinen Erfolg mehr versprechen.

60. ...	Tg2 - g7
61. Lc7 x e5	Kd5 x e5
Remis.	

Mit viel Glück ist Fischer seiner dritten Niederlage in Folge (!) entgangen. (Seirawan: "Er muß betroffen sein über sein Spiel. Es war schrecklich.") Man sollte erwähnen, daß das vielzitierte SPIEGEL-Interview mit Kasparow (in dem er Fischers Spielstärke so außerordentlich abwertet) offenbar genau nach dieser sechsten Partie gemacht wurde, wie aus einem Nebensatz hervorgeht. Ja, in diesem Moment gab es wirklich nicht viel Gutes über Bobby zu sagen ...
Aber wenn man ganz unten ist, bringen oft schon kleine Erfolgserlebnisse einen Aufschwung. Ob dieser verpaßte Sieg (Spasski meinte hinterher zerknirscht, er habe "viele, zu viele Chancen ausgelassen"), ähnlich wie umgekehrt in der 2. Partie, vielleicht Anlaß für eine neuerliche psychologische Wende war?

(Gerd Treppner)

7. Partie

Fischer - Spasski
Spanisch (C 92)

1.	e2 - e4	e7 - e5
2.	Sg1 - f3	Sb8 - c6
3.	Lf1 - b5	a7 - a6
4.	Lb5 - a4	Sg8 - f6
5.	0 - 0	Lf8 - e7
6.	Tf1 - e1	b7 - b5
7.	La4 - b3	d7 - d6
8.	c2 - c3	0 - 0

Drei Partien mit dem Breyer-System gingen von mal zu mal schlechter für Fischer aus. Welche Konsequenz hat er daraus gezogen?

9. d2 - d3

Weicht vorerst einer weiteren theoretischen Diskussion aus. Der Textzug leitet ein ruhiges System ein, in dem es weniger kritische, umstrittene Varianten gibt und das auch vergleichsweise selten gespielt wird.

9.	...	Sc6 - a5
10.	Lb3 - c2	c7 - c5
11.	Sb1 - d2	Tf8 - e8

Die hauptsächliche Alternative ist 11. ... Sc6, öfter gefolgt von der Läuferentwicklung nach e6.

12.	h2 - h3	Le7 - f8
13.	Sd2 - f1	Lc8 - b7

Deutet darauf hin, daß Schwarz so schnell als möglich d5 durchsetzen will; sonst hätte er wie oben angedeutet zuerst Sc6 gespielt, weil es dann noch nicht klar wäre, ob der Läufer auf b7 hinter dem Rücken des Springers wirklich gut steht.

14. Sf1 - g3   g7 - g6

Wohl kein Fehler im eigentlichen Sinn, aber doch rätselhaft. 14. ... d5 war nicht nur die logische Konsequenz, sondern ist hier auch theoretisch bekannt und hat zuletzt recht gute Ergebnisse geliefert: 15. exd5 Dxd5 16. Lg5 Dc6 17. a4 (17. Sf5 h6 18. Ld2 e4! mit Vorteil für Schwarz, Kamsky - Timman, Tilburg 1990) 17. ... h6 18. axb5 axb5 19. Ld2 c4 20. dxc4 Sxc4 und auch hier darf Schwarz recht zufrieden sein (Illescas - Iwantschuk, Linares 1992). Natürlich war mit einer Verstärkung Fischers zu rechnen; aber soll man nur deswegen auf die eindeutig gegebene Fortsetzung verzichten?

15. Lc1 - g5   h7 - h6
16. Lg5 - d2

Er kann es nicht lassen! Aber so wie dieses Manöver im Breyer-System einige versteckte Tücken hatte, die Spasski erst nach einer schmerzhaften Niederlage erkannte, so scheint es auch hier trotz der erheblich anderen Stellung seine positiven Seiten zu besitzen.

16. ...   d6 - d5?

Genau dagegen war es vor allem gerichtet! Die ausschlaggebende Feinheit ist der auf den Sa5 zielende Ld2, wie sich gleich zeigt. Spasski verbrauchte hierfür etwa acht Minuten, was nicht viel für solch eine schwerwiegende Entscheidung ist, so daß man in der Tat vermuten muß, daß ihm irgendein Übersehen unterlief.

Zu erwarten gewesen wäre Sc6, um dieses Angriffsobjekt zu entfernen; aber dann bliebe eben die Frage, ob Sc6 und Lb7 eine genügend harmonische Aufstellung ist.

17. e4 x d5   c5 - c4

Vielleicht ging Spasski schon hier irgendein Licht auf, denn man sollte denken, daß er auf den nächstliegenden Zug exd5 seine Antwort im voraus geplant hatte und a tempo ausführen würde; statt dessen überlegte er daran mehr als 10 Minuten. Da der Be5 hängt, käme ein Wiedernehmen auf d5 nur mit der Dame in Frage; dann folgt aber 18. c4 und Schwarz bleibt nur die Wahl, entweder doch den Be5 mit Dd8 oder mit 18. ... bxc4 19. Lxa5 cxd3 20. La4 eine Figur für kaum genügende Kompensation herzugeben (nach einem Turmzug würde Sf1 eine Blockade der schwarzen Bauern auf den Feldern e3, c3 und d2 einleiten).

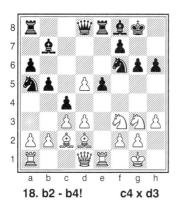

18. b2 - b4!   c4 x d3

Praktisch erzwungen, denn nach 18. ... cxb3 19. axb3 sieht es für den Sa5 angesichts der Drohung c4 ganz düster aus.

19. Lc2 x d3   Dd8 x d5

Dem Partieverlauf nach hat Spasski damit seine beste praktische Chance gewählt; man sehe aber den Hinweis zum 23. Zug! Angesichts dessen war vielleicht objektiv doch die Alternative 19. ... Sc4 mit schlechterem Endspiel nach 20. Lxc4 bxc4 21. Txe5 Txe5 22. Sxe5 Dxd5 23. Df3 Dxf3 24. Sxf3 Lxf3 25. gxf3 vorzuziehen.

20. Ld3 - e4   Sf6 x e4

Laut Andric kam es über diese Stellung nach der Partie zu einem netten Dialog: Spasski: "Ich hätte vielleicht besser spielen und für den Bauern etwas Kompensation bekommen können." - Fischer: "Ich habe das nicht gesehen." - Spasski: "Nein? Nach 20. Le4 Dc4, dann kann ich auf b7 mit dem Springer nehmen." - Fischer: "Wovon sprichst du, Boris?" - Spasski: "Als du Le4 spieltest, hätte ich 20. ... Dc4 ziehen können statt Sxe4." - Fischer: "Dame b1!" - Spasski, äußerst erstaunt: "Oh ..."
In der Tat wäre nach 20. ... Dc4 21. Lxb7 Sxb7 der Verlust des Be5 mit erheblichem Gegenspiel für Schwarz verbunden, aber nach 21. Db1! ist nichts zu sehen: 21. ... Sxe4 22. Sxe4 und Sf6+ droht, während der weitere Tausch 22. ... Lxe4 23. Txe4 den Sa5 kostet; auf 21. ... Sc6 aber schlägt das Opfer 22. Lxg6! mit der Idee fxg6 23. Dxg6+ Lg7 24. Sf5 durch, z.B. 22. ... Tad8 23. Lc2 Sxb4 (mit der Idee Lxf3 nebst Txd2) 24. Lb3 Dc6 (jetzt droht direkt Txd2) 25. Dg6+ +- (Bücker).

21. Sg3 x e4   Lf8 - g7
22. b4 x a5   f7 - f5
23. Se4 - g3?!

Dorfman gibt hier den tückischen Zwischenzug 23. c4! mit der Variante bxc4 (Dxc4? 24. Sd6) 24. Sc3 Dxa5 25. Tab1 und entscheidendem Vorteil für Weiß an. Man könnte noch an Damenwegzüge denken, aber es scheint, daß Weiß auf jeden davon mit Tempo zu Sc5 oder gar Sd6 kommt (23. ... Dc6 24. cxb5 axb5 25. Tc1).

| 23. ... | e5 - e4 |
| 24. Sf3 - h4 | |

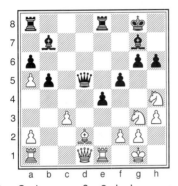

Der Springer muß g2 decken, um die Drohung e3 zu parieren. Nun hat Schwarz eine beachtliche Auswahl, wovon aber keineswegs alles gut ist; insbesondere kann er selbst schnell in einen Angriff geraten, z.B. 24. ... g5 25. Sgxf5 (nicht 25. Shxf5 e3 26. Sxe3 Txe3) gxh4 26. Dg4 oder 25. ... Tad8 26. Dh5 mit entscheidenden Drohungen, etwa 26. ... Dxd2 27. Dg6 Dd7 (27. ... Dxc3 28. Sxh6+ Kh8 29. Sf7+) 28. Tad1 Dc7 29. Sxh6+ Kf8 30. Df5+ oder 26. ... gxh4 27. Dg6 drohend Lxh6 oder 26. ... Df7 27. Dxf7+ Kxf7 28. Sxg7 Kxg7 29. Sf5+ nebst Sd4 und behauptet die Mehrfigur. Der logische Deckungszug 24. ... Kh7 gibt Weiß nach 25. Sf1 ein wichtiges Tempo mit Se3, z.B. 25. ... Lf6 26. Se3 Dd3 27. Sexf5! gxf5 28. Dh5 Lxh4 29. Lxh6 mit durchschlagendem Angriff (Dorfman).

Angesichts dessen wird der Sinn davon verständlich, den Bf7 sofort mit der Dame zu decken, entweder 24. ... Df7 (Bücker) oder 24. ... Tad8 25. Le3 Df7 (Andric). Danach konnte sich jedenfalls noch ein interessanter Kampf ergeben, in dem Schwarz wohl oft die Figur zurückgewinnt und einen Bauern weniger behält, aber mit Gegenspiel bei vollem Brett. Da Spasski nur acht Minuten überlegte, hat er wohl dieses ganze Variantengestrüpp ziemlich schnell beiseite gelassen und sich entschieden, einer einfachen und klaren Linie zu folgen, die ihm in der Tat bis ins Endspiel immer wieder Rettungschancen vorspiegelt, wenn ... ja, wenn er nicht schließlich Fischers letzte Pointe im 32. Zug übersehen hätte!

24. ...	Lg7 - f6?!
25. Sh4 x g6	e4 - e3
26. Sg6 - f4	Dd5 x d2
27. Te1 x e3	Dd2 x d1+
28. Ta1 x d1	Te8 x e3
29. f2 x e3	Ta8 - d8

Notwendig, denn mit den Türmen könnte Schwarz leicht einem Angriff zum Opfer fallen, z.B. nach 29. ... Lxc3 30. Sxf5 drohend Td7.

| 30. Td1 x d8+ | Lf6 x d8 |
| 31. Sg3 x f5 | Ld8 x a5 |

Von diesem Endspiel dürfte sich Spasski noch ganz gute Rettungschancen versprochen haben; z.B. nach 32. Sxh6+ Kh7 und Lxc3 hätte er momentan zwei Bauern weniger, aber zwei Läufer gegen zwei Springer, Bauernschwächen bei Weiß und die Möglichkeit, am Damenflügel einen Freibauern zu bilden. Aber der folgende Coup macht allen Illusionen ein Ende.

(siehe Diagramm nächste Seite!)
32. Sf4 - d5!

Nun stehen die Springer so beherrschend, daß Schwarz mindestens einen Läufer tauschen muß und dabei höch-

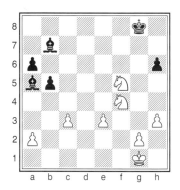

32. ...	Kg8 - f8
33. e3 - e4	Lb7 x d5
34. e4 x d5	h6 - h5
35. Kg1 - f2	La5 x c3
36. Kf2 - e3	Kf8 - f7
37. Ke3 - d3	Lc3 - b2
38. g2 - g4	h5 x g4
39. h3 x g4	Kf7 - f6
40. d5 - d6!	

stens einen Bauern zurückbekommt, aber in einer dann technisch bequemen Stellung für Weiß. Falls 32. ... Lxd5 33. Se7+ Kf7 34. Sxd5 Ke6 35. Sb4.

Nach 15minütiger Berechnung kommt Fischer zu dem Schluß, daß die Bauern das Rennen allein machen können. Es droht sofort d7 mit Einmarsch.

40. ...	Kf6 - e6
41. g4 - g5	

Der rituelle Händedruck vor der Partie

Und jetzt fehlt nach 41. ... Kxf5 42. d7 dem Läufer das Feld f6.

41. ...	a6 - a5
42. g5 - g6	Lb2 - f6

Diesmal entscheidet auf Kxf5 43. d7 Lf6 44. g7.

43. g6 - g7	Ke6 - f7
44. d6 - d7	Aufgabe.

Die zwei schwarzen Figuren sind völlig lahmgelegt. Eine Falle wäre noch 44. ... a4 45. a3? b4! und nach 46. axb4 a3 käme der weiße König nicht mehr heran, so daß der Springer nach c2 zurück müßte, aber am einfachsten wäre dann nach Andric 45. Sd6+ Kg8 (Kxg7 46. Se8+) 46. Sxb5 Kxg7 47. Sd4 Kf7 48. Sc6.
Diese Partie machte ganz offensichtlich die Wende perfekt.

(Gerd Treppner)

8. Partie

Spasski - Fischer
Königsindisch (E 84)

1. d2 - d4	Sg8 - f6
2. c2 - c4	g7 - g6
3. Sb1 - c3	Lf8 - g7

Fischer hat offenbar eingesehen, daß er das angenommene Damengambit gründlicher bearbeiten muß, um mit Spasskis jahrelanger Erfahrung in seiner Spezialvariante konkurrieren zu können. (In der 14. Partie kommt es wieder auf's Tapet.)

4. e2 - e4	d7 - d6
5. f2 - f3	0 - 0

Es scheint, daß Fischer nun doch zu seiner Taktik des ständigen Variantenwechselns zurückzukehren beginnt, die man von ihm erwartet hatte (vgl. Anmerkungen zu Beginn der 6. Partie). Obwohl es mit 5. ... c5 letztlich ganz gut ging, dürfte es Fischer doch nicht gefallen haben, daß er sich lange Zeit gegen eine recht kräftige (und vielleicht nach gründlicher Heimanalyse ausbaufähige) Initiative wehren mußte.

6. Lc1 - e3	Sb8 - c6

Nach Andric gräbt Fischer hier ein System aus, das er bisher nur einmal vor 30 Jahren gegen Petrosjan (Kandidatenturnier Curacao 1962) gespielt hat. In der neueren Zeit wurde es sehr beliebt.

7. Sg1 - e2	a7 - a6
8. Dd1 - d2	Ta8 - b8
9. h2 - h4	h7 - h5
10. Le3 - h6	e7 - e5

Das kennt man alles, und auch der Textzug kommt natürlich prinzipiell in vielen Varianten vor. Es scheint aber bis jetzt das erste Mal zu sein, daß er in diesem Moment angewandt wird, wobei Schwarz zumindest vorläufig auf den Vorstoß b7-b5 verzichtet. Eine übliche Folge wäre z.B. 10. ... b5 11. 0-0-0 und nun 11. ... e5. Fischer verbrauchte für diesen Zug mehr als 15 Minuten, so daß es sich durchaus um eine Eingebung am Brett gehandelt haben könnte.

11. Lh6 x g7	Kg8 x g7
12. d4 - d5	Sc6 - e7
13. Se2 - g3	

Dies wirkt etwas befremdlich, denn eigentlich würde man den weißen Plan in der Durchsetzung von g4 sehen. Aber Spasski legt offenbar Wert darauf, zumindest vorläufig b7-b5 zu verhindern, nachdem es Fischer zuvor nicht gespielt hat.

13. ...   c7 - c6

Das ist jetzt die wohl plausibelste Möglichkeit eines Gegenspiels.

14. d5 x c6   Se7 x c6

Sicher hätten es viele vorgezogen, hier mit dem Bauern zu nehmen. Vielleicht ist die folgende interessante Idee von Dorfman ein Grund, der ihn davon abhielt: 15. 0-0-0 Db6 16. c5!?! dxc5 (16. ... Dxc5 17. Dxd6 Db6 18. Td2 und in der schwarzen Stellung hängt einiges) 17. Sa4 Db4 18. Dxb4 cxb4 19. Sc5 nebst Lc4, Td6 usw. mit aussichtsreichem Spiel für den wohl nur vorläufig hergegebenen Bauern.

15. 0 - 0 - 0   Lc8 - e6

Ignoriert den Bd6, denn nach 16. Dxd6?! Da5 17. Dd2 Tfd8 gefolgt von Txd1+ und b5 käme Schwarz zu starker Initiative (Andric).

16. Kc1 - b1   Sf6 - e8
17. Sc3 - d5

Es ist fraglich, ob dieses Springermanöver viel einbringt. Der Vorschlag einer normalen Entwicklung mit 17. Ld3 (Seirawan), wobei b5 so lange als möglich zurückgehalten werden soll, wirkt natürlicher.

17. ...   b7 - b5
18. Sd5 - e3

Nun könnte Weiß mit der Drohung Sf5+ höchstens spekulieren, wenn der andere nicht aufpaßt; aber Fischers nächster Zug schiebt dem einen Riegel vor.

18. ...   Tf8 - h8

Schafft dem König für den Fall eines späteren Sf5+ nebst Dg5+ das Feld f8 und deckt auch h6.

19. Td1 - c1   Dd8 - b6
20. Lf1 - d3   Sc6 - d4
21. Se3 - d5

Ein Zugeständnis, daß der Ausflug nach e3 wenig einbrachte?

21. ...   Db6 - a7
22. Sg3 - f1

Diese Umgruppierung soll nun doch einen Bauernangriff am Königsflügel vorbereiten. Die Alternative war 22. Se2, um dem Sd4 zu Leibe zu rücken.

22. ...   Se8 - f6
23. Sf1 - e3   Le6 x d5
24. c4 x d5   Tb8 - c8
25. Tc1 - f1

Die logische Konsequenz: wenn Weiß auf Angriff spielen will, darf er natürlich nicht die Schwerfiguren tauschen.

25. ...   Da7 - e7

Der Zweck dieses Zuges wird gleich ersichtlich.

26. g2 - g4   Sf6 - d7

Nun droht einfach hxg4 nebst Txh4 (der Sinn von De7), so daß Weiß statt Linienöffnung die Stellung wieder abschließen muß. Allerdings war der weiße Vorstoß dennoch nicht ohne Sinn, da nun der Läufer gut über h3 ins Spiel kommen kann.

| 27. g4 - g5 | Kg7 - f8?! |

Ein wahrlich seltsames Manöver. Beide drückten jedoch in dieser Phase merklich auf's Tempo, da sie nur je gut 20 Minuten hatten, und so mag es sein, daß Fischer (4 Minuten für diesen Zug verbraucht) der Meinung war, sein König würde zur Damenseite durchkommen, und das folgende weiße Gegenspiel einfach übersah, oder er wollte vielleicht nach Ke8 mit Tf8 nebst f6 fortsetzen, wonach es für den König in der g-Linie sehr ungemütlich wäre.

28. Tf1 - f2	Kf8 - e8
29. Ld3 - f1	Sd7 - c5
30. Lf1 - h3	Tc8 - c7

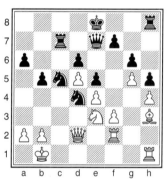

Diese Stellung und die folgenden Züge gingen inzwischen durch die ganze Schachwelt.

31. Th1 - c1 (??)

Auch wenn dieser Zug objektiv, wie sich höchst überraschend herausstellte, vielleicht gar nicht so schlecht sein mag, ist er subjektiv jedenfalls ein kapitales Übersehen. Dies macht allein Spasskis weiteres Spiel deutlich, der praktisch resignierte, wahrscheinlich ohne die geringste Vermutung, daß es danach für ihn überhaupt noch eine Chance gegeben haben könnte. Auch für diesen Zug hatte er nur zwei Minuten investiert.

Was ist aber sonst von der Stellung zu halten? Dazu wieder ein kleiner Ausschnitt aus dem Dialog nach der Partie, wie von Andric überliefert. Fischer: "Es war unklar, aber ich glaube, es war o.k." - Spasski: "Schwarz hatte Probleme, große Probleme, möchte ich sagen, denn ich hatte einen Plan ... Ja, es war eine ganz gute Position für Weiß ..." - Frage (wohl eines Reporters): "Warum haben Sie Ihren Plan geändert und Tc1 gespielt?" - Spasski: "Ich schätzte meine Position so gut ein, daß ich dachte, ich könnte versuchen, bald genug Schluß zu machen."

Welchen angeblich so wirksamen Plan Spasski hatte, verriet er leider nicht. Es fragt sich, ob es wirklich eine gründlich vorbereitete und durchkalkulierte Idee war, denn nach den uns bekannten Zeitaufzeichnungen hatte er letztmals im 23. Zug lange nachgedacht. Sah er da wirklich schon die Textstellung voraus oder war der erwähnte Plan nicht vielmehr doch eine spontane neuere Eingebung?

Wie auch immer, unter den Kommentatoren gingen die Meinungen weit auseinander, was Weiß hätte tun sollen:
a) 31. Lg2 nebst f4 (Schachwoche)
b) 31. Da5 mit dem Plan Tc1 nebst evtl. b4 (Borik)
c) 31. Tg1, um sich gegen f6 zu wenden, z.B. Tf8 32. Dd1 (Pachmann)
d) 31. Dd1 nebst Td2 und Txd4 nebst evtl. Sc2-d4-c6 (Dorfman)

| 31. ... | Sc5 - b3 |
| 32. a2 x b3 | Sd4 x b3 |

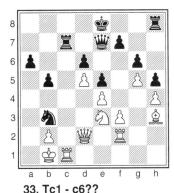

33. Tc1 - c6??

Das offizielle Bulletin nahm es noch nicht zur Kenntnis, aber Stunden später sprach sich wie ein Lauffeuer herum, daß Weiß sich hier auf paradox scheinende Art noch aus der Schlinge ziehen konnte. Von wem die Idee genau stammt - einmal war es der 81jährige Altgroßmeister Lilienthal, einmal Balaschow - läßt sich kaum mehr feststellen; aber es gab sie sogar in zweifacher Ausführung!
a) 33. Dc2!
a1) 33. ... Sxc1 34. Dd1! f6 35. Tc2 Txc2 36. Dxc2 mit unklarem Spiel (Bücker);
a2) 33. ... Txc2 34. Tfxc2 Sxc1 (auf Sc5 folgt 35. b4, und sonst ist schwerer Materialverlust nicht zu vermeiden; es droht nicht nur Tc8+, nach etwa 34. ... Kf8 könnte mit 35. Tc7 auch die Dame gefangen werden) 35. Tc8+ Dd8 36. Kxc1 Ke7 37. Txd8 Txd8 und laut Borik hat Kasparow diese Variante als beste für Schwarz, aber unklar bezeichnet;
b) 33. Dc3! Sxc1 (nach 33. ... Txc3 34. Txc3 hat Schwarz hier kein Rückopfer und verliert mindestens noch den Springer) 34. Da3 (dafür kann Weiß nur auf diese weniger günstige Weise die Fluchtfelder des Springers unter Kontrolle behalten) und nun:
b1) 34. ... b4 35. Da4+! Kf8 36. Lf1 f6 (36. ... b3 37. Lc4) 37. Sc4 fxg5 38. Kxc1 gxh4 mit unklarem Spiel (Bücker);

b2) 34. ... f6 35. Sc2 fxg5 36. Dxa6 gxh4 37. Dxb5+ Kf7 38. Kxc1 gab laut Borik der weltbeste Großrechner "Deep Thought" an, mit ebenfalls offenem Ausgang.
Nach Spasskis Zug bedarf der Rest keines Kommentars mehr.

33. ...	Sb3 x d2+
34. Tf2 x d2	Ke8 - f8
35. Tc6 x a6	Tc7 - a7
36. Ta6 - c6	Kf8 - g7
37. Lh3 - f1	Ta7 - a1+
38. Kb1 x a1	De7 - a7+
39. Ka1 - b1	Da7 x e3
40. Kb1 - c2	b5 - b4
Aufgabe.	

Nach diesem Schock wirkt es begreiflich, daß Spasski zunächst nicht mehr recht auf die Beine kam, während Fischer psychologisch auf der Glücks- und Erfolgswelle schwamm.

(Gerd Treppner)

9. Partie

Fischer - Spasski
Spanisch (C 69)

1. e2 - e4	e7 - e5
2. Sg1 - f3	Sb8 - c6
3. Lf1 - b5	a7 - a6
4. Lb5 x c6	d7 x c6
5. 0 - 0	

Nun also bleibt Fischer dabei, seine Varianten zu wechseln. Aber gerade mit diesem System mußte Spasski ohnehin irgendwann rechnen, denn es zählt zu Fischers ältesten Lieblingseröffnungen. Bereits in seinem Buch "Meine 60 denkwürdigen Partien", das nur bis 1967 reicht, brachte er dazu anhand von Beispielpartien längere Analysen. Auch im WM-Match 1972 versuchte er es einmal damit, jedoch war Spasski seinerzeit auf der Höhe und erreichte sogar leichte Vorteile, bis es schließlich zum Remis kam. Doch diesmal wirkt er merkwürdigerweise alles andere als gut vorbereitet.

5. ...	f7 - f6
6. d2 - d4	e5 x d4

1972 hatte Spasski mit 6. ... Lg4 7. dxe5 Dxd1 8. Txd1 fxe5 fortgesetzt. Daß er sich hierbei nicht von einer Verbesserung Fischers verblüffen lassen wollte, kann man verstehen.

7. Sf3 x d4	c6 - c5
8. Sd4 - b3	Dd8 x d1
9. Tf1 x d1	Lc8 - g4
10. f2 - f3	Lg4 - e6

Das alles wurde in neueren Partien zur Genüge getestet. Üblich ist nun 11. Lf4 c4 12. Sa5 oder 12. Sd4 mit völlig befriedigenden Ergebnissen für Schwarz in der letzten Zeit. Hat sich Spasski vielleicht zu sehr mit diesen aktuellen Möglichkeiten befaßt und die älteren vernachläßigt? Überhaupt machte Fischers Eröffnungsbehandlung den Eindruck, daß er sehr wohl über die modernen Entwicklungen im Bild ist, aber davon absieht, sie anzuwenden - immer wählte er halb vergessene oder völlig neu präparierte Abweichungen von den als kritisch geltenden Varianten.

11. Sb1 - c3	Lf8 - d6
12. Lc1 - e3	

Fischer verschmäht abermals ein modernes Experiment: 12. e5!? fxe5 13. Se4 Lxb3 14. axb3 Ke7 15. Le3 b6 16. b4 mit ziemlich unklarem Spiel, in dem allerdings Schwarz später die Oberhand behielt (Motwani - Agdestein, Olympiade Novi Sad 1990).

12. ...	b7 - b6
13. a2 - a4	0 - 0 - 0?!

Das kann man vielleicht noch nicht als Fehler bezeichnen, aber es macht die Aufgabe von Schwarz zumindest recht kompliziert. Zwei andere Empfehlungen galten bisher als sicherer: 13. ... Se7 14. a5 Lxb3 15. cxb3 b5 mit Ausgleich (Poutiainen - A. Petrosjan, Erewan 1976) bzw. 13. ... Kf7 14. a5 c4 15. Sd4 b5, wonach in neueren Partien weder 16. Sxe6 (Malisauskas - Psachis, Moskau 1989) noch 16. f4 Se7 17. e5?! (Fernpartie Nussle - Roth, 1986-88) etwas einbrachte.

14. a4 - a5	Kc8 - b7
15. e4 - e5	Ld6 - e7

Auf 15. ... fxe5 ist 16. axb6 cxb6 17. Se4 stark: der Läufer darf nicht ziehen wegen Turmtausch nebst Sxc5+. Der Zwischentausch auf b3 nützt Schwarz zu keinem Zeitpunkt: 15. ... Lxb3 16. exd6 Lxc2 17. Tdc1 Lg6 18. dxc7 +- (Adorjan) oder 16. ... Lxb3 17. bxc7 Lxc7 18. Txd8 Lxd8 19. cxb3 oder 17. ... Lxb3 18. Sxd6+ (oder einfach 18. cxb3, da der Ld6 wieder nicht weg darf wegen Turmtausch, Sd6+ und Sf7) 18. ... Kc6 19. cxb3 Txd6 20. Txd6 Kxd6 21. Txa6.

16. Td1 x d8	Le7 x d8
17. Sc3 - e4	

Das ist eine kleine, aber wahrscheinlich nicht unwichtige Neuerung. Bisher gab es das Ganze nur mit Tausch auf b6 wie in der Stammpartie Adorjan - Ivkov, Skopje 1976: 17. axb6 cxb6 18. Se4 Lxb3 19. Sd6+ Kc6 20. cxb3 Se7 21. Txa6 Sd5 mit Remisschluß. In der Partie Rosentalis - Gurewitsch, Lwow 1987, zog Schwarz 21. ... Lc7, konnte aber

nach 22. exf6 gxf6 23. Se4 später ebenfalls Remis erreichen.
Eine interessante Alternative wird noch in ECO erwähnt: 17. axb6 cxb6 18. Lxc5!? und falls 18. ... Lxb3 19. Lf8, z.B. 19. ... Se7 20. Lxg7 Tg8 21. exf6. Das Beste soll 18. ... Sh6 += (?!?) sein, was von diesem Urteil zu halten ist, bleibt vielleicht künftigen Versuchen überlassen. Ohne den Tausch auf b6 wie hier fehlt Schwarz z.B. das Feld c7, was in manchen Fällen von Bedeutung ist.

In der amerikanischen Zeitschrift "Inside Chess" schreibt Ken Smith, er habe Fischer vor dem Match das neue Buch des Theoretikers Andrew Soltis zugeschickt. Dieses Werk behandelt die Spanische Abtauschvariante, der Zug 17.Se4! ist eine der dort analysierten Neuerungen.

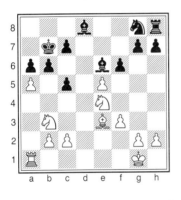

| 17. ... | Kb7 - c6? |

Ein schrecklicher Schnitzer. Da 18. Sxc5+ bxc5 19. Sxc5+ drohte, erscheint auch hier 17. ... Lxb3 18. cxb3 als das Gegebene. Danach ist freilich die Sache für Schwarz immer noch alles andere als leicht; 18. ... fxe5? 19. axb6 (cxb6? 20. Sd6+-f7) scheidet aus, und das anfangs in Erwägung gezogene 18. ... f5 dürfte nach 19. Td1! auch nicht befriedigen, z.B. 19. ... Kc8? 20. axb6 fxe4 21. Txd8+! Kxd8 22. b7 oder 19. ... Se7 20. Sg5 bzw. nach 19. ... Le7 kommt der Sg8 schwer heraus und Weiß droht Einbruch auf d7 etc. Als relativ bestes erscheint 18. ... Se7 (was nach 19. axb6 cxb6 20. Sd6+ Kc6 noch zur Adorjan-Ivkov-Partie übergehen könnte); falls 19. exf6 gxf6 20. axb6 cxb6 21. Sxf6, so kann Weiß nach 21. ... Sf5 22. Sd5 zwar seine hängenden Figuren retten, aber Schwarz erhält mit 22. ... Sxe3 23. Sxe3 Lf6 dank seines nun starken Läufers kräftiges Gegenspiel. Freilich hat Weiß aussichtsreichere Versuche; z.B. nach einer Analyse von Bücker: 19. Td1 fxe5 20. axb6 cxb6 21. Sd6+ Kc7 22. b4 Tg8 (falls cxb4 23. Sf7 nebst Sxd8 und Lxb6+) 23. bxc5 bxc5 24. g4 Kc6 25. Se4 c4 26. Td6+ Kb5 27. Sg5 Tf8 28. Kg2 h6 29. Se6 Tf6 30. g5 hxg5 31. Lxg5 Tg6 32. Kh3 mit Vorteil. Jedenfalls wäre irgend so etwas die angemessene Prüfung der Variante gewesen; nun wird die schwarze Stellung einfach eingesammelt.

| 18. a5 x b6 | c7 x b6 |
| 19. Sb3 x c5! | |

Das Aus; falls 19. ... bxc5 20. Txa6+ und nun wäre Kd7 21. Sxc5+ oder Kd5 21. Td6+ oder Lb6 21. Lxc5 alles gleichermaßen aussichtslos.

19. ...	Le6 - c8
20. Sc5 x a6	f6 x e5
21. Sa6 - b4+	Aufgabe.

Mit einer Prise Galgenhumor hätte Schwarz noch ein Selbstmatt komponieren können: 21. ... Kb5 22. Sc3+ Kxb4 23. Ta4 (oder 22. ... Kc4 23. Sbd5 nebst b3). Alles andere ist auch trostlos, z.B. 21. ... Kb7? 22. Sd6+ oder 21. ... Kd7 22. Td1+ oder 21. ... Kc7 22. Ta7+ Lb7 23. Txb7+ (auch 23. Sd6) Kxb7 24. Sd6+ Kc7 25. Sf7.

(Gerd Treppner)

10. Partie

Spasski - Fischer
Nimzowitsch-Indisch (E 35)

1. d2 - d4	Sg8 - f6
2. c2 - c4	e7 - e6
3. Sb1 - c3	Lf8 - b4

Nach zwanzig Jahren wieder ein Nimzowitsch-Indisch zwischen den alten Rivalen.

4. Dd1 - c2

Die heute am meisten gespielte Fortsetzung. In seiner Jugend besaß Boris Spasski noch die "Kraft", 4. Lg5 zu spielen - mit sehr komplizierten Stellungen. In der 5. Partie der Weltmeisterschaft in Reykjavik gewann Fischer gegen Spasski ein phantastisches Duell nach 4. Sf3 c5 5. e3 Sc6 6. Ld3 Lc3:+ 7. bc3: d6 8. e4 e5 9. d5 Se7.

4. ...	d7 - d5
5. c4 x d5	e6 x d5
6. Lc1 - g5	h7 - h6
7. Lg5 - h4!?	

Eine moderne Fortsetzung, welche nach der bekannten Partie Keres - Botwinnik, Moskau 1941, fast fünfzig Jahre lang einen sehr schlechten Ruf hatte und erst 1989 von Glek rehabilitiert wurde.
Garri Kasparow spielte den Zug in einigen Partien, Spasski konnte sich bestimmt noch gut erinnern an die entscheidende Partie Kasparow - Spasski in Linares 1990.

7. ...	c7 - c5
8. d4 x c5!	

Paul Keres spielte 8. 0-0-0?, und die "alte Theorie" hat sich mit noch anderen Alternativen beschäftigt.

8. ...	Sb8 - c6

Nach 8. ... d4? folgt 9. 0-0-0 (aber nicht 9. Td1? Sc6 10. e3, Seirawan, wegen 10. ... De7) 9. ... Lxc3 (es drohte 10. Sb5) 10. bxc3 Sc6 11. Sf3 mit klarem Vorteil für Weiß.

9. e2 - e3!

Pachmann analysierte 9. a3?! Lxc3+ 10. Dxc3 g5 11. Lg3 d4 12. Dc1 Dd5 13. b4 a5 14. b5 Se7 15. e3 Sf5 mit Vorteil für Schwarz.

9. ...	g7 - g5
10. Lh4 - g3	

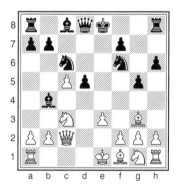

10. ...	Dd8 - a5!?

Fischer wählt die schärfere Fortsetzung. In der Partie Kasparow - Spasski, Linares 1990, folgte 10. ... Se4 11. Sf3 Df6 12. Lb5! Sxc3 (Aufmerksamkeit verdient 12. ... 0-0 13. 0-0 Sxc3 14. bxc3 Dxc3 15. Dxc3 Lxc3 16. Tac1 mit etwas besseren Aussichten für Weiß, Kasparow) 13. Lxc6+ bxc6? (vorsichtiger war 13. ...

Dxc6!? 14. bxc3 Lxc5 15. 0-0 mit besserem Spiel für Weiß, Kasparow) 14. a3! g4 15. Le5! Se4+ 16. axb4 Dxf5 17. Lxh8 gxf3 18. Tg1! mit Vorteil für Weiß.

11. Sg1 - f3

Pachmann gibt 11. Ld3?! d4 12. exd4 Sxd4 13. Dd2 0-0 14. Lh7+ Sxh7 15. Dxd4 Te8+ 16. Se2 Lg4 17. f3 Tad8 18. Ld6 Lf5 mit Vorteil für Schwarz an.

11. ... Sf6 - e4
12. Sf3 - d2!

Nach 12. Tc1 empfiehlt Seirawan 12. ... Dxa2!, und Weiß kann den schwarzen Läufer auf b4 nicht mehr bedrohen.

12. ... Se4 x c3

Im neuen Informator stand die Partie Draschko - Maksimovic, Jugoslawien 1991, in welcher folgte: 12. ... Sxd2 13. Dxd2 Le6 14. Tc1? d4! 15. exd4 0-0-0 16. a3 Sxd4! 17. axb4 Dxb4 mit schwarzem Angriff, aber nach 14. Lb5! Lxc3?! 15. Lxc6+ bxc6 16. Dxc3 Dxc3+ 17. bxc3 Lf5 18. a4 mit der Idee Ta1-a2-b2 steht Weiß klar besser.
Auch 12. ... Le6 13. Sb3 Lxc3+ 14. bxc3 Dxc3+ 15. Dxc3 Sxc3 16. f3 oder 12. ... Sc5 13. Sxd5 Le6 14. Sc3! ist günstig für Weiß (Maksimovic).

13. b2 x c3 Lb4 x c3
14. Ta1 - b1

Eine Idee von Glek, bekannt war 14. Tc1?! Lb4 (14. ... Lg7! mit der Idee 15. ... Sb4 sieht viel stärker aus, Seirawan) 15. Ld3 0-0 16. h4 g4 17. Ld6 Te8 18. Kd1 Ld7 19. Sb3 Da3 mit besserem Spiel für Schwarz in der Fernpartie Paroulek - Richter, 1942.

14. ... Da5 x c5!?

Nach 14. ... Lxd2+? 15. Dxd2 Dxc5 folgt 16. Tb5 Da3 17. Txd5 Le6 18. Ld6 Da4 19. Dc3! 0-0-0 20. Lb5 (Weiß gewinnt), darum geschah in der Partie Glek - Juferow, UdSSR 1989, 14. ... a6 (um das gefährliche Feld b5 zu überdecken) 15. Ld6 Le5 16. Lxe5 Sxe5 17. Le2 0-0 18. 0-0 De7 19. Tb6 mit weißem Vorteil.
In einem theoretischen Artikel untersuchten im NIC-Yearbook 15 Gagarin und Gorelow andere Alternativen für Schwarz:
a) 14. ... Lf5 15. Dxf5 Lxd2+ 16. Kd1 0-0 17. Ld3! mit weißer Initiative;
b) 14. ... Lb4 15. Ld6! Le6 (oder 15. ... b6 16. h4 g4 17. a3! Dxa3 18. Lb5 Ld7 19. 0-0 Dc3 20. Da4 Da3 21. Lxc6 Dxa4 21. Lxa4 Lxd2 23. c6 Le6 24. Tfd1 La5 25. Txd5 und Weiß gewinnt) 16. Le2 0-0-0 (16. ... d4 17. 0-0 Lxd2 18. Txb7) 17. a3! Dxa3 18. 0-0 Dc3 19. Da4 Dxd2 (19. ... Da3 20. Dd1!) 20. Lb5 Ld7 21. Tfd1 Dc3 22. Td3 Df6 23. Txb4 Sxb4 24. Da5 b6 25. Dxa6+ Sxa6 26. Lxa6 matt.

15. Tb1 - b5

Mit Angriff laut Gagarin und Gorelow.

15. ... Dc5 - a3!
16. Tb5 - b3!

16. Txd5? kommt nicht in Frage wegen 16. ... Le6! (16. ... Sb4?! 17. Lb5+ Kf8 18. Ld6+ Kg8 19. Lxb4) 17. Td3 Sb4! 18. Dxc3 Sxd3+ 19. Dxd3 Dc1+ 20. Ke2 0-0 21. Sb3 Lxb3 22. Dxb3 Tad8 mit entscheidendem schwarzem Angriff ("Schach Woche").

16. ... Lc3 x d2+
17. Dc2 x d2 Da3 - a5

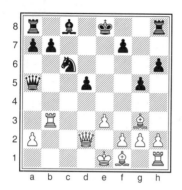

Eine kritische Stellung.

18. Lf1 - b5?

Kaum zu glauben, Spasski gibt das theoretische Duell auf! Das Endspiel nach 18. Dxa5! Sxa5 19. Tb5 Sc6 (oder 19. ... b6 20. h4! g4 21. Lb5+ Kf8 22. Td4 und auf 22. ... Lxa2 folgt 23. Ld6+ Kg7 24. Txg4+) 20. h4! g4 21. Txd5 Le6 21. Td2 Td8 23. Tb2 ist vorteilhaft für Weiß.

18. ...	Da5 x d2+
19. Ke1 x d2	Lc8 - d7
20. Lb5 x c6	Ld7 x c6

Schwarz hat einen Bauern mehr, aber die verschiedenfarbigen Läufer und die aktive Stellung der weißen Figuren geben Spasski gute Remischancen.

21. h2 - h4

Laut Seirawan war 21. Le5 Tg8 22. Ld4 genauer, mit der Idee 22. ... Ke7 23. g4! nebst h4, aber Schwarz könnte 22. ... g4! antworten.

21. ...	Ke8 - e7
22. Lg3 - e5	f7 - f6
23. Le5 - d4	g5 - g4
24. Th1 - c1	

"Die meisten Großmeister erwarteten ein baldiges Remis. Ich war anderer Meinung, Bobby spielt immer auf Gewinn, er wird bis zum Schluß spielen", schrieb Seirawan ("Inside Chess").

24. ...	Ke7 - e6
25. Tb3 - b4	h7 - h5
26. Tc1 - c3	Th8 - c8
27. a2 - a4!	b7 - b6

Erzwungen, weil die Stellung nach 28. a5 "totremis" wäre, und 27. ... a5? bringt nichts wegen 28. Tb6.

28. Kd2 - c2	Lc6 - e8!
29. Kc2 - b2	Tc8 x c3
30. Ld4 x c3	Ta8 - c8
31. e3 - e4?	

Gibt Schwarz Chancen. Meiner Meinung nach war der einfachere Weg 31. a5! b5 (31. ... bxa5 32. Tb7) 32. Tf4 f5 33. Kc2! Tc4 34. Kd3 mit Remis.
Seirawan plädiert für 31. Tf4 f5 32. Tb4 Tc4 33. Kb3 Tc7 34. Kb2 Ld7 35. Ld4 Lc8 36. a5 bxa5 37. Tb5 mit Remis.

31. ...	Le8 - c6
32. e4 x d5+	Lc6 x d5
33. g2 - g3	Ld5 - c4

Schwarz hat seinen Läufer maximal aktiviert, nun ist der König an der Reihe - für ihn wäre der Platz f3 optimal. Gegen dieses Vorhaben muß Weiß etwas unternehmen.

34. Lc3 - d4	Ke6 - d5
35. Ld4 - e3	

35. Lxf6? Tf8 verliert sofort.

35. ...	Tc8 - c7

Nichts bringt 35. ... Ke4?! wegen 36. Kc3.

36. Kb2 - c3! f6 - f5
37. Kc3 - b2

Wie will Schwarz nun weiterkommen?

37. ... Kd5 - e6

Das Eingeständnis von Fischer, daß der Plan Kd5-e4-f3 nicht zu verwirklichen ist. Er überführt jetzt den Läufer nach e4, um den Turm zu aktivieren.

38. Kb2 - c3 Lc4 - d5+
39. Kc3 - b2 Ld5 - e4
40. a4 - a5!?

Sicherer war 40. Ka3!? Tc2 41. Tb2 Tc3+ 42. Tb3 (Seirawan).

40. ... b6 x a5
41. Tb4 - b5 a5 - a4
42. Tb5 - c5 Tc7 - b7+
43. Kb2 - a3 a7 - a6
44. Ka3 x a4 Le4 - d5

Bereitet Ke5 vor. Der Amerikaner versucht eine Stellung zu erreichen, in der ihm ein Qualitätsopfer in Verbindung mit dem aktiven König Gewinnchancen bietet.

45. Ka4 - a5

Nach 45. Ld4 könnte 45. ... Tb1 folgen.

45. ... Ke6 - e5
46. Ka5 x a6 Tb7 - b3
47. Tc5 - c7 Ke5 - e4

Jetzt ist Schwarz bereit!

48. Tc7 - h7

Spasski gestattet die folgende Abwicklung, weil nach 48. La7 f4! folgen könnte, doch er hat alles genau kalkuliert.

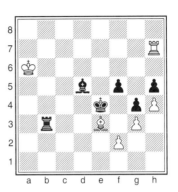

48. ... Tb3 x e3!?
49. f2 x e3 Ke4 x e3
50. Th7 x h5 Ld5 - e4
51. Th5 - h8 Ke3 - f3
52. Th8 - e8 Kf3 x g3
53. h4 - h5 Le4 - d3+

Reindermann analysiert 53. ... Kf3 54. h6 Ld3+ 55. Kb6 f4 56. Kc5 g3 57. Kd4 g2 58. Tg8 Lh7 59. Tg7 Lf5!? (59. ... Kf2 60. Ke5 f3 61. Kf4 Ke2 62. Tg5 mit Remis) 60. Kd5! (aber nicht 60. Ke5? Lg4 61. h7 g1D 62. h8D Dc5+ 63. Kf6 Dd6+ 61. Kg5 De5+ 65. Kh6 Df6+ 66. Kh7 Lf5+ 67. Kg8 Dd8+) 60. ... Lg4 61. h7 g1D 62. h8D mit Remis.

54. Ka6 - b6! f5 - f4
55. Kb6 - c5! f4 - f3
56. Kc5 - d4 Ld3 - f5!
57. Te8 - f8 Kg3 - f4
58. h5 - h6 g4 - g3

Auch 58. ... f2 59. h7 f1D 60. h8D Da1+ 61. Kc5 Dxh8 62. Txh8 g3 63. Th1 führt zum Remis.

59. h6 - h7	g3 - g2	
60. h7 - h8D	g2 - g1D+	
61. Kd4 - c4	Dg1 - c1+	
62. Kc4 - b3	Dc1 - c2+	
63. Kb3 - b4	Dc2 - e4+	
64. Kb4 - c3	De4 - c6+	
65. Kc3 - b3	Dc6 - d5+	
66. Kb3 - c3	Dd5 - c5+	
67. Kc3 - b2	Dc5 - b4+	

Nach 67. ... f2 folgt 68. Dh4+ Kf3 69. Dh3+.

68. Kb2 - a2   Remis
Ein spannendes Duell!

(Lew Gutman)

11. Partie

**Fischer - Spasski
Sizilianische Verteidigung** (B 31)

1. e2 - e4	c7 - c5

In den letzten Jahren spielte Boris Spasski sehr selten Sizilianisch, aber nach der Niederlage in der Spanischen Abtauschvariante nimmt er von 1. ... e5 Abstand.

2. Sg1 - f3	Sb8 - c6
3. Lf1 - b5	

"Zum ersten Mal in seinem Leben", schrieb dazu Ludek Pachmann.

3. ...	g7 - g6
4. Lb5 x c6	

Wenn Spasski "Angst hat" vor der Abtauschvariante im Spanier, ist Fischer bereit, auch im Sizilianer auf c6 zu nehmen.

4. ...	b7 x c6

Eine solide Alternative wäre 4. ... dxc6, aber das hat Fischer bestimmt erwartet.

5. 0 - 0	Lf8 - g7
6. Tf1 - e1	e7 - e5

Ich ziehe hier 6. ... Sf6 nebst 0-0 vor.

7. b2 - b4!?

Eine Lieblingsidee von A. Kapengut, Trainer und Sekundant von Boris Gelfand, aber der spielt es ohne den Abtausch auf c6. Fischer sagte nach der Partie, er habe den Zug am Brett gefunden.

7. ...	c5 x b4
8. a2 - a3	

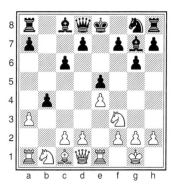

Keine neue Idee, aber an dieser Stelle (ohne den Abtausch auf c6) kommt der Zug mir doch neu vor.

8. ...	c7 - c5!

Eine richtige Entscheidung. Nach 8. ... b3?! 9. cxb3 Se7 10. d4 steht Weiß bei gleichem Material besser, und solche Stellungen wie nach 8. .. bxa3? 9. Lxa3 Se7 (9. ... d6 10. d4 exd4 11. e5) 10. Ld6 f6 11. d4 exd4 12. Dxd4 0-0 13. Sd2 nebst Sc4 spielte Spasski zu gerne als Weißer.

9. a3 x b4	c5 x b4
10. d2 - d4	e5 x d4

Wenig Sinn hatte 10. ... d6? 11. dxe5 dxe5 12. Dxd8+ Kxd8 13. Ld2 und Weiß gewinnt den geopferten Bauern mit besserem Spiel zurück.

11. Lc1 - b2   d7 - d6!

Besser als 11. ... Sf6 (oder 11. ... Se7 12. Lxd4 0-0 13. Lxg7 Kxg7 14. Dd4+ f6 15. Dxb4) 12. e5 Sd5 13. Lxd4 0-0 (13. ... Lb7 14. e6!) 14. Lc5 mit klarem Vorteil für Weiß (van der Wiel).

12. Sf3 x d4

Auf 12. Lxd4 folgt 12. ... Sf6! (aber nicht 12. ... Lxd4 13. Dxd4 Df6 wegen 14. e5! dxe5 15. Dxb4) 13. e5 dxe5 14. Sxe5 (14. Txe5+ Le6) 0-0 nebst Dd6 und Schwarz kann zufrieden sein (van der Wiel).

Nach dem Textzug entsteht eine kritische Stellung. Bis zu diesem Moment spielte Schwarz sehr gut, und auch Fischer wüßte hier wohl nicht zu sagen, wer besser steht. Aber nun unterläuft Spasski ein Fehler.

12. ...   Dd8 - d7?

Von drei möglichen Alternativen wählt Spasski die schlechteste. Er mußte sich entscheiden zwischen:
a) 12. ... Sf6!? 13. e5 (oder 13. Sc6 Dd7 14. e5 [14. Df3 Dxc6 15. e5 Sd5 16. exd6+ Kf8 17. Te7 Lf5 mit Vorteil für Schwarz] 14. ... dxe5 15. Txe5+ Kf8 16. Ld4 h6!, und die schwarze Stellung ist ansprechender) 13. ... dxe5 14. Txe5+! Le6 (aber nicht 14. ... Kf8? wegen 15. Txa7! mit der Idee 15. ... Txa7 16. Se6+!) 15. Sd2 0-0 16. Txe6 fxe6 17. Sxe6 Dd7 18. Sxf8 Txf8 19. De2 mit etwa gleichen Chancen.
b) 12. ... Db6!? 13. c3! (in einer Analyse von van der Wiel ging es weiter mit 13. Sd2 Lxd4 14. Sc4 Lxf2+ 15. Kh1 Dc5 16. Sxd6+ Ke7 17. Df3 [17. Sxc8+ Txc8 18. Lxh8 Lxe1 19. Dxe1 Sf6!] 17. ... Lxe1! 18. Dxf7+ Kxd6 19. Txe1 Kc6 und ein Matt ist nicht in Sicht) 13. ... Se7 14. cxb4 (nach 14. Sd2 folgt bxc3) 14. ... 0-0 mit gutem Spiel für Schwarz; 15. b5 wird beantwortet mit 15. ... a6!.

13. Sb1 - d2!

Natürlich - nun sind alle weißen Figuren im Spiel.

13. ...   Lc8 - b7

Nach 13. ... Se7 14. Sc4 drohte 15. Sb6, und 14. ... Tb8 wird beantwortet mit 15. Se6! (Idee: 15. ... Lxb2? 16. Sxd6+), van der Wiel.

14. Sd2 - c4   Sg8 - h6!?

Noch das einzige, die anderen Springerzüge führen zu schneller Niederlage. Van der Wiel gibt an: 14. ... Se7 (14. ... Sf6 15. Sxd6+ Dxd6 16. e5 Dd5 17. exf6+ Kd8 18. Sb3 Lf8 19. Dxd5+ Lxd5 20. Tad1 verliert eine Figur) 15. Se6! Lxb2 16. Sxd6+ Dxd6 17. Dxd6 fxe6 18. Dxb4 und Weiß gewinnt.

15. Sd4 - f5!

Nichts bringt 15. Sb5?! (nach 15. Se6? fxe6 ist der Läufer auf g7 gedeckt) 15. ... Lxb2 16. Sbxd6+ Ke7.

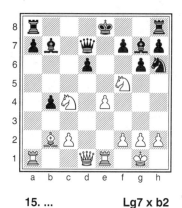

15. ...   Lg7 x b2

15. ... Sxf5? 16. exf5+ Kf8 17. f6 Lh6 18. Dxd6+ Dxd6 19. Sxd6 ist hoffnungslos.

**16. Sc4 x d6+   Ke8 - f8
17. Sf5 x h6   f7 - f6!**

Wieder findet Spasski die letzte Möglichkeit zum Weiterkämpfen. 17. ... Lxa1 18. Dxa1 Dxd6 (18. ... Tg8? 19. e5! mit der Idee Tg7 20. e6 Dxd6 21. e7+) 19. Dxh8+ Ke7 20. Sg8+! (stärker als 20. Dxh7 Df4 21. g3 Df3 22. Te3 Dd1+ 23. Kg2 Tf8 mit Gegenspiel) 20. ... Kd7 (oder 20. ... Txg8 21. Dxg8 Dd2 22. Tf1 La6 23. Ta1 Dd4 24. Tb1) 21. Dxh7, und Weiß gewinnt ohne Probleme (van der Wiel).

18. Sd6 - f7!

Falsch wäre 18. Tb1 Lc3 19. Te3 Lc6 20. Sdf7? Dxd1+ 21. Txd1 Kg7 22. Sxh8 Txh8 23. Sg4 h5, und der weiße Springer geht verloren.

**18. ...   Dd7 x d1+
19. Ta1 x d1   Kf8 - e7**

Noch eine kritische Stellung. Laut van der Wiel war dies der entscheidende Fehler in einer sehr interessanten und komplizierten Partie.

Er gibt an: 19. ... Lc3!? 20. Te3 (nach 20. Sxh8 Lxe1 21. Txe1 Tc8! stehen die weißen Springer zu weit abseits) 20. ... Tg8! 21. Sxg8 Kxf7 22. Td7+! (22. Sh6+ Ke7 23. Ted3 kann nicht überzeugen) 22. ... Kxg8 23. Txb7 Td8!? (23. ... a5 verliert nach 24. Td3 a4 25. Tdd7 a3 26. Ta7) mit Gegenspiel.
Meiner Meinung nach führte 24. g4! (statt 24. g3 a5 25. Ta7 Ld4 26. Td3 b3! 24. Td3 Txd3 25. cxd3 a5 26. d4 a4 27. d5 Kf8!, van der Wiel) zu einer gewonnenen Stellung für Weiß: 24. ... a5 25. g5! fxg5 26. e5 a4 27. e6 a3 28. Ta7 Te8 (28. ... Ld4 29. Td7) 29. Te4.
Im Sizilianer kann man sich nur selten ungestraft mehr als einen Fehler leisten.

**20. Sf7 x h8   Ta8 x h8
21. Sh6 - f5+!**

Ob Spasski dieses Schach übersehen hat?

**21. ...   g6 x f5
22. e4 x f5+   Lb2 - e5
23. f2 - f4   Th8 - c8
24. f4 x e5   Tc8 x c2
25. e5 - e6!   Lb7 - c6**

Freilich nicht 25. ... Txg2+? 26. Kf1, und 27. Td7+ entscheidet.

26. Td1 - c1!   Tc2 x c1

Keine Chancen bietet 26. ... b3 27. Txc2 bxc2 28. Tc1 Le4 29. g4 h5 30. h3 hxg4 31. hxg4 Lf3 32. Txc2 Lxg4 33. Tc7+ nebst Tc5.

27. Te1 x c1   Ke7 - d6

Spasski versucht den König zu aktivieren, es macht ihm keinen Spaß zu prüfen, ob Fischers Technik ausreicht, das Endspiel nach 27. ... Le4 28. Tc7+ Ke8 29.

Tc4 Lxf5 30. Txb4 Ke7 31. Tb7+ Kxe6 32. Txa7 zu gewinnen.

28. Tc1 - d1+ Kd6 - e5!?

28. ... Kc5 (28. ... Ke7? 29. Ta1) 29. e7 Lb5 (29. ... a5? 30. Td6) hilft nicht wegen 30. g4! h6 31. h4 a5 32. g5.

29. e6 - e7   a7 - a5
30. Te1 - c1!

Aber nicht 30. e8D? Lxe8 31. Te1+ Kd4 32. Txe8 b3, und Schwarz gewinnt.

30. ...   Lc6 - d7
31. Tc1 - c5+   Ke5 - d4
32. Tc5 x a5   b4 - b3
33. Ta5 - a7   Ld7 - e8
34. Ta7 - b7   Kd4 - c3
35. Kg1 - f2!   b3 - b2
36. Kf2 - e3

Weiß ist bereit, den Turm für den b - Bauern zu opfern. Der weiße König gewinnt den Bauern f6 und die Partie.

36. ...   Le8 - f7

36. ... h5 37. Tb8 Ld7 38. e8D Lxe8 39. Txe8 b1D 40. Tc8+ und Weiß gewinnt.

37. g2 - g4   Kc3 - c2
38. Ke3 - d4   b2 - b1D
39. Tb7 x b1   Kc2 x b1
40. Kd4 - c5   Kb1 - c2
41. Kc5 - d6   Aufgegeben

Eine sehr eindrucksvolle Partie!

(Lew Gutman)

Fischer - Spasski, Teil 2
Belgrad 30. September- 5. November 1992

Spasski verkürzt

Das Sava-Kongreßzentrum in Belgrad ist ein imposanter Gebäude-Komplex. Darin befinden sich neben einem großen Saal für 4 000 Menschen auch zahlreiche Konferenzräume, Restaurants, Cafes, Ladenstraßen mit hübschen Boutiquen, Bankschalter, ein Postamt und ein Schwimmbecken. Der Koloß am Sava-Fluß (der neben der Donau Belgrad durchschneidet), erinnert mich an die Spielstätte der Schacholympiade 1990 in Novi Sad. Die Jugoslawen liebten es Anfang der 80er Jahre, als diese Bauwerke entstanden, eben größer. Heute ist das Land bankrott, und es gibt kein Geld mehr für solche Gebäude.

Ich komme am frühen Nachmittag an, habe noch mein ganzes Gepäck bei mir und werde am Eingang genau unter die Lupe genommen. Von ähnlich sturen Sicherheitsleuten wie in Sveti Stefan. Sie wollen alles sehen, auch den Inhalt meines Koffers. Ich soll ihn aufmachen, am liebsten vor ihnen am Boden auf den Knien. Aber da spiele ich nicht mit, werfe meinen Koffer auf den Tisch und öffne ihn unter den starren Blicken der Kontrolleure. Mehr Freude kommt im Pressezentrum auf, als mich die Hostessen von Sveti Stefan wiedererkennen und umarmen. Sie haben wohl nicht mehr mit mir gerechnet. Meine Akkreditierungskarte von der Adria gilt weiter - so einfach geht das, wenn guter Wille im Spiel ist. Während Gordana mir per Telefon einen Hotelplatz bucht, sehe ich mir den Saal an. Er hat riesige Ausmaße im Vergleich zum "Wohnzimmer" von Sveti Stefan und - wie sollte es anders sein - eine überdimensionale Scheibe aus Panzerglas zwischen Podium und Sitzreihen. Gegen 15.30 Uhr, kurz vor dem Auftakt, geschieht etwas Unerwartetes.

Als Bobby Fischer mit Boris Spasski die Bühne betritt, rufen die Zuschauer im gut gefüllten Saal (später kommen noch mehr) in Sprechchören seinen Vornamen. Animiert von Matchdirektor Janos Kubat kommen beide Spieler vor die Glasscheibe und winken ins Publikum. Das ist das höchste der Gefühle. Eine ähnliche Gemütsbewegung Fischers wird man in den nächsten Tagen und Wochen in der serbischen Hauptstadt nicht mehr registrieren können. Das Spiel kann beginnen. Beim Stand von 5:2 für Robert James Fischer werden die Karten neu gemischt. Wem sind die Pause und der Tapetenwechsel besser bekommen? Viele haben Boris Spasski nach seinem Drei-Punkte-Rückstand schon so gut wie abgeschrieben. Doch der 55jährige hat noch nicht alle Karten aufgedeckt und gemeinsam mit seinen Top-Sekundanten neue Ideen ausgebrütet. Heute jedenfalls, zum Start in Belgrad, hält er die besseren Trümpfe in der Hand. Spasski eröffnet mit 1. d4, und es ergibt sich zum dritten Mal im Match die Königsindische Verteidigung. Im 8. Zug unternimmt Boris den interessanten Bauernvorstoß h4 (anstelle von 8. Dd2 wie in Partie 8) und öffnet später die h-Linie. Er besetzt sie mit seinen drei Schwerfiguren und drückt so lange, bis Fischer im 29. Zug ein falsches Turmmanöver ausführt, wonach es im Grunde bereits um ihn geschehen ist. Was Schwarz in der Folge auch unternimmt, zu retten ist seine Stellung nicht mehr.

Nach 54 Zügen hat Spasski überzeugend gewonnen und erhält den Applaus der Belgrader Schachfans. Es steht nur noch 5:3 für Bobby Fischer, der sich seinen ersten öffentlichen Auftritt im jugoslawischen Schachmekka seit über 20 Jahren sicher anders vorgestellt hat. Nach der Partie räumt er zu passives Verhalten ein und setzt hinzu: " Ich habe Boris, der gut gespielt hat, als Gegner Hilfestellung gegeben. Das ist der einzige Weg, um im Schach gewinnen zu können." Vielleicht haben Spasski an diesem Tag noch andere Umstände unterstützt. Zum ersten Mal im Match trug auch er einen Sonnenschutz, aber aus weißem Leinen (er hatte ja die weißen Steine!), und seine Frau Marina ist wieder bei ihm. Sie war nach der vierten Partie von Sveti Stefan abgereist, weil der Sohn Alexander James Boris zu Hause in Frankreich zur Schule mußte. Nun steht sie ihrem Gatten wieder zur Seite und nimmt jeden Partieanfang zur Erinnerung mit der Videokamera auf.

Das Geisterhaus

Wenn Bobby Fischer eine Partie verliert, kann man am anderen Tag auf eine entsprechende Reaktion warten. Als wir am Nachmittag des 1. Oktober den Saal im Sava-Kongreßzentrum betreten, umgibt uns eine gespenstische Szenerie: ein völlig verdunkelter Saal wie im Kino, die ersten acht Sitzreihen geräumt, nur auf der Bühne so viel Neonlicht, daß die beiden Akteure das Brett sehen können. Von seinem Drehsessel aus inspiziert der 49jährige Exweltmeister vor Beginn der 13. Partie den Saal. Er will keinen sehen, deshalb diese Order. In seinem Glashaus stört ihn der Blick auf die Zuschauer.

Fotografieren ist bei diesen Verhältnissen wahrlich keine Freude. Ich habe ein größeres Objektiv mit, aber das Licht ist zu schwach. - Die Leute sitzen also im Dunkel. Wer ein Magnetschach mitgebracht hat oder in Schachliteratur blättern will, kann getrost alles wieder einstecken und mit nach Hause nehmen. Bobby will es so. Boris Spasski übrigens hat sich schon wieder von seinem Sonnenschutz getrennt und trägt von nun an eine Sonnenbrille. Auch ihn scheint das Neonlicht zu stören.

Gong und Ring frei zur zweiten Runde. Bobby Fischer sucht nach seinem Debakel von gestern den Erfolg und wählt die gleiche Eröffnung wie in der 11. Partie. Doch Spasski hat das 7. b4! in unguter Erinnerung und spielt deshalb im 6. Zug etwas anderes (6. ... f6). Die "Gelehrten" streiten danach über die Güte dieser Verbesserung und kommen zu dem Schluß, daß es auf jeden Fall eine ist. Fischer kann nicht so manövrieren, wie er sich das gewünscht hat. Im Mittelspiel fehlt es ihm an Aggressivität, um einen Vorteil herauszuholen. Die Stellung ist recht festgefahren, als beide nach 45 Zügen Frieden schließen. Ein Tag zum Luftholen, an dem nicht gerade viel los war.

Lieber nicht!

Die 14. Begegnung bringt zwar schachlich auch nichts Besonderes, weil sie ebenfalls remis endet, aber den wohl ungewöhnlichsten Wortwechsel zwischen beiden Akteuren im ganzen Match, ja vielleicht in der modernen Turnierpraxis überhaupt. Ich erfahre die

Sava-Kongreßzentrum in Belgrad

Geschichte schon während der Begegnung, als Schiedsrichter Nikola Karaklajic mal kurz im Pressezentrum vorbeikommt, und hinterher wird sie von den Großmeistern bei ihrem üblichen Statement nach der Partie durch das TV-Mikrofon bestätigt. Was ist also Kurioses passiert?

Im Mittelspiel bietet Bobby Fischer, als er nicht recht weiterkommt, seinem Gegenüber Remis an, was bei ihm mehr als selten geschieht. Boris Spasski ist schon im Begriff, es zu akzeptieren, obwohl er seiner Meinung nach geringfügig besser steht, da kommt die überraschende Offerte von Bobby: "Laß uns danach gleich die nächste Partie in Angriff nehmen!" Ein solches Angebot ist Boris Spasski im Leben noch nicht, jedenfalls in keinem Match - wo es dazu um so viel geht - unterbreitet worden. Aber seinem Freund Bobby zuliebe ist er zu beinahe jedem Kompromiß bereit. Fischer beruft sich bei seinem Ansinnen auf einen Passus im Match-Reglement, der da besagt, daß eine neue Partie mit vertauschten Farben noch am gleichen Spieltag begonnen werden kann, wenn die erste kürzer als eine Stunde war. Es sind zu diesem Zeitpunkt exakt 55 Minuten vergangen, und Boris antwortet nach kurzem Überlegen und dem Hinweis, die Stunde sei doch gleich um: "Lieber nicht." Nach der Partie sagt er (O-Ton Englisch): "When Bobby offered me a draw, I accepted. But when Bobby said we had to play another game, I sad: 'You're going to kill me in the second game.'" Es wird also nichts aus der zweiten Partie noch am selben Tage. Doch dieser 3. Oktober geht als Datum eines außergewöhnlichen Talks während einer Wettkampfpartie in die Annalen des Schachs ein.

Nachdem ich einige Tage im Hotel "Jugoslawia" gewohnt habe, das sich mehr durch seine Preise als durch hervorragenden Service auszeichnet, ziehe ich in ein Privatquartier um. Mein Kollege Dusan Bucan aus Novi Sad, der beliebteste Schachjournalist Jugoslawiens, bringt mich bei freundlichen Nachbarn auf der gleichen Etage eines Hochhauses nahe dem Sava-Centar unter, wo er in den Tagen des Belgrader Matchs bei Verwandten selbst Gastrecht genießt. Durch diesen "Familienanschluß" (wir blitzen auch ganze Nächte durch) bekomme ich viel mehr von Land und Leuten mit als in meinem Hotel, wo übrigens viele UNO-Soldaten wohnen. Einen Captain aus Nepal, der schon sechs Monate in Belgrad stationiert ist, habe ich zum Abschied noch schnell fotografiert. Der 30jährige Verbindungsoffizier hat Heimweh nach seiner Familie, was ich gut verstehen kann.

Wenn er Serbisch lernt...

Am Vormittag vor einer Partie oder an spielfreien Tagen fahre ich meist ins Zentrum, um meine Filme entwickeln zu lassen. Ich habe in der Bogdanova-Straße ein Fotolabor mit Expreßdienst gefunden. Nach einer halben Stunde hat man die fertigen Fotos und zu einem fairen Preis. Zwischendurch schlendere ich über den Basar, wo es nicht gerade leise und sauber zugeht. 80 Prozent der Händler sind Zigeuner, es wird alles angeboten, was man sich denken kann. Der Mangel ist groß, es fehlt fast an allen Dingen des täglichen Bedarfs. Spezielle Batterien für meine Kamera sind nirgends zu bekommen. Am meisten beklagen die Belgrader, vor allem die Taxifahrer, die durch das Embargo verursachte Benzinknappheit.

Ein Liter wird mit ungefähr 5 DM gehandelt. Vor den Zapfsäulen stehen kilometerlange Schlangen. Ich lerne einen Mann kennen, der seine Zugehörigkeit zu hiesigen Mafia nicht leugnet. Er sagt: "Keine Sorge, die Zufuhr ist geregelt. Wir bekommen Treibstoff, soviel wir brauchen, aus Bulgarien. Täglich rollen zwei Tankwagen - das sind 60 000 Liter - schwarz über die Grenze nach Serbien." Nach seinen Worten übernimmt die Belgrader Firma Brodotechnika den Deal. Der Premier Milan Panic wisse das und habe nichts dagegen. Treffpunkt der Mafiosi sei das Restaurant "Sava Dunai". Fast täglich würden Menschen spurlos verschwinden. Vor einigen Tagen sei ein junger Mann in einem Spielcasino erschossen worden. Belgrad, Herbst 1992. Im Sava-Zentrum geht das Schachspektakel weiter. - Welche Formen die hiesige Fischer-Manie bisweilen annimmt, zeigt ein Artikel im "Sport-Journal", der die Überschrift "Wenn er Serbisch lernt..." trägt. Darin stellt der Autor - es ist der bekannte Satiriker Vladimir Jovicevic, genannt JOY - die Frage, ob der Schachgott Bobby nicht für das Präsidentenamt im Lande kandidieren sollte. Hier eine Auswahl der Antworten: Srdan Kukic, Landwirt: "Jezdimir und Bobby könnten in 100 Tagen Ordnung schaffen und aus Serbien ein Schlaraffenland machen."
Miljan Miljanic, Kapitän der Fußballnationalmannschaft: "Fischer ist ein Weltbürger. Er war in Jugoslawien, als niemand das wollte. Ich habe ihm angeboten, Bürger von Montenegro zu werden."
Dragoljub Velimirivic, Schachgroßmeister: "Seltsame Frage! Wir leben wirklich in einer verrückten Zeit."
Dragan Nikitovic, TV-Journalist: "Er ist Schachgenie, deshalb sollte er nichts anderes tun."
Miki Jevremovic, Sänger: "Bobby ist der Schachgott, und wie könnte er Präsident sein, wenn er ein Gott ist."
Sreten Milenkovic, Angestellter: "Er könnte nicht nur Präsident Jugoslawiens, sondern der ganzen Welt sein."
Nicht weniger als 85 Prozent der Befragten sprechen sich für eine Präsidentschaftskandidatur Bobby Fischers aus! Auch wenn die Sache nicht ganz ernstzunehmen ist, spiegelt sie doch die Stimmung der Bevölkerung in bezug auf den Exweltmeister wieder.

Kein Salonremis

Die 15. Partie am Sonntag, dem 4. Oktober, endet zwar auch unentschieden, wird aber keinesfalls ein Langweiler. Bobby Fischer hat Weiß und wählt zum ersten Mal die Katalanische Eröffnung. Er baut sich ruhig auf und wartet auf seine Chance. Sie kommt aber nicht, und die Großmeister im Pressezentrum glauben nach dem Betrachten der Stellung im Mittelspiel, daß es wieder ein relativ schnelles Remis geben wird. Als sich auf dem Brett nicht allzuviel bewegt, gehe ich mit Alexander Nikitin in ein Restaurant. Wir unterhalten uns über dies und jenes, bis er mir eröffnet, daß er morgen via Budapest nach Moskau reisen wird. Ich bin ein wenig erstaunt darüber, daß ein Sekundant mitten im Match abreist, aber der Trainer sagt, er sei zwei Monate nicht zu Hause gewesen. Der Wettkampf dauere sicher noch lange, da sich die Form von Boris stabilisiert habe. Zum Finale würde er, Nikitin, wieder nach Belgrad kommen. Ich bin gespannt, ob das eintrifft oder ob sich Boris und Alexander getrennt haben. Vielleicht sieht das Spasski-Team den Wettkampf gegen Fischer auch nicht so verbissen.

Ins Pressezentrum zurückgekommen, werfe ich einen Blick auf den Monitor und stelle fest, daß sich die Stellung erheblich verändert hat. Boris Spasski hat im 23. Zug Öl in Feuer gegossen, indem er eine Figur für einen Bauern opferte. Daraufhin erhält er gefährlichen Angriff am Königsflügel. Fischer verteidigt sich jedoch kaltblütig und hat für einen Augenblick Gegenchancen. Als aber Spasskis Attacke zu heftig wird, gibt der Amerikaner kurzerhand den Springer zurück und rettet sich ins Dauerschach. Die Partie ist danach sofort remis. Nach 33. Zügen reichen sich die beiden Altmeister die Hand. Noch immer hält Spasski also seinen Punktgewinn von Belgrad fest.

Beim Premier

Jetzt haben die Spieler wieder zwei Tage Pause. Meine Gedanken aber sind schon bei einem Ereignis, das morgen im Regierungspalast stattfinden soll. Ich habe zwar keine Akkreditierung, möchte aber Milan Panic zu gern erleben. Das habe ich mir bereits vor meiner Abreise nach Belgrad vorgenommen. Um 11 Uhr fahre ich mit dem Taxi zum Regierungssitz, der nach Tito-Manier in den 50er Jahren erbaut wurde. Der Chauffeur verlangt den doppelten Preis und behauptet, ab heute gelten neue Tarife.

Für 11.30 Uhr ist ein Treffen des Ministerpräsidenten mit den bekanntesten Sportlern Restjugoslawiens vorgesehen. Erst bin ich am falschen Eingang, dann finde ich den allgemeinen Treffpunkt. Der Sportchef der Nachrichtenagentur "Tanjug", den ich vom Match her kenne, hilft mir, die Barrieren der Kontrolle zu überwinden, da ich nicht auf der umfangreichen Einlaßliste stehe. Wir gehen in die erste Etage. Der Saal ist knüppelvoll. Es kommen etwa 500 Sportler der unterschiedlichsten Disziplinen: die Fußballer von Roter Stern und Partizan Belgrad, die Basketballer, hübsche Gymnastinnen, die Handballnationalmannschaft der Damen, Tennisspieler, Wintersportler sowie eine kleine Schachdelegation mit Svetozar Gligoric und Borislav Ivkov. Alle defilieren an Milan Panic vorbei und dürfen ihm die Hand reichen. Ich sehe auch zwei Invaliden, die durch den sinnlosen Krieg ihre Beine verloren haben und den Sport nur noch im Rollstuhl ausüben können. Mit ihnen spricht der Premier etwas länger.

Dann steigt er - da von kleiner Statur - kurzerhand auf einen Couchtisch und redet. Ich fotografiere ihn dabei. Panic sagt, er wolle versuchen, alle Sanktionen gegen Restjugoslawien zu überwinden. Als eine der ersten sollten die gegen den Sport aufgehoben werden. Der Politiker erzählt nicht ungern, daß er früher selbst jugoslawischer Meister im Radsport war, sich aber auch noch für viele andere Disziplinen interessiere. Er nennt u.a. Fußball, Leichtathletik, Basketball und Tennis. Dann führt Panic Einzelgespräche, wobei er mehrere Gläser Coca Cola mit Eis trinkt. Sein langjähriger USA-Aufenthalt läßt sich nicht verleugnen.

Am nächsten Morgen bringen die Zeitungen das Ereignis in großer Aufmachung und verweisen darauf, daß es noch nie ein Treffen im Belgrader Regierungsgebäude gegeben hat, an dem so viele Sportler teilgenommen haben. Zum Thema Sport und Bürgerkrieg gehört an diesem Tag auch, daß ein jugoslawischer Schachjournalist im

Belgrader Krankenhaus "Rudo" eine Simultanvorstellung an 12 Brettern für Kriegsopfer gibt. Es sind junge Männer, die nie wieder allein laufen können oder ihre Arme verloren haben.
Nach der Audienz bei Milan Panic muß ich mich beeilen, um noch etwas von der Montags-Pressekonferenz mitzubekommen, die Fischer und Spasski gerade abhalten. Mit dem Kollegen von Tanjug fahren wir schnell zum Sava-Kongreßzentrum, wo wir noch nicht viel versäumt haben. Aus den Antworten Fischers möchte ich nur zwei herausgreifen, die vielleicht von Interesse sind. Bobby verneint, nach dem Wettkampf mit Boris Spasski ein Match gegen Judit Polgar spielen zu wollen. Eine entsprechende Meldung hatte die ungarische Nachrichtenagentur MTI verbreitet.
Und, so Fischer, er möchte einen angeblich existierenden Brief des Verlags "Fiskultura i Sport" aus Moskau an ihn erst sehen, ehe er glaubt, daß dieses Unternehmen ihm endlich Tantiemen für sein schon erwähntes Buch "Meine 60 besten Partien" zahlen wird.

Campos Visite

Am spielfreien Dienstag, dem 56. Oktober, taucht FIDE-Präsident Florencio Campomanes plötzlich in Belgrad auf. Es wird kein offizieller Besuch, da das Verhältnis Fischers zu FIDE schwer gestört ist und die Internationale Schachföderation seinen jetzigen Wettkampf gegen Spasski, der als WM-Revanche von Reykjavik deklariert ist, nicht offiziell gutheißen kann. Dennoch betritt Campo, der nicht im Hotel "Intercontinental" wie die Spieler, sondern nebenan im "Hyatt" nächtigt, gegen Abend für etwa zehn Minuten die Höhle des Löwen. Er sieht bei einem Blitzturnier von

Spasski und Fischer bei der Analyse

acht Großmeistern zu, die Bobbys neue Schachuhr auch in dieser Disziplin testen. Der Philippino interessiert sich kurz für den Chronameter, läßt sich mit Sponsor Jezdimir Vasiljevic ablichten und geht dann wieder aus dem Saal, ohne auch nur einen Blick oder einen Händedruck mit Boris Spasski zu wechseln, der drei Meter abseits steht.

Camomanes' eigentlicher Besuchsgrund besteht natürlich darin, mit dem steinreichen Bankier Vasiljevic Kontakt aufzunehmen und über ein mögliches Schachsponsoring zu sprechen. Nach dem Ausstieg von GMA-Chairman Bessel Kok braucht das internationale Spitzenschach dringend einen neuen potenten Geldgeber. Worüber die beiden Herren sprechen, ist bis zum Ende meines Aufenthalts in Belgrad nicht genau zu erfahren. Es dürfte aber nicht um unbedeutende Veranstaltungen und schon gar nicht um kleine Beträge gehen. Der schlitzohrige Campo begibt sich nicht umsonst zu einem solchen Zeitpunkt an diesen Ort, wenn da nicht etwas Zukunftsträchtiges für die FIDE winkt. Man könnte sich vorstellen, daß es sich zum Beispiel um künftige WM-Kandidatenmatches dreht oder daß gar das von vielen herbeigesehnte Super-Duell Fischer - Kasparow zumindest andiskutiert wird.

Die neue Uhr

Nun aber zum Blitzturnier, das mir auch Gelegenheit gibt, endlich Bobby Fischers Wunderuhr zu erklären. Ausgangspunkt für die Erfindung des neuen Chronometers war der Gedanke, daß eine Wettkampfpartie am gleichen Tage entschieden werden soll. Bobby hat etwas gegen Vertagungen, die dem Gegner "unlautere" Hilfe bringen könnten. Also muß unter dem "sanften Druck" (Lothar Schmid) einer entsprechenden Uhr gespielt werden. Die Fischer-Clock ist elektronisch, damit man sekundengenau Auskunft über den Zeitvorrat erhalten kann. Zunächst etwas über die 'normale' Zeiteinteilung. Im Match von Fischer und Spasski bekommt jeder Spieler auf seiner Uhr 111 Minuten eingestellt. Für jeden ausgeführten Zug gibt es einen Bonus von einer Minute, und nach den ersten 40 Zügen werden weitere 40 Minuten hinzugegeben. Dauert die Partie länger, so erhält jeder nach dem 60. Zug noch einmal 30 und nach 20 weiteren Zügen 20 Minuten. Damit ist gewährleistet, daß auch die längste Partie "in einem Ritt" beendet werden kann.

Beim Blitzturnier, an dem sechs namhafte jugoslawische Großmeister und auch die Sekundanten Spasskis bzw. Fischers, Juri Balaschow und Eugenio Torre, teilnehmen, werden für jeden Spieler drei Minuten eingestellt. Für jeden Zug gibt es eine Sekunde Gutschrift. So dauert ein Duell etwa zehn Minuten wie eine normale Blitzpartie. Balaschow und Torre trennen sich remis und belegen am Ende die Plätze 4 und 5. Der erste Rang geht in überlegener Manier an Großmeister Branko Damljanovic. Der 31jährige Belgrader erzielt 5,5 Punkte aus sieben Partien. Kleines Malheur am Rande: In der zweiten Runde geht eine der "Fischer-Clocks" im Eifer des Gefechts zu Bruch. Es handelt sich aber um eine mechanischen Fehler und nicht um ein Versagen der Elektronik. Der Konstrukteur der Uhr, Ingenieur Aleksandar Mikhailovic aus Belgrad, kann die Sache schnell reparieren. Nach dem Kräftemessen loben alle Teilnehmer die Vorzüge der Uhr. Auch Boris Spasski, der mit seiner Gattin das Blitzen verfolgt, sagt seine Meinung: "Mir gefällt Bobbys Idee sehr, weil die Uhr bequem ist, besonders in Zeitnot. Vor dem Match habe ich einige Trainingspartien damit gespielt und war mit der Uhr zufrieden. Natürlich bin ich eine andere Zeiteinteilung gewohnt. Trotzdem ist es eine seriöse Angelegenheit. Ich hoffe, daß diese Uhr in Zukunft weite Verbreitung findet, auch wenn das Schachvolk - darunter die Großmeister - konservativ ist. Aber ich denke, sie werden schrittweise den großen Vorteil dieser Erfindung anerkennen."

Ich erfahre von den Veranstaltern, daß bislang nur zehn Exemplare des Prototyps von Bobbys Uhr existieren, die in Belgrad gefertigt wurde. Schon aber haben Firmen aus Belgien, Holland, Spanien und Dänemark ihr Interesse an der Herstellung bekundet. Auch im fernen Japan ist man aufmerksam geworden und erwägt, die Uhr - sie soll ca. 70 bis 80 Dollar kosten - beim altehrwürdigen Go-Spiel einzusetzen. Der dortige Verband hat immerhin fünf Millionen Mitglieder. Das wäre ein Reibach für Bobby Fischer, der das Patent besitzt und für Bankier Vasiljevic, der die Vermarktung übernehmen will.

Gazda Jezda

Es ist nun an der Zeit, etwas mehr über den Mann zu sagen, der das Match und damit Bobby Fischers Comeback finanziert. "Gazda" heißt im Serbischen der Boß, und so läßt sich Jezdimir Vasiljevic am liebsten nennen. Der Mann hat nicht die feinsten Umgangsformen, ist poltrig und meint, alles müsse nach seinem - oder Bobby Fischers - Willen ablaufen. Seine Biographie ist dunkel.

Hauptschiedsrichter Lothar Schmid zeigt die Fischer-Uhr

In Interviews gibt er keine Antworten auf das bisherige Leben. Bekannt ist nur, daß Vasiljevic einst mit fünf Dollar in der Tasche von zu Hause loszog und als reicher Mann zurückkehrte. Sein Vermögen soll er in den USA und in Skandinavien gemacht haben. Deshalb heißt seine Bank heute auch "Jugoskandic". Er hat eigenes Fernsehen und gibt eine Illustrierte mit dem Titel "Jugoscandic BIG" heraus. Wie man mir erklärt, steht das B für Business, das I für Information und das G für Glamour. Mein russischer Kollege Juri Wasiljew, der das Match für die "Moskauer Iswestija" verfolgt, hat den Bankier interviewt, ich mochte auf Grund meiner Sveti-Stefan-Erfahrung mit seinen zweifelhaften Helfern nicht. Im folgenden stütze ich mich auf Juris Informationen, für die ich im Austausch Fotos gab. Das einzige, was dem Sponsor privat zu entlocken war, es tue ihm leid, daß er sich während des Schachspektakels nicht genug um seine Familie kümmern könne. Vasiljevic hat eine junge Frau, die sizilianische Vorfahren besitzt (wer denkt da an irgendwelche Verbindungen!?) und einen zehn Monate alten Sohn, der Stefan heißt.

Die ersten Kontakte des im Skorpion-Sternzeichen geborenen Geschäftsmannes mit Bobby Fischer erfolgten im Oktober 1991 in schriftlicher Form. Grundbedingung des Amerikaners für sein Comeback war laut Vasiljevic, daß er von den Organisatoren als Weltmeister anerkannt wurde. Das gesamte Match kostet den Bankier insgesamt sieben Millionen Dollar, wobei der Preisfonds von 5,5 Millionen den Löwenanteil ausmacht. der Sieger erhält fünf Achtel, der Unterlegene den "Rest". Bei unentschiedenem Ausgang, zum Beispiel 9:9 - was nach Fischers Reglement seine "Titelverteidigung" bedeutet - würde die Summe geteilt.

Da nur Jugoskandic TV, Vasiljevics Fernsehen, das Match in voller Länge aufnimmt, besitzt er die alleinigen Fernsehrechte, die ihm nach eigenen Angaben weltweit 25 Millionen Dollar einbringen. Ein Vielfaches mehr würde die mediale Vermarktung des "Super-Matches" zwischen dem unbesiegten Robert James Fischer und dem amtierenden Champion Garri Kasparow einspielen. Deshalb ist der Sponsor auch bereit, für den "Kampf der Giganten" eine astronomische Summe auf den Tisch zu legen.

Bis zum letzten Tag hat Jezdimir Vasiljevic Angst, daß Fischer den Schachwettkampf mit Spasski aus irgendeinem Grunde nicht zu Ende spielt. Deshalb werden alle nur denkbaren "Störfaktoren" schon im Keime erstickt. Dazu gehört auch die "Ausweisung" der Prinzessin Lia Vontenelli de Brogli. Die bekannte Künstlerin aus Paris - ihre Bilder hängen in neun Galerien, sie hat auch Garri Kasparow schon porträtiert - kiebitzte in Sveti Stefan und in Belgrad. Ihr kapriziöses Verhalten an beiden Schauplätzen fällt auch mir auf, obwohl ich die Dame noch nicht kenne. Nachdem ich ihre Frage "You are a rich man?" verneine, läßt ihr Interesse an meiner Person augenblicklich nach. Nicht aber an Bobby Fischer.

Wie mir ein Eingeweihter berichtet, soll die Dame nachts um ein Uhr - Zita Rajczanyi war gerade in Budapest - nur im Negligé bekleidet, Einlaß ins Apartment des Amerikaners im Hotel "Intercontinental" begehrt haben. Die Gorillas haben dies verhindert. Zur ersten Partie im Sava-Kongreßzentrum nahm sie ein Transistorradio mit. Bobby hörte die Musik, die Prinzessin wurde zur

Persona non grata erklärt und erhielt Saalverbot.

Vasiljevic verneint jede Beziehung des Matchs zur Politik. Eine kulturelle oder sportliche Veranstaltung wie diese habe nichts mit dem UNO-Embargo zu tun. Er würde so ein Duell immer wieder sponsern. Wer gewinnt, ist ihm egal - er sei unparteiisch. Mehr Zeit allerdings verbringe er mit Fischer, da dieser 20 Jahre untergetaucht war und den Umgang mit der Öffentlichkeit nicht mehr gewohnt ist. Am meisten bewegt den "Boß" die Frage, ob die Journalisten auch richtig über das ungewöhnliche Duell schreiben und alles fein säuberlich von der Politik trennen.

Mit dem Schaukampf der beiden Schachlegenden ausgerechnet in seinem Land hat sich der Selfmademan Vasiljevic einen Traum erfüllt. In alten Zeiten hätten die Samurai manche ihrer Probleme auch am Schachbrett gelöst, das sei eine sehr gute, noch geeignete Methode. Eine Steigerung für ihn wäre - wie gesagt - nur das Match Fischer - Kasparow. Und dafür stünden die Aussichten gar nicht so schlecht ...

Bobbys Schwarzsieg

Nach vielen aufregenden Ereignissen und Betrachtungen kommen wir nun wieder zum Schach. Die 16. Partie steht an. Bobby Fischer hat ja in Belgrad bislang noch keine Bäume ausgerissen, wartet immer noch auf seinen ersten Sieg in der Hauptstadt. Boris Spasski zieht als Weißer wieder 1. d4, und es folgt 1. ... Sf6 2. c4 c5 3. d5 d6 4. Sc3 g6 5. e4 Lg7. Ein altes, geradezu klassisches System. Die Großmeister sind sich hier aber nicht ganz schlüssig, welcher Eröffnung man es zuordnen soll. Matulovic sagt Benoni, Ivkov meint Königsindisch, und so erscheint es auch im Bulletin.

Spasski spielt eine Variante, die nicht den besten Ruf genießt, also gegen die Theorie. Fischer folgt ihr und fährt gut dabei. Weiß gibt einen Bauern, erhält aber dafür nicht die notwendige Kompensation. Nach der Partie sagt Boris, er habe es so gewollt und ein lebendiges Figurenspiel angestrebt, aber es sei sehr schwer gewesen, am Brett immer den richtigen Zug zu finden. Spasski gewinnt den Bauern im Mittelspiel zwar zurück, aber seine Stellung ist schon zu diesem Zeitpunkt kaum noch zu verteidigen. Mit einem Turm auf h1, der bis zum Schluß der Partie in der Ecke klebt und keinen Zug ausführt, und mit einem schwachen Bauern in der Brettmitte hat er keine reelle Chance zum Ausgleich. Zur hoffnungslosen Lage gesellt sich die Zeitnot - nur noch wenige Sekunden bleiben ihm für die letzten Züge, wie die unerbittliche Fischer-Uhr anzeigt. Im 34. Zug gibt Boris Spasski auf, und Bobby Fischer führt nach seinem ersten Erfolg in Belgrad 6:3.

Die jugoslawischen Tageszeitungen bringen am heutigen Mittwoch, dem 7. Oktober 1992, in großer Aufmachung Berichte über ein Treffen, das Bobby Fischer mit Serbiens Präsident Slobodan Milosevic hatte. Sponsor Jezdimir Vasiljevic war auch zugegen, während es Boris Spasski nach Konsultation mit der französischen Botschaft in Belgrad vorzog, der Audienz fernzubleiben. Vielleicht wurden Modalitäten über einen möglichen weiteren Aufenthalt Fischers nach dem Match in Jugoslawien erörtert, denn seine Probleme mit den USA sind ja noch nicht ausgeräumt.

Boris' zweite Auszeit

Als ich am nächsten Tag um die Mittagszeit ins Pressezentrum komme, reichen mir die Hostessen ein ärztliches Bulletin. Es ist von den Professoren Dr. Srecko Nedelkovic, Dr. Milos Ostojic und Dr. Vladimir Petronic unterzeichnet. Darin wird um eine Unterbrechung des Matchs gebeten, da der "Patient" Boris Spasski an "professionellem Streß" leide. Es ist seine zweite Auszeit in dem Schachduell, die erste nahm er nach der neunten Partie von Sveti Stefan, um seine dortige Niederlagenserie zu beenden. Bobby Fischer wird keinen Gebrauch von der Auszeitregelung machen, Spasski hingegen noch zweimal.

Nachdem Alexander Nikitin abgereist ist, wird auch das Fischer-Team kleiner. Zita Rajczanyi fliegt nach Buenos Aires. In Argentinien finden die Juniorenweltmeisterschaften statt, für die sie auf Grund ihres Alters und ihrer Leistungen qualifiziert ist. 1991 war sie Sechste. Vielleicht reicht es, beflügelt durch Bobby, dieses Jahr zu einer Medaille, obwohl die Konkurrenz in ihrer Altersklasse - vor allem aus Osteuropa - sehr stark ist.

Zita hat ein paar Trainingspartien mit Bobby gespielt, erzählt sie, aber kein Remis erreichen können.

Im Matchbulletin, Ausgabe 16, erscheint die Mitteilung, daß der prominente jugoslawische Sänger Slobodan Kovacevic einen Song über das "Schachspektakel des Jahrhunderts" komponiert hat. Er trägt den Titel "Mr. Jezda" und ist eine Hommage an Sponsor Vasiljevic, der das Ganze möglich machte. Dazu soll auch ein Video herauskommen, das in Sveti Stefan aufgenommen und von Montenegro TV produziert wurde. Die Veranstalter lassen auch sonst keine Gelegenheit aus, Werbung für das Schachduell zwischen Fischer und Spasski zu machen. Es begann mit einer Sonderbriefmarke, die schon Mitte September an der Adria präsentiert wurde, und setzte sich mit der eiligen Produktion aller möglichen Souvenirs fort. Im weiten Foyer des Sava-Kongreßzentrums kann man Fischer und Spasski auf T-Shirts, Plakaten, Aufklebern, Stickern und Münzen, auf Schlüsselanhängern, Postwertzeichen und elektrischen Uhren sehen. Der Verkauf jedoch bleibt eher bescheiden, die Leute brauchen ihr Geld zum Leben. Wäre der Eintritt zum Schach nicht kostenlos, kämen sicher nicht so viele Zuschauer.

Mein Kollege Juri Wassiljew aus Moskau hat heute für all die Vermarktungsbemühungen keinen Nerv. Niedergeschlagen erzählt er mir folgende Ge-

Alexander Nikitin kann Spasskis Niederlage nicht abwenden

schichte. Von seiner Iswestija-Redaktion ist er auf Grund der großen Devisenknappheit in Rußland mit ganzen 350 Dollars für den Aufenthalt in Belgrad ausgestattet worden. Aus diesem Grunde konnte er nur in einem mehr als bescheidenen Etablissement absteigen, in dem auch zwielichtige Gestalten wohnen. Die Folge: Als er nach der 16. Partie ins Quartier kommt, sind seine neuen spanischen Schuhe gestohlen worden. Der Dieb ließ dafür seine alten Botten zurück und ist über alle Berge. Juris Wirtin hebt hilflos die Hände. Wütend verläßt der Journalist, der es gewohnt ist, seine Berichte nachts zu verfassen, die Taverne und schreibt die Story unter einer Straßenlaterne. Da es kalt wird, kauft er sich eine Flasche Wodka, und es ist ihm erst wohler, als er sie sich ganz einverleibt hat. Danach ist Wasiljew einen Tag nicht im Pressezentrum zu sehen. Er hat ein neues Quartier gesucht und zum Glück kostenlos Unterschlupf bei einem russischen Internationalen Meister gefunden, der sich seit einiger Zeit in Belgrad als Schachtrainer durchschlägt. Geschichten, die das (Schach-) Leben schreibt.

Belgrad ade

Da Boris Spasski pausiert, liegen jetzt zwei spielfreie Tage an. Ich entschließe mich deshalb zur Rückkehr nach Berlin, auch wenn das Match noch nicht beendet ist. Man kann das Geschehen ja auch von zu Hause aus verfolgen, die Partienotationen und Kommentare bekomme ich in der Folgezeit von Janos Kubats Büro gefaxt. Wenn alle Verbindungsstränge nach Serbien reißen, gibt es noch den Videotext von ARD und ZDF. Ich verabschiede mich von Lidia und Luka Savicevic, meinen freundlichen Gastgebern, und trete am Nachmittag des 8. Oktober 1992 zum zweiten Mal die Heimreise nach Berlin an, wo ich einen Tag später ankomme. Unter den gespeicherten Telefonanrufen ist eine Anfrage vom Beyer-Verlag, ob ich meine Erlebnisse in Buchform aufschreiben möchte ....

12. Partie

Spasski - Fischer
Königsindische Verteidigung (E 83)

1. d2 - d4	Sg8 - f6
2. c2 - c4	g7 - g6
3. Sb1 - c3	Lf8 - g7
4. e2 - e4	d7 - d6
5. f2 - f3	0 - 0
6. Lc1 - e3	Sb8 - c6
7. Sg1 - e2	a7 - a6
8. h2 - h4!?	

Im Gegensatz zur 8. Partie, wo erst 8. Dd2 folgte, ist der Textzug eine kleine Verstärkung.

8. ...　　　　h7 - h5

Eine verständliche Reaktion, um die Drohung 9. h5 zu entkräften. Jetzt hingegen kann Weiß mittels 9. Sc1 einen anderen Plan zur Ausführung bringen. Falls Schwarz 8. ... Tb8 spielen würde wie in der 8. Partie, wäre der Zug 9. Sd5 äußerst unangenehm, da die Verteidigungsfigur auf f6 zum Abtausch gezwungen wird. Unklar wäre sofort 9. h5 Sxh5 10. g4 (oder 10. Dd2 e5 11. d5 Sd4! 12. Sxd4 exd4 13. Lxd4 Lxd4 14. Dxd4 f5! mit gutem Spiel für Schwarz) 10. ... Sf6 11. Dd2 Te8! 12. Lh6 (12. Sg3 e5!) 12. ... Lh8 und Schwarz erhält nach 13. ... e5 und Sd4 ausreichendes Gegenspiel.

9. Se2 - c1!	e7 - e5
10. d4 - d5	Sc6 - e7?!

Dieser Springer bereitet Fischer in der Zukunft große Sorgen. Besser war 10. ... Sd4 11. Sb3 c5 12. dxc6 Sxc6 13. Le2 und Weiß dürfte etwas Vorteil haben.

11. Lf1 - e2	Sf6 - h7

Schwarz möchte mittels f5 Gegenspiel erlangen. Abwarten hilft nichts, da ansonsten Weiß in aller Ruhe den Königsangriff durch g4 vorbereiten kann.

12. Sc1 - d3	f7 - f5
13. a2 - a4	

Eine interessante Idee. Spasski will zunächst jegliches Gegenspiel am Damenflügel unterbinden und je nach Situation den Angriff am Damen- oder Königsflügel forcieren.

13. ...	Sh7 - f6
14. Sd3 - f2	a6 - a5

Notwendig, um dem weißen Bauernvorstoß nach a5 zuvorzukommen, was weiteren Raumgewinn erzielt hätte.

15. Dd1 - c2	c7 - c5?!

Damit sind zwar die Gefahren am Damenflügel gebannt, jedoch wird jetzt das Spielgeschehen auf den Königsflügel verlagert. In Betracht kam deshalb 15. ... c6.

16. 0 - 0 - 0	b7 - b6
17. Td1 - g1	Sf6 - h7

Die Planfindung ist äußerst schwierig für Schwarz. Auf 17. ... f4 18. Ld2 ist der anschließende Bauernhebel g3 mit Öffnung der g-Linie unangenehm.

18. Sc3 - b5	Kg8 - h8
19. g2 - g4!	h5 x g4
20. f3 x g4	f5 - f4
21. Le3 - d2	g6 - g5

Die Position ist bereits äußerst problematisch für Schwarz. Falls der Textzug nicht geschieht, spielt Weiß g5 und der Angriff läuft auf Hochtouren. Die schwarzen Leichtfiguren haben keine Felder.

22. h4 x g5	Se7 - g6
23. Th1 - h5	Tf8 - f7
24. Tg1 - h1	Lg7 - f8
25. Dc2 - b3	Ta8 - b8

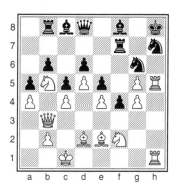

Keine Zeit hat Schwarz zu 25. ... Le7 26. Th6 Tg7 (26. ... Dg8 27. Txg6! Dxg6 28. Th6 Dxg5 29. Sxd6 Lxd6 [29. ... Tg7 30. Dh3 Kg8 31. Sf5 Lxf5 32. exf5 mit der tödlichen Drohung 33. Se4] 30. Txd6 Dh4 31. Sd3! f3 [31. ... Dh1+ 32. Dd1 Dxe4 33. Sxe5 und Weiß gewinnt leicht.] 32. Sxe5! Dh1+ [32. ... fxe2 33. Sg6+ Kg7 34. Sxh4 mit Gewinn] 33. Ld1 f2 34. Sxf7 Kg7 35. Th6 f1D 36.

Txh1 Dxh1 37. Se5 Dxe4 38. Dxb6 mit Gewinn) 27. Dh3 Dg8 28. Sc7 Ta7 29. Se8! Lxg5 30. Sxg7 Lxh6 31. Sf5 Lf8 32. Db3 Tb7 33. Sh3 Df7 (33. ... Le7 34. Sxe7 Sxe7 35. Sxf4! mit Bauerngewinn.) 34. Sg5 Df6 35. Sxh7 mit klarem Vorteil.

26. Db3 - h3   Tb8 - b7
27. Sf2 - d3   Kh8 - g8?!

Danach kann Weiß den Angriff entscheidend verstärken. Härteren Widerstand leistete 27. ... Tg7, um nach 28. Th6 Df7 29. Sd1 Ld7 zu spielen. Danach kommt sowohl Le8, als auch Lxb5 in Betracht. Ein klarer Gewinnplan ist danach nicht zu sehen.

28. Sd3 - e1   Tf7 - g7

Ein grober Fehler wäre 28. ... Sxg5? wegen 29. Th8+ Kg7 30. Dh6+ Kf6 31. Th5! Sxe4 (31. ... Lxh6? 32. Txd8 mit Gewinn.) 32. Sc3! Lxh6 (32. ... Sxd2 33. Dg5 Kg7 34. T5h7 matt) 33. Sxe4 Ke7 34. Txd8 Kxd8 35. Txh6 Tg7 36. Sxd6 Tbc7 37. Sxc8 Kxc8 38. Ld3 und Weiß gewinnt leicht.

29. Se1 - f3   Tb7 - f7?

Danach ist die Partie endgültig verloren. Um noch zu kämpfen, mußte 29. ... Dd7 geschehen. Weiß könnte 30. Tg1 spielen, um in aller Ruhe die Leichtfiguren besser zu plazieren, oder auch 30. Dh2, was indirekt die Drohung Dxg4 abwehrt wegen Sxe5.

30. Th5 - h6!

Jetzt geht der Halt des Springers auf g6 verloren, was schnell zur Niederlage führt.

30. ...   Dd8 - d7
31. Dh3 - h5   Dd7 x g4

Auch 31. ... Sh8 verliert nach 32. g6 eine Figur. Normalerweise sollte Schwarz die Niederlage quittieren. Es ist erstaunlich, daß sich Fischer noch 23 Züge herumquält, um das Resultat zu verdauen. Der Rest der Partie ist Sache der Technik.

32. Th6 x g6	Dg4 x h5
33. Tg6 x g7+	Tf7 x g7
34. Th1 x h5	Lc8 - g4
35. Th5 - h4	Lg4 x f3
36. Le2 x f3	Sh7 x g5
37. Lf3 - g4	Tg7- h7
38. Th4 x h7	Kg8 x h7
39. Kc1 - c2	Lf8 - e7
40. Kc2 - d3	Kh7 - g6
41. Sb5 - c7	Kg6 - f7
42. Sc7 - e6	Sg5 - h7
43. Lg4 - h5+	Kf7 - g8
44. Ld2 - e1	Sh7 - f6
45. Le1 - h4	Kg8 - h7

Falls 45. ... Sxd5 so am einfachsten 46. cxd5 Lxh4 47. Kc4 nebst Kb5 mit Eroberung der Damenflügelbauern.

46. Lh5 - f7	Sf6 x d5
47. c4 x d5	Le7 x h4
48. Lf7 - h5	Kh7 - h6
49. Lh5 - e2	Lh4 - f2
50. Kd3 - c4	Lf2 - d4
51. b2 - b3	Kh6 - g6
52. Kc4 - b5	Kg6 - f6
53. Kb5 - c6	Kf6 - e7
54. Se6 - g7	Aufgabe

(GM Wolfgang Uhlmann)

13. Partie

Fischer - Spasski
Sizilianisch (B 31)

1. e2 - e4	c7 - c5
2. Sg1 - f3	Sb8 - c6
3. Lf1 - b5	g7 - g6
4. Lb5 x c6	b7 x c6
5. 0 - 0	Lf8 - g7
6. Tf1 - e1	f7 - f6!?

Eine Verstärkung gegenüber dem Zug 6. ... e5 aus der 11. Partie. In der Begegnung zwischen Psachis - Dautow, Nimes 1991 geschah 6. ... Sh6 7. c3 0-0 8. d4 cxd4 9. cxd4 d5 10. e5 Lg4 11. Sbd2 Db6 12. b3 (12. h3 Lxf3 13. Sxf3 c5 14. dxc5 Dxc5 15. Le3 Db5 mit gleichen Chancen) 12. ... c5 13. La3!? cxd4 14. Lxe7 Tfe8 15. Lg5 Ld7! mit unklarem Spiel.

7. c2 - c3

Ein interessanter Zug dürfte 7. e5!? sein, der noch stärker überprüft werden müßte, z. B. 7. ... fxe5 8. Sxe5 d6 (8. ... Sf6 9. d4 cxd4 10. Dxd4 mit Initiative auf der halboffenen d- und e-Linie) 9. Sf3 (Falsch wäre 9. Sxc6? Dc7 mit Figurengewinn) 9. ... Sf6 (9. ... e5?! 10. c3 nebst d4 mit Vorteil.) 10. d4! cxd4 11. Dxd4 und Weiß hat etwas Initiative, da 11. ... 0-0 an 12. Dc4 scheitert. Es droht unter anderem 12. Lh6 Lxh6 13. Dxf6 mit klarem Vorteil. Die Frage lautet, kann Schwarz 11. ... e5 ohne Nachteil spielen?

7. ...	Sg8 - h6
8. d2 - d4	c5 x d4
9. c3 x d4	0 - 0
10. Sb1 - c3	d7- d6

Schwarz hat eine dynamische Stellung und hat gegenüber der 11. Partie das Eröffnungsproblem besser gelöst. Er besitzt das Läuferpaar und hat die Chance, am Damenflügel die Initiative zu erlangen.

11. Dd1 - a4	Dd8 - b6
12. Sf3 - d2	Sh6 - f7
13. Sd2 - c4	Db6 - a6
14. Lc1 - e3	Da6 x a4
15. Sc3 x a4	f6 - f5!

Damit übernimmt Schwarz die Initiative. Der Läufer von g7 übt permanenten Druck auf den Bauern d4 aus. Außerdem kann Schwarz die halboffene b-Linie für den Einsatz eines Turmes nutzen.

16. e4 x f5	Lc8 x f5
17. Ta1 - c1	Tf8 - c8
18. Sc4 - a5	Lf5 - d7
19. b2 - b3	Ta8 - b8
20. Sa4 - c3	Kg8 - f8

Die Zeit des Lavierens beginnt. Schwarz macht zunächst Sicherungszüge, um zur rechten Zeit den Bauern d4 unter Druck zu setzen. Weiß kann keine Initiative entfalten und muß lediglich die unmittelbaren Drohungen abwehren.

21. a2 - a3	Sf7 - h6

Mit der Springerumgruppierung über h6 und f5 verbucht Schwarz einen Pluspunkt.

22. b3 - b4	Sh6 - f5
23. Te1 - d1	Kf8 - e8

Schwarz möchte gern, daß nach Le6 der König nach d7 marschiert und die Deckung des Bauern c6 übernimmt.

Danach hätte er eine weitere aktive Figur, die für Unruhe sorgen kann.

24. Sc3 - e4

Fischer erkennt die Absicht und vereitelt diesen Plan.

24. ...	Tb8 - b5
25. h2 - h3	h7 - h5
26. Td1 - d2	a7 - a6
27. Kg1 - f1	Tb5 - d5!

Ein starker Zug, der den Druck auf den Bauern d4 verstärkt. Weiß steht vor einer schwierigen Entscheidung. Außer dem kommenden Textzug Tcd1 mußte vor allem 28. Sc3 durchdacht werden. Nach Sxe3+ 29. fxe3 Tf5+ nebst c5 würde Schwarz Vorteil erlangen. Die Stellung würde geöffnet und die enorme Reichweite des Läuferpaares wäre dem des Springerpaares deutlich überlegen.

28. Tc1 - d1

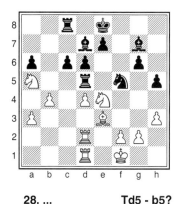

| 28. ... | Td5 - b5? |

Schwarz erkennt nicht die einmalige Chance, durch den taktischen Zug 28. ... c5! (Bücker) klar in Vorteil zu kommen, z. B. 29. dxc5 Te5! mit Materialgewinn, oder 29. bxc5 La4! 30. Tb1 (30. Tc1 Ld4! 31. Lxd4 Txd4 32. Txd4 Sxd4 33. Te1 Lb5 34. Kg1 Se2 35. Kh2 d5! und Bauernverlust auf c5 ist nicht mehr zu vermeiden.) 30. ... dxc5 31. dxc5 (31. Sxc5? Sxe6 32. fxe3 T8xc5 33. Tb8 Kd7 mit Figurengewinn.) 31. ... Sxe3+ 32. fxe3 Txd2 33. Sxd2 Txc5 und klaren Vorteil für Schwarz.

29. Kf1 - e2	Ld7 - e6
30. Td1 - c1	Ke8 - d7
31. Se4 - c3	Tb5 - b8
32. Ke2 - f1	h5 - h4
33. Kf1 - e2	Lg7 - f6

Schwarz findet jetzt keinen Plan, die Stellung zu verstärken, da der weiße König auf e2 oder d3 alle Gefahren abwehrt.

34. Sc3 - e4	Le6 - d5
35. Ke2 - d3!	Lf6 - g7
36. Td2 - c2	Tc8 - c7
37. Tc1 - e1	Tb8 - f8

Gefährlich für Weiß wäre 37. ... Te8 gewesen mit der Drohung e5.

38. f2 - f3

Damit hat Weiß alle Gefahren erfolgreich abgewehrt.

38. ...	Tf8 - b8
39. Se4 - c3	Ld5 - g8
40. Sc3 - e2	Lg8 - f7
41. Le3 - d2	Lg7 - f6
42. Te1 - c1	Tb8 - c8
43. Sa5 - c4	Tc7 - b7
44. Sc4 - a5	Tc7 - b7
Remis	

(GM Wolfgang Uhlmann)

14. Partie

Spasski - Fischer
Angen. Damengambit (D 27)

1. d2 - d4   d7 - d5
2. c2 - c4   d5 x c4

Nachdem sich Spasski auf den Königsinder "eingeschossen" hat, scheint es Fischer zweckmäßig, wieder einmal etwas anderes zu probieren.

3. Sg1 - f3   Sg8 - f6
4. e2 - e3   e7 - e6
5. Lf1 x c4   c7 - c5
6. 0 - 0   a7 - a6
7. d4 x c5   Dd8 x d1
8. Tf1 x d1   Lf8 x c5
9. b2 - b3   b7 - b5

Hier geschah in der 6. Partie, in der diese Eröffnung zuletzt vorkam, gleich 9. ... Sbd7 und erst nach 10. Lb2 b5. Eine größere Bedeutung scheint diese Zugumstellung nicht zu haben.

10. Lc4 - e2   Lc8 - b7
11. Lc1 - b2   Sb8 - d7

Damit sind wir wieder auf bekanntem Terrain angelangt.

12. Sb1 - d2   0 - 0!?

Aha! Offenbar hat es Fischer mißfallen, daß sein König in der 6. Partie und auch in der 4. im Zentrum doch in einiges Kampfgetümmel verstrickt wurde. Ein Vorbild bietet die Partie Spasski - Nikolic, Weltcup Barcelona 1989, in der Weiß nun den thematischen Plan versuchte: 13. a4 bxa4 14. Txa4 Le7 (dies scheint ein weiterer Vorteil von 0-0 zu sein: der König versperrt nicht dieses Rückzugsfeld für den Läufer, der seinerseits c5 für den Springer räumt, wo er für die schwarze Idee - Gegendruck gegen b3 - sehr nützlich ist) 15. La3 Lxa3 16. Txa3 Sd5 17. Tda1 Sc5 18. Ta5 Tac8 19. Tc1, und man einigte sich auf Remis.
Welche Idee soll Weiß aber sonst haben? Vielleicht wird Spasski in einer späteren Partie darauf eine Antwort geben können. Was er hier spielt, ist keineswegs geeignet, Schwarz zu erschüttern.

13. Ta1 - c1   Tf8 - c8
14. h2 - h3   Kg8 - f8

Offenbar hält Fischer, wohl nicht zu Unrecht, die letzten weißen Züge für so harmlos, daß er sich entschließt, in der Mitte könne dem König nun nichts mehr passieren. In der Tat hat sich Weiß von der Idee a4 abgewandt, und viel anderes ist nicht zu sehen.

15. Kg1 - f1   Kf8 - e7
16. Sf3 - e1   Lc5 - d6
17. a2 - a4

Wenn dies nicht geeignet ist, den Bb5 von der Stelle zu bewegen, hat es kaum noch Offensivkraft. Die Partie nähert sich nun zielstrebig dem Remishafen.

17. ...   Lb7 - c6
18. a4 x b5   a6 x b5
19. Tc1 - c2   Tc8 - c7
20. Td1 - c1   Ta8 - c8
21. Le2 - f3   Lc6 x f3
22. Sd2 x f3   e6 - e5
23. Tc2 x c7   Tc8 x c7
24. Tc1 x c7   Ld6 x c7
25. Se1 - c2   Sf6 - e4
26. Sc2 - a3   b5 - b4
27. Sa3 - c4   f7 - f6
28. Sf3 - e1   Sd7 - c5

29. Se1 - c2	Sc5 x b3
30. Sc2 x b4	Sb3 - d2+
31. Sc4 x d2	Se4 x d2+
32. Kf1 - e2	Sd2 - c4
Remis	

Die bisher mit weitem Abstand langweiligste Partie des Wettkampfs. Aus diesem Anlaß muß freilich darauf hingewiesen werden, daß man insgesamt erstaunlichen Einsatz und Kampfgeist zu sehen bekam. Mehr als 50% entschiedene Partien (in diesem Moment 8 von 14) sind eher die Ausnahme als die Regel; man vergleiche das legendäre K&K-Match Nummer 1 anno 1984/85 - da waren es ganze 8 von 48!

(Gerd Treppner)

15. Partie

Fischer - Spasski
Katalanisch (E 07)

1. c2 - c4

Zum ersten Mal variiert Fischer und bringt nicht den bisher gebräuchlichen Bauernzug 1. e4 zur Anwendung. Das zeigt, daß er sich theoretisch vorzüglich auf diesen Wettkampf vorbereitet hat.

1. ...	e7 - e6
2. Sg1 - f3	Sg8 - f6
3. g2 - g3	

Da Spasski ein guter Kenner des orthodoxen Damengambits ist, wählt Fischer den katalanischen Aufbau.

3. ...	d7 - d5
4. Lf1 - g2	Lf8 - e7
5. 0 - 0	0 - 0
6. d2 - d4	Sb8 - d7
7. Sb1 - d2	

Die Theorie empfiehlt 7. Dc2 c6 8. b3 b6 9. Td1. Nach dem Textzug versucht Schwarz den Zug c6 einzusparen.

7. ...	b7 - b6!?
8. c4 x d5	e5 x d5
9. Sf3 - e5	Lc8 - b7
10. Sd2 - f3	

Chancenreicher dürfte 10. Sdc4 sein, was in der Begegnung Kirow - Padewski 1977 geschah. Zum Beispiel 10. ... Se4 (10. ... Sxe5 11. Sxe5 mit geringem Vorteil für Weiß.) 11. Dc2 Sxe5 12. Sxe5 Ld6 (12. ... c5!?) 13. Lf4 Te8 14. Tfd1 De7 15. Sd3 Lxf4?! (15. ... c6) 16. Sxf4 Dd6 17. Tac1 Te7 18. Sd3 nebst b4 mit weißer Initiative.

10. ...	Sf6 - e4
11. Lc1 - f4	Sd7 - f6
12. Ta1 - c1	c7 - c5

Damit hat Schwarz sein Ziel erreicht. Der Bauernzug c6 konnte eingespart werden und durch den aktiven Doppelschritt c5 ersetzt werden. Spasski hat keine Angst vor den hängenden Bauern c5 und d5, da er aktives Figurenspiel hat. Außerdem kontrollieren die Zentrumsbauern wichtige Zentralfelder.

13. d4 x c5

Falls 13. b3, so a5 mit der Absicht a4 und Spiel am Damenflügel.

13. ...	b6 x c5
14. Sf3 - g5!?	

Nur nach Abtausch eines Springers auf e4 kann Druck auf die hängenden Bauern ausgeübt werden.

14. ...	Se4 x g5
15. Lf4 x g5	Sf6 - e4
16. Lg5 x e7	Dd8 x e7
17. Lg2 x e4	

Eine mutige, aber riskante Entscheidung von Weiß. Mit dem Textzug wird zwar sofort die Bauernschwäche c5 markiert, allerdings nur durch die Aufgabe des Verteidigungsläufers von g2 aus. In Betracht kam 17. Sd3.

17. ...	d5 x e4!?

Spasski vertraut ganz auf die Kraft des Läufers auf der Diagonalen h1-a8. Positionell in Vorteil würde Weiß nach 17. ... Dxe5 bleiben, 18. Lf3 Tac8 19. Da4 a6 20. Da3 De7 21. Tc2 und Schwarz hat keine Zeit zu 21. ... Tc7 22. Tfc1 Tfc8 wegen Lg4 mit klarem Vorteil.

18. Se5 - c4	e4 - e3!?

Die Pointe der schwarzen Spielführung. Damit bleibt der Läufer von b7 nicht ausgesperrt, und taktische Drohungen bestimmen das weitere Geschehen.

19. f2 - f3

Ein grober Fehler wäre natürlich 19. Sxe3 wegen De4.

19. ...	Ta8 - d8
20. Dd1 - b3	Tf8 - e8
21. Tc1 - c3	Lb7 - d5
22. Tf1 - c1	

Nichts ergibt 22. Txe3 Lxc4 23. Txe7 Lxb3 24. Txe8 Txe8 25. axb3 Txe2 mit Remisstellung.

22. ...	g7 - g6

Stark in Betracht kam 22. ... h5, was fast zu der Remisabwicklung 23. Txe3 animiert hätte.

23. Db3 - a3

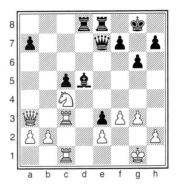

23. ...	Ld5 x f3!

Ein feines Figurenopfer, ermöglicht durch die Stärke des Freibauern auf e3. Nachteilig wäre 23. ... Lxc4 gewesen, z. B. 24. Txc4 Td2 25. Te4 Dd7 26. Txe8+ Dxe8 27. Txc5 Txe2 28. Dc3 Tc2 (28. ... Td2 29. Tc8 Td8 30. Txd8 Dxd8 31. Dxe3 mit Bauerngewinn) 29. Dxc2 e2 30. Tc8 e1D+ 31. Kg2 und Weiß hat ebenfalls im Damenendspiel einen Mehrbauern.

24. e2 x f3

Verdächtig wäre 24. Txe3 Le4 und Weiß käme auf der langen Diagonalen in Teufels Küche. Es droht einfach Dd7 und Dh3.

24. ...	e3 - e2
25. Tc1 - e1	

Nicht 25. Se3 wegen Td1! 26. Txd1 exd1D+ 27. Sxd1 De1+ mit klarem Vorteil.

25. ...	Td8 - d1
26. Kg1 - f2	Td1 x e1
27. Kf2 x e1	De7 - d7
28. Da3 - b3	

Die beste Verteidigung. Wiederum scheitert 28. Se3 an Txe3 29. Txe3 Dd1+ 30. Kf2 Df1 matt.

28. ...	Dd7 - h3!
29. Sc4 - e3!	

Jetzt möglich, da 29. ... Txe3 an 30. Txe3 Df1+ 31. Kd2 scheitert, da das Feld d1 von der weißen Dame kontrolliert wird.

29. ...	Dh3 x h2
30. g3 - g4	

Fischer verteidigt sich eiskalt. Verdächtig wäre 30. Tc2 oder 30. Dc2 Dxg3+ 31. Kxe2 Dg2+ nebst Dxf3 mit starkem Angriff. Auch 30. Da4 Dxg3+ 31. Kxe2 Dg2+ 32. Ke1 (32. Kd3 Td8+ 33. Kc4 Dxf3 mit Angriff) 32. ... Dg1+ endet im Dauerschach.

30. ...	Te8 - b8!

Spasski findet eine Problemlösung. Jetzt scheitert 31. Dc2 an Txb2 33. Dxb2 Dg1+ 34. Kxe2 Dh2+ mit Damengewinn.

31. Db3 - d5	Tb8 x b2
32. Dd5 - d8+	Kg8 - g7
33. Se3 - f5+!	g6 x f5

Remis wegen Dauerschach. Eine Remispartie von bester Güte, in der jeder Spieler bis zum letzten Zug seine Chance wahrgenommen hat.

16. Partie

Spasski - Fischer
Benoni-Verteidigung (E 70)
(durch Zugumstellung: Königsindisch)

1. d2 - d4	Sg8 - f6
2. c2 - c4	c7 - c5
3. d4 - d5	d7 - d6

Zum letzten Mal spielte Fischer Benoni in der 3. Partie des WM - Kampfes in Reykjavik 1972, aber da wählte er ein Modernes Benoni und gewann eine phantastische Partie.

4. Sb1 - c3	g7 - g6
5. e2 - e4	Lf8 - g7
6. Lc1 - g5	h7 - h6
7. Lg5 - h4	g6 - g5
8. Lh4 - g3	Dd8 - a5
9. Lf1 - d3	

Die Enzyklopädie gibt 9. Dd2 Sh5 10. Le2 Sxg3 11. hxg3 a6 (Leletier - Rubinetti, Buenos Aires 1964), aber nach 12. f4! (statt 12. Sf3 Sd7 13. 0-0 Tb8, und nun mußte Weiß 14. a4 versuchen - Minew) 12. ... Sd7 13. Sf3 ziehe ich die weißen Steine vor.
Von Fischer könnte man vielleicht 10. ... Sf4!? 11. Lf3 (11. Lxf4 gxf4 12. Tc1 h5) 11. ... Sd7 erwarten, mit aktivem schwarzem Spiel.

9. ...	Sf6 x e4!?

(siehe Diagramm nächste Seite!)
So wurde zuerst in der berühmten Partie Stein - Geller, UdSSR 1966, gespielt. Geller schrieb selbst in seinem Buch *Königsindische Verteidigung:* "Ein riskanter Bauerngewinn. Solider sah 9. ... Sh5 aus, und falls 10. Se2, so Sxg3 11. hxg3 Sd7 mit evtl. 0-0-0."
Meiner Meinung nach verspricht 10. Tc1

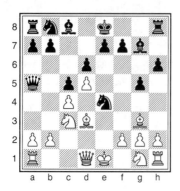

Sxg3 (10. ... Sf4 11. Lxf4 gxf4 12. Se2) 11. hxg3 Sd7 12. f4 nebst 13. Sf3 auch in diesem Fall die besseren Chancen.

10. Ld3 x e4   Lg7 x c3+

10. ... f5 11. Dh5+ Kd8 12. Se2 gibt Weiß einen starken Angriff (Geller).

**11. b2 x c3   Da5 x c3+
12. Ke1 - f1   f7 - f5
13. Ta1 - c1!**

Eine Empfehlung von Efim Geller. In der oben erwähnten Partie geschah 13. Se2 Df6 14. Lc2 f4 15. h4 Tf8! 16. hxg5 hxg5 17. Sxf4? (17. De1 Sd7! 18. Lh2 Se5 19. f3 Th8 mit schwarzem Vorteil, Geller) 17. ... gxf4 18. Lh2 (18. Lh4 Th8) 18. ... Sd7 19. g3 Se5 20. Dh5+ Kd8 21. gxf4 Sg4! 22. Te1 Th8 23. Lh7 Dg7 und Weiß gab auf.

13. ...   Dc3 - f6

Außer der Partiefortsetzung besaß Schwarz noch die Möglichkeiten 13. ... Db2 (dafür plädiert Pachmann) und 13. .. Dg7 (das hatte Geller angegeben).
a) 13. ... Db2 14. Tb1 (Pachmann gibt an: 14. Tc2 Df6 15. h4 fxe4 16. Dh5+ Kd8 17. hxg5 Da1+ 18. Ke2 Dd4 mit schwarzer Initiative) 14. ... Df6 (aber nicht 14. ... Dxa2? 15. Ld3 f4 16. Lxf4 gxf4 17. Dc1! Tf8 18. Dc3 Da4 19. Sf3 Sd7 20. Ke2 *Schach Woche*) 15. h4 g4 (sehr riskant wäre 15. ... fxe4 16. Dh5+ Kd8 17. hxg5 Dc3 18. Se2 Dxc4 wegen 19. gxh6 Sd7 20. Df7!) 16. Se2 fxe4 17. Sf4, und der weiße Turm steht nun besser auf b1 als auf c1.
b) 13. ... Dg7 14. h4 gxh4 (14. ... fxe4 15. Dh5+ Kd8 16. hxg5) 15. Txh4 (auch 15. Dh5+ Kd8 16. Txh4 fxe4 17. Txe4 gibt Weiß mehr als genügend Kompensation für den Bauern - Geller) 15. ... fxe4 16. Txe4 mit weißer Initiative, Euwe.

14. h2 - h4!

In der Partie Radowski - Timoschenko, UdSSR 1976, folgte 14. Dh5+ Kd8 15. h4 g4 16. Ld3 f4 17. Lxf4 Dxf4 18. Se2 Df6 19. Kg1 Tg8 20. Sg3 Sd7 21. Te1 Se5 22. Se4 Df4 23. Sxc5? g3 und Weiß gab auf.

14. ...   g5 - g4!

Stärker als 14. ... fxe4 15. Dh5+ Df7 (15. ... Kd8 16. Txh4! fxe4 17. Txe4 mit weißer Initiative, Geller) 16. hxg5 Dxh5 17. Txh5 Kf7 18. Se2 Kg7 19. gxh6+ Txh6 20. Txh6 Kxh6 21. Lh4 e6 22. Le7 mit vorteilhaftem Endspiel für Weiß lt. Borik. 14. ... f4? geht nicht wegen 15. Dh5+ Kd8 16. hxg5 Db2 17. Lxf4.

(siehe Diagramm nächste Seite!)

15. Le4 - d3?

Der schwarzfeldrige Läufer ist viel wichtiger für Weiß. 15. Se2! fxe4 16. Db3 (wenig überzeugt 16. Kg1, Borik, wegen 16. ... Sd7 17. Kh2 Se5 18. Lxe5 Dxe5+ nebst 0-0) 16. ... Sd7 17. Sc3 e3?! 18.

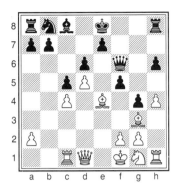

Te1!, und die weiße Initiative wiegt die zwei geopferten Bauern auf.

15. ...	f5 - f4
16. Sg1 - e2	

16. Lh2 g3 17. Se2 gxh2 (17. ... Tg8?! 18. Df3 Lg4 19. De4 gxh2 20. Sxf4) 18. Df3 Tf8 19. Txh2 Sd7 führt zu klarem Vorteil für Schwarz.

16. ...	f4 x g3
17. Se2 x g3	Th8 - f8
18. Tc1 - c2	Sb8 - d7!

Fischer will seinen Mehrbauern nicht behalten, der weiße König auf f1 und der "unglückliche" Turm auf h1 liefert ihm jede Voraussetzung, um auf Angriff zu spielen.

19. Dd1 x g4	Sd7 - e5
20. Dg4 - e4	

Nichts bringt 20. Dh5+? Kd8 21. Se4 Dg7 22. De2 Lg4.

20. ...	Lc8 - d7
21. Kf1 - g1	0 - 0 - 0
22. Ld3 - f1	Tf8 - g8

Die weiße Stellung ist kritisch.

23. f2 - f4

Spasski versucht etwas zu unternehmen. Es ist schwer, Besseres zu empfehlen.

23. ...	Se5 x c4
24. Sg3 - h5	Df6 - f7
25. De4 x c4	Df7 x h5
26. Tc2 - b2	Tg8 - g3
27. Lf1 - e2	Dh5 - f7
28. Le2 - f3	Td8 - g8
29. Dc4 - b3	b7 - b6
30. Db3 - e3	Df7 - f6
31. Tb2 - e2	Ld7 - b5
32. Te2 - d2	

Nach 32. Dxe7? Dxe7 33. Txe7 folgt 33. ... Txf3.

32. ...	e7 - e5
33. d5 x e6 e. p.	Lb5 - c6
34. Kg1 - f1	Lc6 x f3
Aufgabe.	

(Lew Gutman)

17. Partie

Fischer - Spasski
Sizilianische Verteidigung (B 23)

1. e2 - e4	c7 - c5
2. Sb1 - c3	Sb8 - c6
3. Sg1 - e2	e7 - e6

Brauchbare Alternativen sind d6, g6, Sf6 oder e5. Die Idee von Sge2 ist unter anderem das Abwarten der schwarzen Entgegnung, um erst danach zu entscheiden, ob mit g3 der geschlossene oder mit d4 der offene Sizilianer auf das Tapet gebracht wird.

4. g2 - g3	d7 - d5

Auch hier ist 4. ... Sf6 gut möglich.

5. e4 x d5   e6 x d5
6. Lf1 - g2

6. d4 Lg4! ist wegen der zweifachen Drohung Sxd4 und Lf3 nur gut für Schwarz.

6. ...   d5 - d4

Führt zu kleinem, aber dauerhaftem Vorteil für Weiß. Als sicherer gilt 6. ... Sf6. Auf der Suche nach praktischen Beispielen stieß ich auf eine von Fischer gespielte Partie. Die Anfangszüge sind gleich.
Fischer - Bertok, Rovinj-Zagreb 1970.
6. ... Sf6 7. d4 cxd4 8. Sxd4 Lg4 9. Dd3 Le7 10. h3 Le6 11. Sxe6?! (11. 0-0 0-0 12. Lf4!?) fxe6 12. 0-0 0-0 13. Lg5 h6 14. Ld2 Dd7 15. Tae1 Lc5 16. Kh1 Tfe8 17. a3 a6 18. f4 Tad8 19. g4! Df7?! (19. ... Kh8!?) 20. g5 Se4 21. Sxe4 dxe4 22. Dc3 (22. Dc4!?) Ld4 23. Db3 Lxb2 24. Dxb2 Txd2 25. gxh6 Te7? (25. ... Dg6 26. Lxe4 Dh6 =) 26. Lxe4 Dh5 27. Dc3! Ted7 28. De3 Se7 29. hxg7 Sf5 30. Db3 Kxg7 31. Lxf5 exf5 (31. ... Dxf5 32. Te5 Dc2 33. Tg1+ Kf8 34. Tg8+ Kxg8 35. Dxe6+) 32. Tg1+ 1:0 (Anmerkungen von Sokolov im Informator 9, Partie 271).

7. Sc3 - d5	Sg8 - f6
8. Se2 - f4	Sf6 x d5
9. Sf4 x d5	Lf8 - d6
10. 0 - 0	0 - 0
11. d2 - d3	Lc8 - e6
12. Sd5 - f4	

12. Dh5 Se5 13. h3 Sg6 14. f4 f5 15. c4 dxc3 e.p.?! (15. ... Dd7) 16. bxc3 Dd7 17. Tb1 b6 18. c4 Lf7 19. Lb2?! Sxf4 20. Sxf4?! (20. Dg5!) Lxh5 (20. ... Lxf4!) 21. Sxh5 h6 22. Lxg7 führte zu einer wilden Partie in Möhring - Antoschin, Zinnowitz 1966. (Die Anmerkungen im Informator 2, Partie 316, stammen von Maric).

12. ...   Le6 - f5

12. ... Lxf4 13. Lxf4 Dd7 (13. ... Ld5 14. Dh5 Lxg2 15. Kxg2 b6 16. a3) 14. Dh5 b6 15. h3 Tad8 16. Tfe1 Ld5 17. a3 wäre eine Überlegung wert.

13. h2 - h3	Ta8 - b8
14. Lc1 - d2	Tf8 - e8
15. Tf1 - e1	Te8 x e1+
16. Dd1 x e1	Dd8 - d7
17. g3 - g4	Tb8 - e8
18. De1 - d1	Ld6 x f4
19. Ld2 x f4	Lf5 - e6
20. Dd1 - f3	

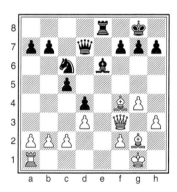

20. ... Sc6 - b4?

Die Öffnung der Stellung kommt ausschließlich Weiß zugute. Leben konnte man, so glaube ich, mit 20. ... Td8 21. Te1 f6 22. a3 Ld5 23. Dxd5 Dxd5 24. Lxd5 Txd5 25. Te8+ Kf7 26. Tc8 Td7, weil Weiß in dieser halboffenen Position weniger Ansatzpunkte besitzt.

21. Df3 x b7   Sb4 x c2

22. Ta1 - c1	Dd7 x b7
23. Lg2 x b7	Sc2 - b4
24. Lb7 - e4	Le6 x a2

Die Idee, f5 zu spielen, schlägt fehl. Man sehe:
24. ... g6 25. g5 Lxh3 26. Txc5 Sxa2 27. Ta5 Sb4 28. Txa7.
Nach 24. ... c4!? 25. dxc4 Lxg4 26. Lb1! (von Raymond Keene; besser als 26. Te1 Lf5! =) 26. ... Lxh3 27. a3 Sc6 28. b4 g5!? (statt f6, Keene) 29. Ld6 (29. Lxg5? Se5!) Se5 behält Weiß Endspielvorteil..

25. Lf4 - d2

Nicht jedoch das voreilige 25. Txc5 Lb1 mit Fall von d3. Der präzise Textzug führt ohne Wenn und Aber zu einer hoch überlegenen weißen Stellung. 25. ... Sa6 oder 25. ... Tc8 sind nicht möglich, wie man leicht sieht.

25. ...	La2 - d5
26. Le4 x d5	Sb4 x d5
27. Tc1 x c5	Sd5 - b6

27. ... Td8 28. Kg2 Kf8 29. Kf3 Ke7 30. Ta5 Td7 31. Ke4 Sf6+ 32. Ke5 ist nicht besser als die Textfolge. Das Eingreifen des weißen Königs wirkt so oder so entscheidend.

28. Kg1 - f1   f7 - f6

Nachdem Te2 vereitelt wurde, bliebe nur der Ausfall des Springers, um der völligen Passivität zu entgehen: 28. ... Sa4 29. Tc4 Sb2: 30. Txd4 Tb8 31. Lc3 Kf8 32. Ke2, und Schwarz scheitert an der Kurzatmigkeit seiner Leichtfigur.

29. Tc5 - a5	Te8 - e7
30. Ld2 - b4	Te7 - d7

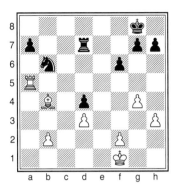

31. Lb4 - c5	Kg8 - f7
32. Kf1 - e2	g7 - g5

Wenn dem weißen König das Feld e4 verwehrt werden soll, führt das zu einer entscheidenden Schwächung der schwarzen Bauern. 32. ... g6 33. Kf3 f5 34. gxf5 gxf5 35. Kf4 Ke6 36. Lxb6 axb6 37. Txf5. Den Läufer ist man zwar los - das Turmendspiel indes ist hoffnungslos.

33. Ke2 - f3	Kf7 - g6
34. Kf3 - e4	h7 - h5
35. Lc5 x d4	Td7 - e7+
36. Ke4 - f3	h5 - h4

In der verzweifelten Hoffnung, demnächst an h3 heranzukommen. 36. ... hxg4 37. hxg4 Td7 38. Ke3 Sd5+ 39. Ke4 Sf4 40. Ta7 ist jedenfalls nicht besser.

37. Ld4 - c5	Te7 - e1
38. Ta5 x a7	Sb6 - d5
39. Lc5 - f8	Te1 - e8

Die scheußliche Drohung Tg7+ nebst Abzugsschach läßt Schwarz nicht die Zeit für eine Attacke gegen h3. Aber auch der Ausfall 39. ... f5 40. Ta5 Sf4 41. gxf5+ Kf6 42. Lb4 Th1 43. Lc3+ Kf7 44. Ta7+ führt rasch in den Orkus.

40. Lf8 - d6

Selbstverständlich wählt man nicht das schlappe Turmendspiel 40. Tg7+ Kh6 41. Td7 Tf8 42. Td5 Tb8, weil der b-Bauer fällt und h3 schwach bleibt. Schwarz hätte gute Remisaussichten.

40. ...	Te8 - e6
41. Ta7 - d7	Sd5 - b6
42. Td7 - d8	Sb6 - d5
43. b2 - b4	Te6 - e1
44. b4 - b5	Te1 - b1
45. Td8 - b8	Tb1 - b3
46. Kf3 - e4	Sd5 - c3+
47. Ke4 - d4	Sc3 x b5+

47. ... Tb5 48. Kxc3 geht nicht, denn der Tb8 ist gedeckt.

48. Kd4 - c4	Tb3 - c3+

Der Versuch, die Qualität zu geben, sieht auf den ersten Blick besser aus. Spielt Weiß einige genaue Züge, ist der Verlust auch in diesem Falle unvermeidlich. Ich gebe eine beispielhafte Variante: 48. ... Txd3 49. Kxd3 Sd6 50. Kd4 Sf7 51. Kd5 Se5 52. Ke6 Sd3 53. Tg8+ Kh7 54. Td8 Sxf2 55. Kxf6 Sxh3 56. Kf5 Kh6 57. Td3 Sf2 58. Td6+ Kh7 59. Td2.

49. Kc4 x b5	Tc3 x d3
50. Kb5 - c6	Td3 x h3
51. Kc6 - d5	Th3 - f3

Oder 51. ... f5 52. Tg8+ Kh7 53. Txg5 fxg4 54. Txg4 und gewinnt.
Relativ am besten war noch 51. ... Th1 (Spasski), um den weißen König nicht sogleich nach f7 zu lassen.

52. Kd5 - e6	Tf3 x f2
53. Tb8 - g8+	Kg6 - h7
54. Ke6 - f7	Tf2 - a2

54. ... f5 55. Tg7+ Kh8 (55. ... Kh6 56. Tg6+ Kh7 57. Tf6 f4 58. Lf8) 56. Le5 fxg4 57. Kg6 führt zu einem Mattfinale.

55. Tg8 - g7+	Kh7 - h6
56. Ld6 - f8	Ta2 - a7+
57. Kf7 x f6	Ta7 - a6+
58. Kf6 - f7	Aufgabe.

Der Rest ist einfach, und Spasski läßt ihn sich nicht zeigen. 58. ... Ta7+ 59. Kg8 Txg7+ 60. Lxg7+ Kg6 61. Le5 h3 62. Kf8.

(Hans-Joachim Hecht)

18. Partie

Spasski - Fischer
Damengambit (D 27)

1. d2 - d4	d7 - d5
2. c2 - c4	d5 x c4

Fischer wählt erneut das angenommene Damengambit.

3. Sg1 - f3	a7 - a6
4. e2 - e3	Sg8 - f6
5. Lf1 x c4	e7 - e6
6. 0 - 0	c7 - c5
7. d4 x c5	

Will Spasski mit diesem Zug, der den Übergang ins Endspiel forciert, seine Endspieltechnik demonstrieren?

7. ...	Dd8 x d1
8. Tf1 x d1	Lf8 x c5
9. Sb1 - d2!	

In den Partien zuvor spielte Spasski 9. b3.

9. ...	0 - 0

In der Begegnung Bronstein - Spasski, Moskau 1964, folgte 9. ... b5 10. Le2 Lb7 11. Sb3 Le7 12. Sa5 Ld5, und nun wäre die logische Folge 13. Sfd4! nebst 14. f3 (statt 13. Ld3 Sc6 14. Sxc6 Lxc6 15. Ld5 Lf3 mit minimal besseren Chancen für Weiß).
Auch 9. ... Ke7 10. Sb3 Ld6 kann nicht überzeugen wegen 11. Sg5!? (in der Partie Gligoric - Donner, Eersel 1968, folgte 11. Ld2 Sc6 12. Sfd4 Sxd4 13. Sxd4 Ld7 14. Tac1 Thc8 mit Ausgleich) 11. ... Td8 12. Ld2 Sc6 13. Sa5.

10. a2 - a3	b7 - b5
11. Lc4 - e2	Lc8 - b7
12. b2 - b4	Lc5 - e7
13. Lc1 - b2	Sb8 - d7
14. Ta1 - c1	

14. Sb3 Tac8 15. Sa5 La8 16. Tac1 Sd5 17. Kf1 mit Remis geschah in Ivkov - P. Nikolic, Jugoslawien 1982, aber nach 17. Sd2 nebst 18. Sdb3 hätte Weiß leichte Vorteile. Aber Spasski besetzt die c-Linie zu Recht, weil Schwarz 15. Sa5 mit Tc2! beantworten könnte.

| 14. ... | Ta8 - c8 |
| 15. Sd2 - b3 | Tc8 x c1 |

Fischer entscheidet sich zum Tausch aller Türme, um sich in etwas schlechterer Stellung zu verteidigen..

16. Td1 x c1	Tf8 - c8
17. Tc1 x c8+	Lb7 x c8
18. Sf3 - d4	

Nach 18. Sa5 würde folgen: 18. ... Sd5 19. Sc6 Lb7 20. Sxe7+ Sxe7 mit Ausgleich.

| 18. ... | Sd7 - b8!? |

Nun könnte Spasski 18. ... Sd5 mit 19. Sc6 Lb7 20. Sba5 beantworten.

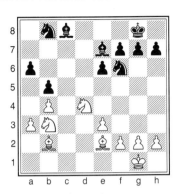

19. Le2 - f3

Stärker als 19. Sa5 Ld6 nebst 20. ... e5.

| 19. ... | Kg8 - f8!? |

Sofort 19. ... Ld6 hat Fischer weniger gefallen wegen 20. Sc5!? Sfd7 21. Sdb3 Le5 (21. ... Se5 21. Lxe5! Lxe5 23. Sd4) 22. Ld4 mit weißem Druckspiel.
Nach dem Textzug entsteht eine kritische Stellung.

20. Sb3 - a5?!

Nun bringt 20. Sc5 nicht viel wegen 20. ... Sfd7 21. Sdb3 Lf6 21. Lxf6 Sxf6 nebst Ke7. Meiner Meinung nach bestand die richtige Lösung in 20. Sc6! Sxc6 21. Lxc6 Sd7 22. Ld4 mit besseren Chancen im Endspiel.

20. ...	Le7 - d6
21. Sd4 - b3	e6 - e5
22. Sb3 - c5	Kf8 - e7

Weiß muß den Plan f2 - f4 vorbereiten.

23. h2 - h3?!

War diese Schwächung nötig? Logischer wäre 23. g3 mit der Idee 23. ... Sfd7 24. Sd3 f6 25. Le4 g6 26. f4 exf4 27. exf4 Sb6 28. Kf2, Schwarz kommt nicht zu Gegenspiel mit Sb6-c4, weil nach 28. ... Sc4?! 29. Sxc4 Dxc4 30. Sc1 der Bauer auf f4 gedeckt ist.

23. ...	Sf6 - d7
24. Sc5 - d3	f7 - f6
25. Lf3 - e4	g7 - g6
26. f2 - f4	e5 x f4
27. e3 x f4	Sd7 - b6

Nun droht 28. ... Sc4 29. Sxc4 bxc4 und der f4-Bauer hängt. 28. g3? scheitert an 28. ... Lxh3.

28. Sa5 - b7	Ld6 - c7
29. Sb7 - c5	Sb6 - c4
30. Lb2 - c1	Sb8 - d7

Da auch dieser Springer ins Spiel zurückfindet, hat Schwarz seine Probleme gelöst.

31. Kg1 - f1	Sd7 x c5
32. Sd3 x c5	Lc7 - b6
33. Le4 - d3	Lb6 x c5
34. b4 x c5	Lc8 - e6
35. Kf1 - f2	Ke7 - d7
36. Ld3 x c4	Le6 x c4
Remis	

Interessant wäre, was Fischer mit den weißen Farben nach 18. ... Sb8 gezogen hätte.

(Lew Gutman)

19. Partie

Fischer - Spasski
Sizilianische Verteidigung (B 23)

1. e2 - e4	c7 - c5
2. Sb1 - c3	

Der geschlossene Sizilianer erfreut sich großer Beliebtheit. Nachdem Fischer in der 13. Partie Schwierigkeiten hatte, errang er mit diesem soliden System einen schönen Endspielsieg. Ein gutes Rezept, da erstaunlicherweise Spasski in relativ einfachen Stellungen nicht präzise erwiderte.

2. ...	Sb8 - c6
3. Sg1 - e2	e7 - e5

Statt 3. ... e6 diesmal 3. ... e5. Ein ungewöhnlicher Zug, da er schon im frühen Stadium die Kontrolle über das Feld d5 aufgibt.

4. Sc3 - d5	Sg8 - e7
5. Se2 - c3	Se7 x d5
6. Sc3 x d5	Lf8 - e7

Keine Entlastung wäre 6. ... Se7 7. Sc3 d5 (7. ... d6 8. Lc4 mit Vorteil) 8. exd5 Sxd5 9. De2 mit Vorteil.

7. g2 - g3

Solider dürfte 7. Lc4 sein.

7. ...	d7 - d6
8. Lf1 - g2	h7 - h5!?

Ein interessanter Flügelangriff, der Weiß förmlich zu h4 zwingt, um den schwarzen Vorstoß h4 zu unterbinden.

9. h2 - h4	Lc8 - e6?!

Schwarz nutzt nicht die Gunst der Stunde. Gutes Spiel konnte er erreichen mittels 9. ... Lg4! 10. Lf3 (10. f3 Le6 und Schwarz hat im Unterschied zum Text den lästigen Bauernzug f3 erzwungen) 10. ... Sd4! 11. Lxg4 hxg4 12. Se3 Dd7 13. Kf1 g6 14. c3 Sf3 15. Kg2 f5.

| 10. d2 - d3 | Le6 x d5 |

Nach Aufgabe des Läuferpaares erzielt Weiß ein kleines Stellungsplus, da durch die Schwäche des Bauern h5 ein weiteres Tempo verlorengeht.

11. e4 x d5	Sc6 - b8
12. f2 - f4	Sb8 - d7
13. 0 - 0	g7 - g6
14. Ta1 - b1	f7 - f5?!

Spasski sollte 14. ... a5 spielen, um den Bauernvorstoß 15. b4 zu erschweren, damit der weiße Turm keine Kraft auf der halboffenen b-Linie entfalten kann. Die Drohung 15. f5 war wegen der Antwort g5 nicht zu fürchten.

15. b2 - b4	b7 - b6
16. b4 x c5	b6 x c5
17. c2 - c4	0 - 0
18. Dd1 - a4	

Die Initiative am Damenflügel nimmt damit seinen Anfang. der Bauer a7 neigt zur Schwäche und außerdem kann die weiße Dame auf den Feldern c6 und a6 für groe Unruhe sorgen.

18. ...	Le7 - f6
19. Tb1 - b7	Sd7 - b6
20. Da4 - b5	Tf8 - f7

Schlecht wäre 20. ... Dc8 wegen 21. Dc6! mit weiterem Raumgewinn.

21. Tb7 x f7	Kg8 x f7
22. Lc1 - d2	Ta8 - b8
23. Db5 - c6	Sb6 - c8

Oder 23. ... Tc8 24. Db7+ nebst Da6 mit anschließender Besetzung der b-Linie durch den Turm.

24. Tf1 - e1	Sc8 - e7
25. Dc6 - a4	Dd8 - c7
26. Kg1 - h2	e5 x f4

Eine schwierige Entscheidung von Schwarz, die aber völlig korrekt ist, da ansonsten 27. La5 äußerst unangenehm wäre. Die Drohung lautet 27. La5 Dc8 28. fxe5 Lxe5 29. Txe5! dxe5 30. d6 mit vernichtendem Angriff.

| 27. Ld2 x f4 | Lf6 - e5 |
| 28. Te1 - e2 | Tb8 - b6 |

Auch 28. ... Lxf4 29. gxf4 löst keine Freude aus, da Weiß durch Plazieren des Turmes auf e6 nebst Da3 und Dc3 entscheidend eindringen kann.

| 29. Kh2 - h3 | Se7 - g8? |

Eine Unaufmerksamkeit, die klaren Vorteil für Weiß ergibt. Relativ am besten war noch 29. ... Kg7, um abzuwarten, welchen Plan Weiß verfolgt. Auf 30. De8 wäre Tb8 möglich. *Genauer wären wohl 29. ... Sc8 oder 29. ... Tb4, denn 29. ... Kg7 30. d4! (mit der Pointe 30. ... cxd4 31. c5!) ist nicht ungefährlich: 30. ... Lxf4 (30. ... Tb4 31. De8 Tb8 32. Dxb8! oder 31. ... cxd4 32. Txe5 dxe5 33. Lh6+! Kh7 34. d6 Dxd6 35. Df8 und gewinnt) 31. dxc5 dxc5 32. gxf4 Kf7 33. Te5 mit Vorteil für Weiß.*

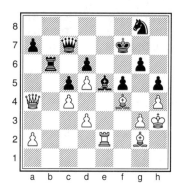

Kh3 Dg4+ 45. Kh2 Dg3+ 46. Kh1 De1+ Schwarz Dauerschach hätte.

41. ...	Se7 - f5
42. Db7 - e4!	g3 - g2

Ein letzter Schwindel, um nicht sofort aufzugeben. 42. ... Dc7 scheitert an 43. Da8+ Kc7 44. Db7 mit Gewinn.

43. De4 x f4	g2 - g1D
44. Lf3 - e4	Dg1 - a1
45. a6 - a7?!	

30. Te2 x e5!

Damit wird eine entscheidende Bresche in das Zentrum geschlagen. Von Bedeutung ist jetzt, daß der Läufer von g2 in das Spiel eingreifen kann.

Damit erschwert sich Weiß die Gewinnführung. Ganz einfach hätte 45. Lxf5 gewonnen, da Dh1 keine Chance für ein Dauerschach ergibt, weil der König nach 46. Kg3 Dg1 47. Kf3 über e4 entweicht.

30. ...	d6 x e5
31. Lf4 x e5	Dc7 - e7

Da auch 31. ... Dxe5 32. Dxa7+ nebst Dxb6 hoffnungslos ist, ist die Partieabwicklung noch die beste Fortsetzung.

45. ...	Da1 x a7
46. Le4 x f5	g6 x f5
47. Df4 x f5+	Kf8 - g7
48. Df5 - g5+	Kg7 - f8
49. Dg5 - h6+	Kf8 - g8
50. Dh6 x h5	Da7 - c7
51. Dh5 - g6+	Kg8 - h8
52. Dg6 - f6+	Kh8 - g8
53. Df6 - e6+	Kg8 - h8
54. De6 - d5	Dc7 - f7

32. d5 - d6!	Tb6 x d6
33. Le5 x d6	De7 x d6
34. Lg2 - d5+	Kf7 - f8
35. Da4 x a7	Sg8 - e7
36. Da7 - a8+	Kf8 - g7
37. Da8 - b7	Kg7 - f8
38. a2 - a4!	

Der Amoklauf des a-Bauern sollte schnell zum Gewinn führen.

Ein letzter Trick, auf einen Anfall von Schachblindheit bei Fischer hoffend. Natürlich scheitert 55. Dxf7 an Patt.

55. Kh3 - g2	Df7 - g6+
56. Kg2 - h3	Dg6 - f7
57. Dd5 - e5+	Kh8 - h7
58. Kh3 - g4	Df7 - g6+
59. Kg4 - f4	Dg6 - h6+
60. Kf4 - f3	Dh6 - g6

38. ...	f5 - f4
39. a4 - a5	f4 x g3
40. a5 - a6	Db6 - f4
41. Ld5 - f3!	

Ein fataler Fehler wäre 41. a7, da nach Dg4+ 42. Kg2 De2+ 43. Kxg3 Sf5+ 44.

Natürlich nicht 60. ... Dxh4 wegen 61. De4+ mit Damentausch.

61. De5 - e4	Kh7 - h8!
62. Kf3 - e2	Dg6 - d6
63. De4 - e3	Dd6 - h2+
64. Ke2 - d1	Dh2 - h1+
65. Kd1 - d2	Dh1 - h2+
66. Kd2 - c3	Dh2 x h4
67. d3 - d4?!	

Einfacher war 67. Dxc5 De1+ 68. Kd4 Df2+ 69. Kd5 Df5+ 70. Kc6 Dxd3 71. Df8+ Kh7 72. De7+ und Damentausch sichert nach zwei weiteren Zügen den Sieg.

67. ...	Kh8 - h7
68. d4 - d5?	

Ein unverständlicher Fehler Fischers, der nur mit mangelnder Turnierpraxis zu entschuldigen ist. Nach wie vor hätte statt dessen 68. dxc5 Df6+ 69. Kb4 Db2+ 70. Ka4 leicht gewonnen.

68. ...	Dh4 - f6+
69. Kc3 - c2	Df6 - d6
70. De3 - g5	Kh7 - h8!

Damit wird wieder die Pattfalle aufgestellt. Auf 71. Kd3 wäre Dg6+!! 72. Dxg6 mit Patt möglich.

71. Kc2 - d2	Dd6 - b6
72. Dg5 - e5+	Kh8 - g8
73. De5 - e8+	

Auch 73. d6 Db4 ist remisverdächtig.

73. ...	Kg8 - g7
74. De8 - b5	Db6 - c7
75. Kd2 - c2	Kg7 - f8
76. Db5 - a6	Dc7 - h2+
77. Kc2 - b3	Dh2 - b8+
78. Dh6 - b5	Db8 - c7
79. Kb3 - a3	

Nicht besser ist 79. Ka4 Da7+ 80. Da5 Dd7+, und auch hier hat der weiße König kein Einbruchsfeld.

79. ...	Dc7 - a7+
80. Ka3 - b3	Kf8 - e7
81. Kb3 - c2	Ke7 - d8
82. Kc2 - d2	Da7 - c7
83. Db5 - a6	Dc7 - f4+
84. Kd2 - c2	Df4 - e4+
Remis	

Ein verschenkter halber Punkt, der Fischer sicherlich eine schlaflose Nacht bereitet hat.

(Wolfgang Uhlmann)

20. Partie

Spasski - Fischer
Sizilianische Verteidigung (B 23)

1. e2 - e4	c7 - c5
2. Sg1 - e2	Sg8 - f6
3. Sb1 - c3	e7 - e6
4. g2 - g3	Sb8 - c6

Fischer hat keine Lust, durch 4. ... d5 in ähnliches Fahrwasser zu geraten, wie es Spasski in der 17. Partie zuließ.

5. Lf1 - g2	Lf8 - e7
6. 0 - 0	d7 - d6
7. d2 - d3	a7 - a6
8. a2 - a3	Dd8 - c7
9. f2 - f4	b7 - b5
10. Kg1 - h1	

Ein sinnvoller Zug, um 11. Le3 spielen zu können, ohne durch Sg4 gestört zu werden (der Läufer weicht dann nach g1 zurück).

10. ...	0 - 0
11. Lc1 - e3	Lc8 - b7

12. Le3 - g1

Ein eigenwilliger Zug. Normalerweise wird der Läufer nur nach dem Springerausfall Sg4 nach g1 beordert. Direkter war sofort 12. h3 nebst g4.

12. ...	Ta8 - b8
13. h2 - h3	Lb7 - a8
14. g3 - g4	

Danach sind die Fronten geklärt. Weiß sucht den Angriff am Königsflügel, während Schwarz am Damenflügel die Initiative sucht.

| 14. ... | b5 - b4 |

Da Weiß fest den Punkt d4 unter Kontrolle hat, ist es schwer, einen anderen Plan zu finden. Auf 14. ... a5 wäre 15. a4 sehr störend.

| 15. a3 x b4 | c5 x b4 |
| 16. Sc3 - a4 | |

Der Springer am Rande bringt in diesem konkreten Fall keine Schande, da er die Angriffsbemühungen am Damenflügel aufhält. Weiß ist jetzt an der Reihe, Aktionen am Königsflügel vorzubereiten.

16. ...	Sf6 - d7
17. Dd1 - d2	Tf8 - c8
18. b2 - b3!	

Ein feiner Zug, der jegliche Aktivitäten von Schwarz verhindert. Die Idee gipfelt darin, daß durch Ta2 der Druck auf den Bauern c2 ausbalanciert werden kann.

| 18. ... | a6 - a5 |
| 19. g4 - g5 | Le7 - f8 |

20. Ta1 - a2	Sc6 - e7
21. Se2 - d4	g7 - g6
22. Sa4 - b2!	

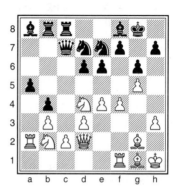

Im richtigen Moment verbessert der Randspringer seine Position und taucht gleich auf c4 auf, von wo er den Bauern a5 bedroht. Gegen diesen Plan ist nur schwer etwas auszurichten. Am besten war noch 22. ... e5 23. fxe5 Sxe5, um wenigstens einen Zentralspringer auf e5 postiert zu haben. Mittels S7c6 könnte dann der unangenehme Geselle von d4 vertrieben werden. Fehlerhaft wäre 23. ... dxe5 wegen 24. Df2 mit Gewinn.

| 22. ... | Lf8 - g7 |
| 23. Sb2 - c4 | d6 - d5 |

Eine Radikallösung, um Gegenspiel im Zentrum zu erhalten. Chancenlos wäre 23. ... e5 gewesen, nach 24. Se2 sind die vielfältigen Drohungen kaum mit Anstand zu parieren. Auf 23. ... Tb5 könnte 24. d4! erfolgen, und auf 23. ... d5 24. exd5 Lxd5 25. Lxd5 Sxd5 26. Txa5 wäre kostenlos ein Bauer verloren.

24. Sc4 x a5	d5 x e4
25. d3 x e4	e6 - e5
26. Sd4 - e2	

Zieht man ein Fazit, so muß man feststellen, da Schwarz etwas mehr Raum hat, aber nur auf Kosten eines Bauern, nach wie vor beherrscht Weiß wichtige Zentralfelder.

26. ...	e5 x f4
27. Se2 x f4	Sd7 - e5

In Betracht kommt 27. ... Sc5 (Andric).

28. Sf4 - d3!

Die stärkste Leichtfigur wird sofort getauscht, damit der Springer von a5 aus wieder das Feld c4 betreten kann.

28. ...	Tb8 - b5
29. Sd3 x e5	Dc7 x e5

Nicht zu empfehlen ist 29. ... Lxe5 30. Sc4 Sc6 31. Sxe5 Sxe5 32. Ld4 Td8 33. De3 mit klarem Vorteil für Weiß.

30. Sa5 - c4	De5 x g5

Damit hat zwar Schwarz seinen Bauern zurückgewonnen, aber nur um einen hohen Preis. Die Dame kommt ins Trudeln und der Springer kann ohne Probleme durch die Gabel auf d6 eine Qualität gewinnen.

31. Lg1 - e3	Dg5 - h4

Hoffnungslos ist 31. ... Dg3 32. Lf4 nebst Sd6 mit Qualitätsgewinn.

32. Sc4 - d6	Lg7 - c3

Selbst die Fesselung 32. ... Td8 wäre keine Entlastung wegen 33. Sxb5 Txd2 34. Txa8+ Lf8 35. Lxd2, und Weiß hätte zwei Türme und eine Figur für die Dame.

33. Dd2 - f2	Dh4 x f2

Nach dem Damentausch sind die letzten Schwindelchancen passè. Der Rest ist Sache der Technik.

34. Tf1 x f2	Tb5 - b8
35. Sd6 x c8	Tb8 x c8
36. Ta2 - a7	Kg8 - f8
37. Le3 - h6+	Kf8 - e8
38. Lh6 - g5	f7 - f6
39. Lg5 x f6	Lc3 x f6
40. Tf2 x f6	La8 - c6
41. Kh1 - g1	Lc6 - d7
42. Tf6 - d6	Ld7 - c6
43. Lg2 - f1	**Aufgabe.**

(Wolfgang Uhlmann)

21. Partie

Fischer - Spasski
Sizilianische Verteidigung (B 44)

1. e2 - e4	c7 - c5
2. Sg1 - f3	Sb8 - c6
3. d2 - d4	c5 x d4
4. Sf3 x d4	e7 - e6
5. Sd4 - b5	

Nachdem in mehreren Partien der geschlossene Sizilianer zur Anwendung kam, sind bei diesem Abspiel neue Ideen gefragt. Fischer behandelt es streng positionell und nutzt geschickt seinen Raumvorteil.

5. ...	d7 - d6
6. c2 - c4	Sg8 - f6
7. Sb5 - c3	

Eine kleine Zugumstellung gegenüber

der herkömmlichen Zugfolge 7. S1c3. Solche psychologischen Finessen sollen den Gegner zu erhöhtem Bedenkzeitverbrauch animieren.

7. ...	Lf8 - e7
8. g2 - g3	

Gewöhnlich spielt man 8. Le2, aber auch der Textzug hat seine Daseinsberechtigung. Die Eröffnung mündet in ein Abspiel der Englischen Verteidigung, die mit dem Namen Igel-System gekennzeichnet ist.

8. ...	0 - 0
9. Lf1 - g2	a7 - a6
10. 0 - 0	Ta8 - b8
11. Sb1 - a3	

Der Vorstoß b5 muß unbedingt verhindert werden, wenn auch vorübergehend der Springer auf a3 eine Randposition einnehmen muß. Strategisch gesehen besteht die Hauptaufgabe von Weiß darin, so lange wie möglich den Bauernvorstoß b5 oder d5 zu verhindern, während Schwarz eben dies anstrebt.

11. ...	Dd8 - c7
12. Lc1 - e3	Lc8 - d7

Neben dem Textzug kommt auch häufig das Manöver b6 und Lb7 zur Anwendung.

13. Ta1 - c1	Sc6 - e5

Schwarz pariert mit dem Springerzug die aktuelle Drohung 14. Sd5 exd5 15. cxd5 mit Vorteil.

14. h2 - h3

Immer ein guter, vorbeugender Zug, um Sg4 auszuschalten.

14. ...	Tf8 - c8
15. f2 - f4	Se5 - g6

Natürlich nicht 15. ... Sxc4? 16. Sxc4 Dxc4 17. Sd5 mit Figurengewinn.

16. Dd1 - d2	Ld7 - e8
17. Tf1 - d1	b7 - b6
18. Dd2 - f2	h7 - h6

Eine schwerblütige Position, in der es für beide Seiten schwer ist, einen konkreten Plan zu finden. Übereilung ist meistens tödlich. Der Vorteil von Weiß besteht im Raumvorteil und der möglichen Aktivität am Königsflügel.

19. Kg1 - h2	Dc7 - a7
20. Df2 - e2	Da7 - c7
21. Lg2 - f3	Le8 - c6
22. Sa3 - b1	

Damit tritt die Partie in ein neues Stadium ein. Mit dem Rückzug des Springers nach b1 eröffnet sich Schwarz die Chance, mittels b5 aktiv zu werden. Ein gewagtes Unterfangen von Weiß. *Schwarz hätte das "Springeropfer" 22. Sd5 natürlich abgelehnt und mit 22. ... Db7! seinen Druck auf den Punkt e4 verstärkt. Weiß erzielt hier keinen Vorteil: 23. Sxf6+ (23. Sxe7+ Sxe7) Lxf6 24. Lf2 (24. Txd6 Lxe4! 25. Txb6? Lxf3) 24. ... Le7 25. Sc2 b5 mit gutem Spiel.*

22. ...	Dc7 - b7
23. Sb1 - d2	b6 - b5

Damit hat Schwarz ein wichtiges Teilziel erreicht, das nächste besteht in dem Bauernvorstoß d5.

24. c4 x b5	a6 x b5
25. b2 - b4	

Natürlich muß der schwarze Bauernvorstoß nach b4 unterbunden werden.

| 25. ... | Db7 - a8 |
| 26. Tc1 - c2 | d6 - d5!? |

Wenn dieser Vorstoß möglich ist, sollte die Initiative an Schwarz übergehen, da sich 27. exd5 verbietet wegen Sxd5 mit verheerendem Einbruch auf den weißen Feldern.

| 27. e4 - e5 | Sf6 - e4?! |

Zu optimistisch gespielt. Solide und gut war 27. ... Sd7, um auf 28. Tb1 oder Tb2 Sb6 nebst Sc4 zu spielen. Die schwarze Stellung wäre danach äußerst aussichtsreich.

28. Lf3 x e4

Erstaunlich, daß Spasski diesen mehr oder weniger erzwungenen Tausch nicht richtig gewürdigt hat. Nach dem nachfolgenden 29. Lc5 ist der Bauer e4 ein Todeskandidat.

28. ...	d5 x e4
29. Le3 - c5!	Le7 x c5
30. b4 x c5	Tc8 - d8
31. Td1 - e1	Sg6 - e7

Das Eingeständnis, daß der Springerzug nach e4 ein Fehler war. Das Schlimme an dem Bauernverlust ist noch zusätzlich, daß ein unvertreibbarer Springer in Zukunft auf d6 erscheinen wird.

32. Sc3 x e4	Se7 - f5
33. Sd2 - b3	Sf5 - d4
34. Sb3 x d4	Td8 x d4
35. Se4 - d6	Da8 - a4

Noch eine Ungenauigkeit, die durch Da3 ersetzt werden konnte. Die Drohung ist dann Td3 mit chancenreichem Spiel auf der dritten Reihe.
In Frage kommt 36. Tb1 Td3 37. Sc4!?.

| 36. f4 - f5! | Tb8 - a8! |

Schlecht wäre 36. ... exf5 37. e6! (37. Sxf5 Te4 unklar) 37. ... Le4 *(37. ... f4!?)* 38. exf7+ Kf8 39. Sxf5!! mit Gewinn, da Lxc2 an 40. De7 matt scheitert, bzw. 39. .. Dxc2 40.Dxc2 Lxc2 41.Sxd4 usw.

37. Tc2 - b2	Da4 - a3
38. f5 x e6	f7 x e6
39. Sd4 x b5	

Die Abwicklung in ein Schwerfiguren-Endspiel ist nicht zu vermeiden, da ansonsten der Läufer auf der Diagonale h1-a8 immer für Gefahren sorgen könnte.

39. ...	Lc6 x b5
40. De2 x b5	Td4 - d3
41. Tb2 - g2	Da3 - c3
42. Te1 - e2	Ta8 - a3

Spasski verteidigt sich mt zwei Minusbauern ausgezeichnet. Seine Aktivität auf der dritten Reihe mit Bedrohung des Bauern g3 und eventuellem Dauerschach lassen berechtigte Remishoffnungen aufkeimen.

43. Te2 - c2!?

Ein raffinierter Zug, um die Dame zum Schlagen auf e5 zu bewegen, was im Text auch erfolgt. Keine Chancen auf Gewinn hätte 43. De8+ ergeben, nach Kh7 44. Dxe6 Txg3 müßte sich Weiß mit Dauerschach begnügen.

131

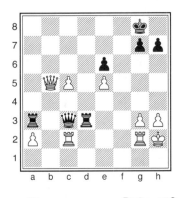

43. ...   Dc3 x e5?

Sicherlich ein Zug, der ohne viel Nachdenken ausgeführt wurde. Aber gerade das ist der entscheidende Fehler, da durch Beseitigung des Bauern e5 die weiße Dame plötzlich von b8 aus den Bauern g3 verteidigen kann. Statt dessen hätte 43. ... De1! das Remis gesichert. Es scheitert 44. Tcf2 an Td1. Schlielich wäre das Endspiel nach 44. Tce2 Dc3 45. Db8+ Kh7 46. Db1 Dxc5 47. Td2 Dd5 sehr remisverdächtig.

44. Tc2 - e2!   Td3 - e3

Wohl oder übel muß Schwarz den Druck auf der dritten Reihe durch Turmtausch vermindern. Es scheiterte 44. ... Dc7 an 45. Db6 und 44. ... Dc3 an 45. Txe6, da sich Txg3 verbietet wegen 46. Db8+ Kh7 47. Dxg3 mit Turmgewinn.

45. Te2 x e3   Ta3 x e3
46. a2 - a4   Te3 - c3
47. c5 - c6   De5 - d6

Präziser war 47. ... Dc7 48. a5 Dxc6 49. Dxc6 Txc6 50. Ta2 Ta6 51. Kg2 Kf7 52. Kf3 e5 53. Ke4 Ke6 54. h4 g6 55. g4 Kf6 56. Kd5 h5 und Schwarz dringt mit dem König über f5 am Königsflügel ein, was zum Remis führen sollte.

48. c6 - c7   Tc3 x c7

Oder 48. Dxc7 49. De8+ Kh7 50. Dxe6 und Weiß hat weiterhin kleine Gewinnchancen.

49. Db5 - b8+   Kg8 - h7
50. a4 - a5   h6 - h5
51. h3 - h4

Nicht 51. a6 wegen h4! 52. a7 hxg3+ 53. Txg3 Tc2+ 54. Kh1 Dd5+ 55. Kg1 Dd1 matt.

51. ...   Dd6 - c5

Auch jetzt bietet das mögliche Turmendspiel mittels 51. ... Tc6 gute Remischancen.

52. a5 - a6   Tc7 - f7
53. Db8 - b1+   Kh7 - h6
54. Db1 - a2   Tf7 - e7
55. Da2 - d2+   Kh6 - g6
56. Tg2 - e2!   Kg6 - h7

Schwarz befindet sich im Zugzwang, da sowohl der Bauer e6 gedeckt als auch das Damenschach auf g5 verhindert werden muß. Jetzt ist die Zeit gekommen, da Weiß in ein gewonnenes Turmendspiel abwickeln kann.

57. Dd2 - c2+!   Dc5 x c2
58. Te2 x c2   Kh7 - g6
59. Tc2 - a2   Te7 - a7
60. Ta2 - a5!

Ein wichtiger Zug, damit der schwarze König lange vom Königsflügel ausgesperrt bleibt.

60. ...   e6 - e5
61. Kh2 - g2   Kg6 - f6
62. Kg2 - f2   Kf6 - e6

Oder 62. ... Kf5 siehe Partiefortsetzung.

63. Kf3 - e3	Ke6 - f5
64. Ke3 - f3	g7 - g6
65. Ta5 - a3!	g6 - g5
66. h4 x g5	Kf5 x g5
67. Kf3 - e4	Aufgabe.

Falls 67. ... Kf6 so 68. Ta5 mit Zugzwang. Und auf 67. ... Kg4 gewinnt 68. Kxe5 Kh3 (68. ... Kg5 69. Ta4) 69. Kf5 mit Gewinn.

(Wolfgang Uhlmann)

22. Partie

Spasski - Fischer
Sizilianische Verteidigung (B 23)

1. e2 - e4	c7 - c5
2. Sg1 - e2	Sg8 - f6
3. Sb1 - c3	d7 - d6
4. g2 - g3	Sb8 - c6
5. Lf1 - g2	g7 - g6
6. 0 - 0	Lf8 - g7
7. d2 - d3	0 - 0
8. h2 - h3	Ta8 - b8
9. f2 - f4	

Gegen die von Weiß gewählte Aufstellung mit Se2 wäre ein Gegenaufbau mit d6 und e5 besonders empfehlenswert - wenn nur der schwarze Springer nicht schon auf f6 stünde (er gehört dann nach e7). Solche Feinheiten sind Spasski, dem großen Kenner des Geschlossenen Sizilianers, natürlich geläufig. Der Zug 2. ... Sf6 bedeutet für ihn also eine deutliche Einladung, auf den gewöhnlichen "Offenen Sizilianer" (4. d4) zu verzichten.

9. ...	Lc8 - d7
10. Lc1 - e3	b7 - b5
11. a2 - a3	Sf6 - e8
12. d3 - d4	c5 x d4
13. Se2 x d4	b5 - b4
14. Sd4 x c6	Lb7 x c6
15. a3 x b4	Tb8 x b4
16. Ta1 x a7	Tb4 x b2

Es scheint, als ob Spasski mit dem nächsten Zug etwas Vorteil erhält, aber der Eindruck täuscht.

| 17. e4 - e5 | Lb7 x g2 |
| 18. Kg1 x g2 | Se8 - c7! |

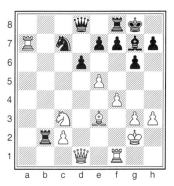

Wegen der offenen gegnerischen Königsstellung verdient die schwarze Stellung bereits den Vorzug.

| 19. e5 x d6 | e7 x d6 |

Im Bulletin gibt Bozidar Ivanovic noch eine andere Variante an: 19. ... Dxd6 20. Dxd6 exd6 21. Tf2 (nicht 21. Txc7 wegen Txc2+) Tc8 22. Sa4 Ta2 23. Sb6 Txa7 24. Sxc8 =.

| 20. Sc3 - a4 | Tb2 - a2 |
| 21. Le3 - b6! | |

Es wäre zu riskant, hier auf Gewinn zu spielen. Spasski strebt Vereinfachungen an.

21. ...	Dd8 - e8
22. Ta7 x c7	De8 x a4
23. Dd1 x d6	Ta2 x c2+

Fischer steht hier nach eigenen Angaben etwas besser, "aber es gab keine ernsthaften Chancen." In Betracht kam zum Beispiel 23. ... De4+ 24. Tf3 Ta6!?, etwa 25. Dc6 Db4 26. Tb7 Ld4 27. Lxd4 Dd2+ 28. Tf2 Dxf2+ 29. Kxf2 Txc6 mit Materialvorteil für Schwarz.

24. Tc7 x c2	De4 x c2+
25. Lb6 - f2	Dc2 - e4+
26. Kg2 - g1	Remis

(Stefan Bücker)

23. Partie

Fischer - Spasski
Sizilianische Verteidigung (B 23)

1. e2 - e4	c7 - c5
2. Sb1 - c3	e7 - e6
3. Sg1 - e2	Sb8 - c6
4. g2 - g3	d7 - d5
5. e4 x d5	e6 x d5
6. d2 - d3	

In der 17. Partie geschah 6. Lg2.

6. ...	Sg8 - f6
7. Lf1 - g2	Lf8 - e7
8. Lc1 - g5	d5 - d4
9. Lg5 x f6	

Weiß gibt das Läuferpaar auf, dafür bekommen seine Springer gute Felder in der Brettmitte. Vielleicht ist aber Spasski, der das hier angewandte System recht gut kennt, dafür der falsche Gegner.

| 9. ... | Le7 x f6 |
| 10. Sc3 - e4 | Lf6 - e7 |

11. Se2 - f4	0 - 0
12. 0 - 0	Tf8 - e8
13. Dd1 - h5	g7 - g6
14. Dh5 - d5	

Da die weiße Dame ihren eigenen Figuren im Wege steht, tauscht Fischer sie ab und investiert dafür sogar einige Tempi.

14. ...	Lc8 - f5
15. Tf1 - e1	Kg8 - g7
16. a2 - a3	Ta8 - c8
17. h2 - h3	Dd8 x d5
18. Sf4 x d5	Le7 - f8
19. g3 - g4	Lf5 - e6
20. Se4 - f6	Te8 - d8
21. g4 - g5	

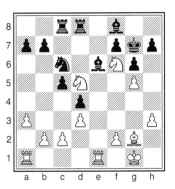

21. ...	Lf8 - d6
22. Te1 - e4	Sc6 - e7
23. Te4 - h4	Td8 - h8
24. Ta1 - e1	Se7 - f5!

Mit 24. ... Sxd5 konnte Schwarz eine ausgeglichene Stellung herbeiführen. Der Textzug unterstreicht, daß Schwarz seine Eröffnungsprobleme gelöst hat und jetzt schon etwas besser steht.

| 25. Th4 - e4 | h7 - h6 |

26. h3 - h4	h6 x g5
27. h4 x g5	Th8 - h4?

Aussichtsreicher war 27. ... c4, etwa 28. dxc4 Txc4 29. T4e2 (29. c3 Tc5) nebst Le4.

28. Te4 x h4	Sf5 x h4
29. Te1 - e4	Sh4 - f5
30. Sd5 - f4	Le6 - a2
31. Sf4 - d5	La2 x d5
32. Sf6 x d5	Kg7 - f8
33. Kg1 - f1	Tc8 - e8

Vorsichtiger war 33. ... b6.

34. Te4 x e8+	Kf8 x e8
35. Se4 - f6+	Ke8 - d8
36. Lg2 x b7	Ld6 - f4
37. Sf6 - e4	Lf4 - c1
38. a3 - a4	Lc1 x b2
39. Se4 x c5	Lb2 - c1

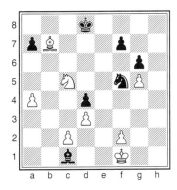

40. Lb7 - e4!

Der einzige Weg, um Schwarz noch Probleme zu stellen.

40. ...	Lc1 x g5
41. Le4 x f5	g6 x f5
42. Sc5 - b3	Lg5 - f6
43. Kf1 - g2	Kd8 - d7
44. Kg2 - g3	Kd7 - e6
45. Sb3 - a5	Lf6 - e5+
46. Kg3 - h4	Le5 - f6+
47. Kh4 - h5?	

Die von Weiß eingeleitete Abwicklung konnte nur ihm selbst gefährlich werden. Spasski hatte den Eindruck, jetzt schon "fast zu gewinnen". Am Ende springt aber doch nur ein Remis heraus.

47. ...	Ke6 - d5
48. Kh5 - h6	Kd5 - c5
49. Kh6 - h7	Kc5 - b4
50. Sa5 - c6+	Kb4 - c3
51. Kh7 - g8	Kc3 x c2
52. Kg8 x f7	Lf6 - h8
53. a4 - a5	Kc3 x d3
54. a5 - a6	Kd3 - e2
55. Sc6 x a7	d4 - d3
56. Sa7 - c6	d3 - d2
57. a6 - a7	d2 - d1D
58. a7 - a8D	Dd1 - d5+
59. Kf7 - g6	Dd5 - e6+
60. Kg6 - h7	Lh8 - c3

60. ... Lf6 61. Db7 Kxf2 62. Sb4.

61. Sc6 - d8	De6 - e7+

61. ... Dc4 62. Dc6 Dd4 63. Kg6 f4 64. Se6 =.

62. Kh7 - g6	De7 - f6+
63. Kg6 - h5	Df6 - h8+

Auf das bedrohliche 63. ... Ld2 entkommt Weiß nur knapp dank der Finesse 64. f4! Lxf4 65. Dg2+ mit Ausgleich, bzw. 63. ... Kxf2 64. Da2+ Kg3 65. Dg8+ Kh3 66. Se6 Ld2 67. Sf4+! Lxf4 68. Dg3+! nebst Patt. Auch der Textzug führt nicht zum Erfolg.

64. Kh5 - g6	Dh8 - g7+	
65. Kg6 x f5	Dg7 - f6+	
66. Kf5 - g4	Df6 - g6+	
67. Kg4 - f4	Lc3 - d2+	
68. Kf4 - e5	Ld2 - c3+	
69. Ke5 - f4	Dg6 - d6+	
70. Kf4 - f5	Dd6 - d7+	
71. Kf5 - g5	Dd7 - e7+	
72. Kg5 - f5	De7 - f6+	
73. Kf5 - g4	Df6 - g7+	
74. Kg4 - f5	Dg7 - f6+	
75. Kf5 - g4	Df6 - g6+	
76. Kg4 - f4	Lc3 - d2+	
77. Kf4 - e5	Dg6 - g5+	
78. Ke5 - e6	Dg5 - g4+	
79. Ke6 - f7	Dg4 - d7+	
80. Kf7 - g6	remis	

(Stefan Bücker)

24. Partie

Spasski - Fischer
Sizilianische Verteidigung (B 70)

1. e2 - e4	c7 - c5
2. Sg1 - e2	Sg8 - f6
3. Sb1 - c3	d7 - d6
4. g2 - g3	g7 - g6
5. Lf1 - g2	Sb8 - c6
6. 0 - 0	Lf8 - g7

Abwechslung muß sein: Mit seinem nächsten Zug wechselt Spasski in den offenen Sizilianer über, obwohl das Fianchetto des weißen Königsläufers in dieser "Drachenvariante per Zugumstellung" als ziemlich harmlos gilt.

7. d2 - d4	c5 x d4
8. Se2 x d4	Lc8 - g4!?

8. ... Ld7 war gut genug, um die positionelle Drohung 9. Sxc6 bxc6 10. e5 zu parieren. Nach dem Textzug konnte Weiß auch mit 9. f3 Ld7 10. Le3 fortsetzen, weil 9. ... Sxe4? 10. Sxc6 Db6+ 11. Kh1 Sxc3 12. bxc3 Lxc3 13. Sxe7 Le6 14. Lg5 Dc5 15. f4 Weiß klaren Vorteil einträgt.

9. Sd4 - e2	Dd8 - c8
10. f2 - f3	Lg4 - h3
11. Lg2 x h3	Dc8 x h3
12. Lc1 - g5	

Der Versuch, die Dame mit 12. g4 in Bedrängnis zu bringen, schlägt fehl: 12. ... g5! (Gligoric), etwa 13. Sg3 h5 14. Sf5 hxg4!.

12. ...	0 - 0
13. Dd1 - d2	

Der verlockende Bauerngewinn 13. Sd5? (13. g4? Sxg4 Gligoric) Sxd5 14. exd5 Se5 15. Lxe7 Tfe8 16. Lxd6 Sc4 läßt die schwarzen Steine viel zu aktiv werden.

13. ...	h7 - h6

Spasski im Gespräch

14. Lg5 - e3	Kg8 - h7
15. Ta1 - c1	

Daß der Turm hier sehr gut postiert ist, wird nach dem folgenden Springertausch auf dem Feld d5 deutlich.

15. ...	Dh3 - d7
16. Sc3 - d5	Sf6 x d5
17. e4 x d5	Sc6 - e5
18. b2 - b3	

Nach 18. c4 folgt wohl einfach 18. ... b5!, in Betracht kommt aber auch 18. ... Df5 19. Sd4 Dd3 20. Dxd3 (20. Df2? Sxc4 21. Tc3 Dxe3!) 20. ... Sxd3.

18. ...	b7 - b5

Richtet sich nicht nur gegen c2-c4, sondern ermöglicht auch evtl. Db7 (mit Angriff auf den Bd5).

19. Le3 - d4!	Ta8 - c8
20. f3 - f4	Se5 - g4
21. Ld4 x g7	Kh7 x g7

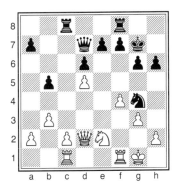

Weiß hat aus der zahmen Eröffnung noch erstaunlich viel herausgeholt. Nun versäumt er es, mit 22. f5! sofort nachzusetzen. Bei 22. ... gxf5 23. Sd4 e6 24. De2 Tfe8 25. Dxb5 ist Weiß im Vorteil, und auf 22. ... e6 23. dxe6 fxe6 24. fxg6 steht der schwarze König im Freien.

22. Se2 - d4?	Sg4 - f6
23. c2 - c4	b5 x c4
24. b3 x c4	e7 - e6!

Vielleicht hatte Weiß die Festigkeit der schwarzen "hängenden Bauern" unterschätzt.

25. d5 x e6	f7 x e6
26. Tf1 - e1	Tf8 - e8
27. Sd4 - b3	a7 - a6

Droht gelegentlich Da7+.

28. Dd2 - d4	Tc8 - c6
29. Te1 - d1	e6 - e5!
30. f4 x e5	Te8 x e5
31. Dd4 x e5	d6 x e5
32. Td1 x d7+	Sf6 x d7
33. Tc1 - d1	Sd7 - f6

Weiß hat keine Gelegenheit mehr, dem Remis aus dem Weg zu gehen.

34. c4 - c5	Kg7 - f7
35. Td1 - c1	Sf6 - d7
36. Kg1 - f2	Kf7 - e6
37. Kf2 - e3	Ke6 - d5
38. Tc1 - d1+	Kd5 - e6
39. Td1 - c1	Ke6 - d5
Remis	

(Stefan Bücker)

25. Partie

Fischer - Spasski
Sizilianische Verteidigung (B 80)

1. e2 - e4	c7 - c5
2. Sb1 - c3	Sb8 - c6
3. Sg1 - e2	d7 - d6

4. d2 - d4	c5 x d4
5. Se2 x d4	e7 - e6
6. Lc1 - e3	Sg8 - f6
7. Dd1 - d2	Lf8 - e7
8. f2 - f3	a7 - a6
9. 0 - 0 - 0	0 - 0
10. g2 - g4	Sc6 x d4
11. Le3 x d4	b7 - b5
12. g4 - g5	

Es wäre falsch, mit diesem Zug noch zu zögern. Auf 13. h4 b4 könnte der weiße Springer nicht nach a4 ausweichen, weil Schwarz ihn mit Ld7 angreifen würde. Der Textzug dient also hauptsächlich dazu, den schwarzen Springer "zur Erklärung zu zwingen".

12. ...	Sf6 - d7
13. h2 - h4	b5 - b4?!

In den meisten Beispielen, die uns mit dieser Variante vorliegen, ging der angerempelte weiße Springer schüchtern nach e2. Schwarz sollte aber den veränderten Umständen Rechnung tragen und erst 13. ... Sb6! (Pachmann) ziehen.

14. Sc3 - a4!	Lc8 - b7?

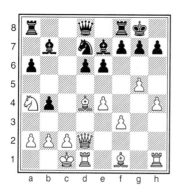

Eine zweifelhafte Neuerung. Schwarz rechnete wahrscheinlich nur mit dem direkten Wegnehmen des angebotenen Bauern. Nach 15. Dxb4 Lc6! 16. Sb6 a5 oder 16. Sc3 d5 könnte er mit den Folgen recht zufrieden sein. Fischer opfert aber selbst - bestimmt ein Schock für Spasski!

15. Sa4 - b6!

Auf diese Weise gelingt es Spasski, die Springer zu tauschen, wodurch der schwarze Angriff bedeutend an Durchschlagskraft einbüßt. Falls jetzt 15. ... Sxb6 16. Dxb4, so verliert Schwarz die Figur unter widrigen Umständen wieder zurück.

15. ...	Ta8 - b8
16. Sb6 x d7	Dd8 x d7
17. Kc1 - b1	Dd7 - c7
18. Lf1 - d3	Lb7 - c8
19. h4 - h5	e6 - e5
20. Ld4 - e3	Lc8 - e6
21. Td1 - g1	a6 - a5

Weiß hat eine Idealstellung erreicht. Nachdem die Spieler auf entgegengesetzte Seiten rochiert haben, ist es von entscheidender Bedeutung, welcher Angriff zuerst "Biß" bekommt. Fischer beißt zuerst:

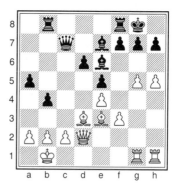

22. g5 - g6!

Ein charakteristischer Vorstoß bei "heterogenen" Rochaden. Zum Erfolg braucht Weiß nur eine offene Linie gegen den feindlichen König, und die schafft er sich mit Gewalt: 22. ... fxg6 23. hxg6 h6 24. Lxh6! und gewinnt.

22. ...	Le7 - f6
23. g6 x h7+	Kg8 - h8

23. ... Kxh7 24. f4 wäre hoffnungslos.

24. Le3 - g5	Dc7 - e7
25. Tg1 - g3	Lf6 x g5
26. Tg3 x g5	De7 - f6
27. Th1 - g1	Df6 x f3
28. Tg5 x g7	Df3 - f6
29. h5 - h6	a5 - a4

Der folgende Verteidigungszug wäre nicht einmal nötig, aber Weiß kann sich freilich Zeit lassen.

30. b2 - b3	a4 x b3
31. a2 x b3	Tf8 - d8
32. Dd2 - g2	Td8 - f8
33. Tg7 - g8+!	Kh8 x h7
34. Tg8 - g7+	Kh7 - h8
35. h6 - h7	**Aufgegeben**

Ein witziges Finale: Weiß entledigt sich seiner beiden h-Bauern, um den schwarzen König dingfest machen zu können; auf die Drohung 36. Tg8+ Kxh7 37. Th1+ gibt es keine Parade.

(Stefan Bücker)

26. Partie

Spasski - Fischer
Königsindische Verteidigung (E 90)

1. d2 - d4	Sg8 - f6
2. c2 - c4	c7 - c5
3. d4 - d5	d7 - d6
4. Sb1 - c3	g7 - g6
5. e2 - e4	Lf8 - g7
6. Lf1 - d3	0 - 0
7. Sg1 - f3	Lc8 - g4
8. h2 - h3	Lg4 x f3
9. Dd1 x f3	Sb8 - d7

Pachmann plädiert für 9. ... e6 10. 0-0 exd5 11. exd5 Sfd7! 12. Dd1 Sa6 und Sc7. In der Partie hätte Fischer später noch eine ähnliche Position erhalten können.

10. Df3 - d1	e7 - e6
11. 0 - 0	e6 x d5
12. e4 x d5	Sf6 - e8
13. Lc1 - d2	Sd7 - e5?

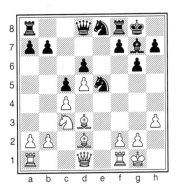

Übereilt. Schwarz sollte 13. ... Sc7 ziehen und am Damenflügel b7-b5 vorbereiten. Der Textzug fördert nur die weißen Pläne am Königsflügel.

139

14. Ld3 - e2	f7 - f5
15. f2 - f4	Se5 - f7
16. g2 - g4	Sf7 - h6
17. Kg1 - g2	Se8 - c7
18. g4 - g5	

Die schwarzen Springer können sich kaum noch bewegen.

18. ...	Sh6 - f7
19. Ta1 - b1	Tf8 - e8
20. Le2 - d3	Ta8 - b8
21. h3 - h4	a7 - a6
22. Dd1 - c2	b7 - b5
23. b2 - b3!	

Sonst erhielte nach bxc4 und Sb5 ein schwarzer Springer unverdient neue Bewegungsfreiheit.

23. ...	Tb8 - b7
24. Tb1 - e1	Te8 x e1
25. Tf1 x e1	Dd8 - b8
26. Ld2 - c1	Db8 - d8
27. Sc3 - e2	b5 x c4

Nach der Partie kritisierte Fischer diese Entscheidung. Er hätte lieber die Stellung mit b5-b4 verriegeln sollen. Aber auch dann blieben Spasski einige Möglichkeiten, vor allem in Verbindung mit einem Figurenopfer auf f5.

28. b3 x c4	Sc7 - e8
29. h4 - h5	Tb7 - e7
30. h5 - h6	Lg7 - h8

Das Vorgehen des weißen h-Bauern engt Schwarz noch weiter ein, ebenso wichtig ist aber auch die große Gefährlichkeit des Bauern h6 im Falle eines Figurenopfers auf f5.

31. Lc1 - d2	Te7 - b7
32. Te1 - b1	Dd8 - b8

33. Se2 - g3	Tb8 x b1
34. Dc2 x b1	Db8 x b1
35. Ld3 x b1	

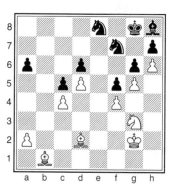

35. ...	Lh8 - b2
36. Kg2 - f3	Kg8 - f8
37. Kf3 - e2	Sf7 - h8

Spasski besitzt zwei Pläne: Der weiße König droht am Damenflügel einzubrechen, Schwarz muß aber außerdem auf das Figurenopfer auf f5 achten (37. ... Ke7? 38. Sxf5+!). Diese doppelte Aufgabe ist nicht zu bewältigen.

38. Ke2 - d1	Kf8 - e7
39. Kd1 - c2	Lb2 - d4
40. Kc2 - b3	Ld4 - f2
41. Sg3 - h1	

Eine schnellere Lösung ist 41. Sxf5+! gxf5 42. Lxf5 Sg6 43. Lxg6 hxg6 44. h7 Ld4 45. Lc3 und gewinnt (Ivanovic). Der Textzug verdirbt freilich nichts.

41. ...	Lf2 - h4
42. Kb3 - a4	Se8 - c7
43. Ka4 - a5	Ke7 - d7
44. Ka5 - b6	Kd7 - c8
45. Lb1 - c2	Sh8 - f7
46. Lc2 - a4	Kc8 - b8

47. La4 - d7	Sf7 - d8
48. Ld2 - c3!	

Spasski erntet nun die Früchte seines exzellenten Spiels.

48. ...	Sc7 - a8+
49. Kb6 x a6	Sa8 - c7+
50. Ka6 - b6	Sc7 - a8+
51. Kb6 - a5	Kb8 - b7
52. Ka5 - b5	Sa8 - c7+
53. Kb5 - a4	Sc7 - a8
54. Ka4 - b3	Kb7 - c7
55. Ld7 - e8	Kc7 - c8
56. Lc3 - f6	Sa8 - c7
57. Le8 x g6	h7 x g6
58. Lf6 x d8	Aufgabe.

(Stefan Bücker)

27. Partie

Fischer - Spasski
Spanisch (C 69)

1. e2 - e4	e7 - e5
2. Sg1 - f3	Sb8 - c6
3. Lf1 - b5	a7 - a6
4. Lb5 x c6	d7 x c6

Nach der 9. Partie von Sveti Stefan spielt Bobby Fischer zum zweiten Male in diesem Duell seine geliebte Abtauschvariante. Boris Spasski wird die Begegnung in unguter Erinnerung haben.

5. 0 - 0	f7 - f6
6. d2 - d4	e5 x d4
7. Sf3 x d4	c6 - c5
8. Sd4 - e2	

An der Adria zog Fischer hier 8. Sb3. Der Textzug ist eine echte Alternative und erfordert genaues Spiel von Schwarz.

8. ...	Dd8 x d1
9. Tf1 x d1	Lc8 - d7
10. Sb1 - c3	Sg8 - e7
11. Lc1 - f4	0 - 0 - 0
12. Td1 - d2!?	

Möglich ist an dieser Stelle auch das vorsichtigere 12. Lg3 Sc6 13. Sd5 Se5 14. b3 (14. f4 Sf7 mit solider Stellung von Schwarz, Ljubojevic - Romanischin, Interzonenturnier Riga 1979) 14. ... Ld6 15. f3 Le6 16. c4 mit leichtem Vorteil für Weiß, van der Wiel - Nikolic, Wijk aan Zee 1988.

12. ...	Se7 - g6
13. Lf4 - g3	Sg6 - e5

Droht unangenehm 13. ... Sc4, und Fischer beseitigt deshalb lieber den Springer, indem er auch seinen zweiten Läufer abtauscht. Der Verlust des Läuferpaares wird nach Gligorics Meinung durch die bessere Bauernstruktur von Weiß kompensiert.

14. Lg3 x e5	f6 x e5
15. Ta1 - d1	c5 - c4!

Spasski öffnet seinem Läufer die Diagonale, um die Beweglichkeit der weißen Springer einzuengen.

16. Kg1 - f1

Der Sidestep des weißen Königs verfolgt zwei Ziele: die Majestät aus der Diagonale a7-g1 zu nehmen und dem Springer das Feld g1 freizumachen.

16. ...	Lf8 - c5
17. Se2 - g1	Ld7 - g4

Schwarz ist an Vereinfachungen interessiert und möchte die Türme tauschen.

Er hofft, daß seine aktiven Läufer dann die weiße Bauernmajorität am Königsflügel neutralisieren.
Nach 17. ... Tdf8?! 18. Txd7 Txf2+ 19. Ke1 Thf8 20. Sf3 Txg2 21. T7d2! Tg4 22. Td5! wäre es mit dem schwarzen Angriff vorbei. Der Partiezug richtet sich gegen die Drohung 18. Sf3.

18. Td2 x d8+	Th8 x d8
19. Td1 x d8+	Kc8 x d8

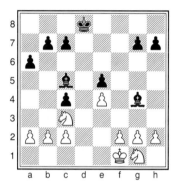

20. Sc3 - e2!

Weiß zieht seinen Springer vom Damenflügel ab, wo die schwarze Bauernmasse steht. Er möchte die eigene Bauernstruktur erhalten.

20. ...	Kd8 - e7
21. Kf1 - e1	b7 - b5
22. c2 - c3	Ke7 - f6
23. h2 - h3	Lg4 - h5

Spasski behält das Läuferpaar auf dem Brett, wodurch sein isolierter Bauer auf e5 weniger verletzlich ist.

24. Se2 - g3	Lh5 - f7
25. Sg1 - f3	g7 - g6
26. Sg3 - f1	g6 - g5

27. Ke1 - e2	Lf7 - g6
28. Sf3 - d2	

Verdächtig ist die Fortsetzung 28. Se3 Lxe4 29. Sg4+ Kf5 30. Sgxe5, weil die weißen Springer zu sehr in Gefahr geraten würden.

28. ...	h7 - h5
29. Sf1 - e3	c7 - c6

Schwarz hat jetzt alle Felder gedeckt, über die die gegnerische Kavallerie in sein Lager eindringen könnte.

30. Ke2 - f3	Lg6 - f7
31. Sd2 - f1	a6 - a5
32. Kf3 - e2	Lf7 - e6
33. Sf1 - g3	Kf6 - g6
34. a2 - a3	Le6 - f7
35. Sg3 - f5	Lf7 - e6
36. Ke2 - f3	Le6 - d7
37. Kf3 - g3	Ld7 - e6
38. h3 - h4!?	

Die einzige Möglichkeit von Weiß, seine eigenen Chancen zu verbessern und der Bauernmajorität am Königsflügel Geltung zu verschaffen.

38. ...	Le6 - d7

Ein Fehler wäre 38. ... g4 39. f3, wodurch Weiß einen Freibauern bilden könnte.

39. h4 x g5	Kg6 x g5
40. Sf5 - h4	Ld7 - g4
41. Se3 x g4!	

Fischer macht das einzig Richtige und tauscht den Läufer ab. Nach 41. Sf3 Lxf3 42. Kxf3 Lxe3! 43. Kxe3 h4! hätte Schwarz ein gewonnenes Bauernendspiel.

41. ...	h5 x g4
42. Sh4 - f5	a5 - a4
43. f2 - f3	g4 x f3
44. Kg3 x f3	Lc5 - f8

Der schwarzfeldrige Läufer strebt zur Diagonalen c1-h6, auf der er mehr Wirkung ausübt.

45. Sf5 - e3	Kg5 - h5

Jetzt stellt 46. ... Lh6 bereits eine ernsthafte Drohung dar.

46. Se3 - f5	Lf8 - c5
Remis	

Der Anziehende darf nicht 47. Se3? Lxe3 48. Kxe3 Kg4 zulassen, wonach das Bauernendspiel für ihn verloren ist.
Die Stellung ist ausgereizt. Nach der Partie erklärt Bobby Fischer, daß es in der Abtauschvariante für Weiß manchmal schwer sei zu gewinnen.

(Dagobert Kohlmeyer)

28. Partie

Spasski - Fischer
Königsindische Verteidigung (E 83)

1. d2 - d4	Sg8 - f6
2. c2 - c4	g7 - g6
3. Sb1 - c3	Lf8 - g7
4. e2 - e4	d7 - d6
5. f2 - f3	

Spasski kehrt zum Sämisch-System zurück, mit dem er in diesem Match sehr gute Erfahrungen gemacht hat.

5. ...	0 - 0
6. Lc1 - e3	Sb8 - c6
7. Sg1 - e2	a7 - a6
8. h2 - h4	h7 - h5
9. Se2 - c1	e7 - e5
10. d4 - d5	Sc6 - a5

Ein neuer Zug im Vergleich zur 12. Partie, in der Fischer 10. ... Se7 zog und große Probleme mit diesem passiven Springer bekam. Aber auch der Springerausfall ins Zentrum genießt nicht den besten Ruf.

11. Sc1 - b3	Sa5 x b3
12. Dd1 x b3	Kg8 - h7

Fischer trifft eine vorsorgliche Maßnahme, um die schwarzfeldrigen Läufer tauschen zu können, ehe Weiß gefährlichen Angriff erhält. Durch die Königszüge verliert er jedoch Zeit.

13. Lf1 - e2	Lg7 - h6
14. Le3 x h6	Kh7 x h6
15. 0 - 0 - 0	Kh6 - g7
16. Kc1 - b1	Dd8 - e7

Vielleicht war jetzt der rechte Moment, um 16. ... Th8!? 17. Tdg1 Sg8 zu spielen? Schwarz muß den möglichen Vorstoß des weißen g-Bauern beachten.

17. Td1 - g1	Tf8 - h8
18. g2 - g4	h5 x g4
19. f3 x g4	Sf6 - d7

Bobby gruppiert seine Streitkräfte um. Der Springer wird zum Damenflügel gespielt, die Türme sollen die halboffene h-Linie besetzen.

(siehe Diagramm nächste Seite!)

20. g4 - g5	Sd7 - c5
21. Db3 - d1	a6 - a5
22. Tg1 - f1	Lc8 - d7
23. Dd1 - e1	

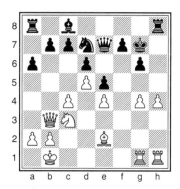

35. h7 Dg7 36. Dh4 f6 37. Th6 Lg6, wonach er in Nachteil geraten kann.

31. ...	c7 - c6
32. a2 - a4	De7 - d8
33. Kb1 - a2	Dd8 - e7
34. Ld1 - g4	Le8 - d7
35. Lg4 - d1	Ld7 - e8
Remis	

(Dagobert Kohlmeyer)

Interessant wäre laut B. Ivanovic die Folge 23. Tf6 Th7 24. h5!? gxh5 25. Thf1, wodurch Weiß das Problem seines h-Bauern lösen könnte, bevor die schwarzen Türme die offene Linie kontrollieren.

23. ...	Th8 - h7

Im richtigen Moment gespielt. Schwarz übt Druck auf den schwachen weißen Bauern aus und konsolidiert damit gänzlich seine Stellung.

24. De1 - g3	Ta8 - f8
25. Tf1 - f6	Tf8 - h8
26. b2 - b3	

Boris Spasski riskiert nicht den weiteren Vorstoß seines h-Bauern, worin wohl seine einzige Gewinnchance besteht.

26. ...	Ld7 - e8
27. Le2 - g4	Le8 - d7
28. Lg4 - d1	Ld7 - e8
29. Ld1 - g4	Le8 - d7
30. Lg4 - d1	Ld7 - e8
31. Tf6 - f2	

Weiß verzichtet auch auf die letzte Möglichkeit, den h-Bauern vorzurücken. Spasski scheut das Abspiel 31. h5 gxh5 32. Th6 Kf8 33. T1xh5 Txh6 34. gxh6 Df6

29. Partie

Fischer - Spasski
Spanisch (C 95)

1. e2 - e4	e7 - e5
2. Sg1 - f3	Sb8 - c6
3. Lf1 - b5	a7 - a6
4. Lb5 - a4	Sg8 - f6
5. 0 - 0	Lf8 - e7
6. Tf1 - e1	b7 - b5
7. La4 - b3	d7 - d6
8. c2 - c3	0 - 0
9. h2 - h3	Sc6 - b8
10. d2 - d4	

Verschiedene Großmeister favorisieren hier 10. a4 mit der Folge 10. ... Lb7 11. d3 Sbd7 12. axb5 axb5 13. Txa8 Lxa8 14. Sa3, wonach Weiß leichten Vorteil besitzt.

10. ...	Sb8 - d7
11. c3 - c4	

Ein etwas seltenerer Zug, der bislang nur von Geller erprobt wurde. Die Hauptfortsetzung an dieser Stelle ist 11. Sbd2.

11. ...	c7 - c6
12. c4 x b5	

In der Partie Fischer - Portisch (Santa

Monica 1966) geschah 12. c5 Dc7 13. cxd6 Lxd6 14. Lg5 exd4 15. Lxf6 gxf6 16. Dd4, und Weiß stand überlegen.

12. ...	a6 x b5
13. Sb1 - c3	Lc8 - b7

Eine interessante Idee präsentierte Schwarz in der Begegnung Geller - Unzicker (Kislowodsk 1972): 13. ... La6!? 14. Lg5 h6 15. dxe5 Sxe5, und der Nachziehende hatte keine Probleme.

14. Lc1 - g5	b5 - b4
15. Sc3 - b1	h7 - h6!?

Dieser Zug wird von Milan Matulovic im Matchbulletin als Neuerung bezeichnet. Nach 15. ... c5 16. dxe5 Sxe5 17. Sbd2 Sfd7 18. Lxe7 Dxe7 19. a4! hatte Weiß in der Partie Mecking - Unzicker (Hastings 1971/72) Übergewicht.

16. Lg5 - h4

Spielbar war an dieser Stelle auch 16. dxe5!? Sxe5 (16. ... hxg5 17. exd6!) 17. Sxe5 dxe5 18. Lxf6 Lxf6 19. Sd2.

16. ...	c6 - c5
17. d4 x e5	Sf6 x e4
18. Lg5 x e7	Dd8 x e7
19. e5 x d6!?	

Der kritische Zug dieser Partie. Für viele Großmeister im Pressezentrum kam hier 19. Ld5 in Betracht, zum Beispiel 19. ... Lxd5 20. Dxd5 Sg5 21. Sxg5 Dxg5 22. Dxd6 Tad8, und Schwarz hat ausreichende Kompensation für den Bauern. Anstelle von 21. Sxg5 war 21. Sbd2 dxe5 22. Sxe5 besser, wonach Weiß Vorteil erlangt. Das Abspiel 21. ... Sxf3+ 22. Sxf3 dxe5 23. Sxe5 Sxe5 24. Txe5 Tad8! führt zu einer Remisstellung.

19. ...	De7 - f6

Wie Fischer nach der Partie erklärte, hatte er diese Möglichkeit übersehen.

20. Sb1 - d2	Se4 x d6

Schwarz kann nun die Partie auf Grund des ungenauen 19. Zuges von Weiß ausgleichen.

21. Sd2 - c4	Sd6 x c4
22. Lb3 x c4	

Nach 22. Dxd7 hat Spasski die Parade 22. ... Sa5! zur Verfügung.

22. ...	Sd7 - b6
23. Sf3 - e5	Ta8 - e8

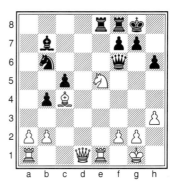

24. Lc4 x f7+

Fischer gibt zwei Figuren für Turm und Bauern. Gligoric meint, daß 24. Dh5! Txe5 25. Dxe5 Sxc4 26. Dxf6 gxf6 27. Tec1! zu einem Endspiel mit gleichen Chancen führt.

24. ...	Tf8 x f7
25. Se5 x f7	Te8 x e1+
26. Dd1 x e1	Kg8 x f7

Mit 27. ...Sd5 konnte Schwarz wohl gewinnen:
a) 28.Db3 Kf8 29.Te1 Sf4 30.De3 Kg8 31.Dxc5 Dg6! und gewinnt (32.g3 Sxh3+ 33.Kh2 Sg5).
b) 28.Dxc5 Dxb2 und Schwarz verwertet seinen Materialvorteil (Analyse).

27. De1 - e3	Df6 - g5
28. De3 x g5	h4 x g5

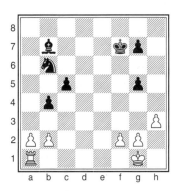

29. b2 - b3	Kf7 - e6
30. a2 - a3	

Vielleicht hätte Weiß diesen Zug zurückstellen und erst einmal 30. f3 spielen sollen.

30. ...	Ke6 - d6

Nicht aber 30. ... Ld5?! wegen 31. axb4 cxb4 32. Ta6.

31. a3 x b4	c5 x b4
32. Ta1 - a5	Sb6 - d5
33. f2 - f3	Lb7 - c8

Mit der Idee Lf5-c2 gespielt.

34. Kg1 - f2	Lc8 - f5
35. Ta5 - a7	g7 - g6

Obwohl Schwarz materiellen Vorteil besitzt und auf Gewinn spielt, hat die Stellung auf Grund des aktiven weißen Turms Remischarakter.

36. Ta7 - a6+	Kd6 - c5
37. Kf2 - e1	Sd5 - f4

Nach 37. ... Lc2 38. Kd2 Lxb3 39. Txg6 hat sogar Weiß noch Gewinnambitionen.

38. g2 - g3	Sf4 x h3
39. Ke1 - d2	Kc5 - b5
40. Ta6 - d6	Kb5 - c5
41. Td6 - a6	Sh3 - f2
42. g3 - g4	Lf5 - d3
43. Td6 - e6	Kc5 - d5

Großmeister Velimirovic verweist darauf, daß Schwarz hier mit 43. ... Sh3! noch einen Gewinnversuch unternehmen konnte. Darauf wollte Fischer 44. Te8 spielen.

44. Te6 - b6	Kd5 - c5
45. Tb6 - e6	Remis

Eine temperamentvolle und interessante Partie! *(Dagobert Kohlmeyer)*

30. Partie

Spasski - Fischer
Königsindische Verteidigung (E 83)

1. d2 - d4	Sg8 - f6
2. c2 - c4	g7 - g6
3. Sb1 - c3	Lf8 - g7
4. e2 - e4	d7 - d6
5. f2 - f3	0 - 0
6. Lc1 - e3	Sb8 - c6

Fischer hält an seinem Aufbau fest, den er gegen Spasski Sämisch-System mehrmals wählte.

7. Sg1 - e2	a7 - a6
8. h2 - h4	

Es gibt hier noch zwei andere Pläne für Weiß: 8. Dd2 mit Angriffsabsichten am Königsflügel und das positionelle 8. Sc1 mit Einsatz des Springers am Damenflügel.

8. ...	h7 - h5

Schwarz darf den Vorstoß 9. h5 nicht zulassen, wonach Weiß mit Öffnung der h-Linie und Attackieren des feindlichen Königs droht.

9. Se2 - c1	Sf6 - d7

Ein neuer Zug. In der 28. Partie spielte Fischer an dieser Stelle 9. ... e5. Er hat genügend Zeit zu dem Springermanöver, denn Weiß investierte für den "langen Marsch" seines Königsspringers einige Tempi.

10. Sc1 - b3	a6 - a5!

Mit der Absicht, die schwarzen Felder am Damenflügel besser zu kontrollieren.

11. a2 - a4	Sc6 - b4
12. Lf1 - e2	b7 - b6
13. g2 - g4?!	

Weiß greift voreilig an, obwohl seine Dame noch nicht im Spiel ist.

13. ...	h5 x g4
14. f3 x g4	c7 - c5!

Die beste Erwiderung auf Spasskis Flankenangriff ist dieser Gegenstoß im Zentrum.

15. h4 - h5	

Der Alternativzug war 15. d5, um die Stellung zu schließen.

15. ...	c5 x d4
16. Sb3 x d4	Sd7 - c5

Schwarz hat seine beiden Springer hervorragend postiert und die Diagonale a2-g8 fest geschlossen.

17. Sc3 - d5	Lc8 - b7!

Bislang war der weiße e-Bauer tabu, aber jetzt stellt er eine ernste Schwäche dar, denn der Springer auf d5 ist verwundbar.

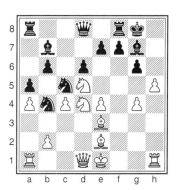

18. Sd4 - f5?!

Ein überraschendes Figurenopfer, das von Verzweiflung diktiert ist, denn Weiß findet keinen Weg, seine Schwerfiguren aktiv in den Angriff einzuschalten.

18. ...	g6 x f5

Da Weiß nicht die h-Linie öffnen kann, reicht sein Druck auf die schwarze Stellung nicht aus. Das Opfer bringt also nicht die erhoffte Wirkung.

19. g4 x f5	Lb7 x d5	

Schwarz tauscht die wichtigste Angriffsfigur von Weiß ab.

20. e4 x d5	Lg7 x b2

Ein typischer Fischer-Zug. Urplötzlich ist der schwarze Läufer erwacht. Auch wenn sein König etwas blank steht, so kann der Läufer jederzeit schützend auf die g-Linie zurückkehren. Andererseits droht Schwarz mit Schach auf c3 und Gegenangriff. Der Rest ist Schweigen.

21. Ke1 - f1	Dd8 - d7
22. Dd1 - b1	Lb2 x a1
23. Th1 - g1+	Kg8 - h8
24. Db1 x a1+	f7 - f6
25. Da1 - b1	Tf8 - g8
26. Tg1 - g6	Tg8 x g6
27. h5 x g6	

Auf 27. fxg6 folgt 27. ... Dh3+.

27. ...	Kh8 - g7
Aufgabe.	

Bobby Fischer ist am Ziel seiner Wünsche und um mehr als drei Millionen Dollar reicher. Auch Boris Spasski bekommt noch ein genügend großes Stück vom "Kuchen" ab.

Unmittelbar nach Partieende gibt Lothar Schmid das Endergebnis - 10:5 - bekannt, und Bobby wird zum unbesiegten Weltmeister erklärt.

Aus einem großen Lorbeerkranz, der ihm auf der Bühne umgehängt wird, nimmt der Amerikaner ein Blatt und reicht es seinem Gegner und Freund Boris. Ein langes und interessantes Match ist zu Ende.

(Dagobert Kohlmeyer)

Statistik
Fischer - Spasski, Match 1992
Sveti Stefan, 2. - 20.9.1992

Partie	Datum	Eröffnung	Ergebnis	Züge
1	2.9.	Spanisch	1 : 0	50
2	3.9.	Königsindisch	Remis	59
3	5.9.	Spanisch	Remis	39
4	6.9.	Angen. Damengambit	0 : 1	50
5	9.9.	Spanisch	0 : 1	45
6	10.9.	Angen. Damengambit	Remis	61
7	12.9.	Spanisch	1 : 0	44
8	13.9.	Königsindisch	1 : 0	40
9	16.9.	Spanisch	1 : 0	21
	17.9.	Auszeit Spasski		
10	19.9.	Nimzoindisch	Remis	68
11	20.9.	Sizilianisch	1 : 0	41

Belgrad, 30.9. - 5.11.1992

Partie	Datum	Eröffnung	Ergebnis	Züge
12	30.9.	Königsindisch	0 : 1	54
13	1.10.	Sizilianisch	Remis	45
14	3.10.	Angen. Damengambit	Remis	32
15	4.10.	Katalanisch	Remis	33
16	7.10.	Königsindisch	1 : 0	34
	8.10.	Auszeit Spasski		
17	10.10.	Sizilianisch	1 : 0	58
18	11.10.	Angen. Damengambit	Remis	36
19	14.10.	Sizilianisch	Remis	34
20	15.10.	Sizilianisch	0 : 1	43
21	17.10.	Sizilianisch	1 : 0	67
22	18.10.	Sizilianisch	Remis	26
23	21.10.	Sizilianisch	Remis	80
	22.10.	Auszeit Spasski		
24	24.10.	Sizilianisch	Remis	39
	25.10.	Auszeit Spasski		
25	28.10.	Sizilianisch	1 : 0	35
26	29.10.	Königsindisch	0 : 1	58
27	31.10.	Spanisch	Remis	56
28	1.11.	Königsindisch	Remis	35
29	4.11.	Spanisch	Remis	45
30	5.11.	Königsindisch	1 : 0	27

Endstand 10 : 5 für Bobby Fischer

Bobby Fischer hat also "standesgemäß" mit 10:5 gewonnen, noch deutlicher als vor 20 Jahren in Reykjavik (12,5:8,5). Die letzten Partien in Belgrad wurden wieder von Lothar Schmid geleitet. Politisch erhält das Match durch den Besuch von UNO-Vermittler Lord David Owen am 28. Oktober noch eine kleine Aufwertung. Der britische Diplomat schaut bei der 25. Partie im Sava-Kongreß-Zentrum zu und gibt auch ein kleines Statement im Bulletin ab. Er sei Hobbyspieler und habe in seiner Heimat schon an einer Simultanveranstaltung mit Nigel Short teilgenommen, aber schnell verloren.

Lothar Schmid: "Mit Schach Feindschaften überwinden"

Interview mit dem Bamberger Großmeister, der 1992 wie 20 Jahre zuvor in Reykjavik das Match Fischer - Spasski leitete

Wie lange kennen Sie Bobby Fischer schon?
Ich erlebte ihn zum ersten Mal beim Kandidatenturnier in Bled 1959, also auch in Jugoslawien. Er stürmte im Hotel gerade die Treppe hinauf und hatte nach dem Verlust einer Partie Tränen in den Augen. Bobby verbarg seine Gefühle nicht. Aber schon damals gab es deutliche Anzeichen seiner Genialität, denn er hat in Bled einige sehr gute Partien gewonnen.

Was ist Ihnen an dem Jungen noch aufgefallen?
Er bastelte an seinem Eröffnungsrepertoire. Zum Beispiel wählte er gegen die Caro-Kann-Verteidigung einen zweifelhaften Aufbau. Die sowjetischen Spieler haben das natürlich schnell mitbekommen und schonungslos ausgenutzt. So gewann Tigran Petrosjan, der spätere Weltmeister, durch geschicktes Gegenspiel einen fetten Punkt. Daß aber auch Paul Keres Caro-Kann gegen Fischer wählte, was er sonst kaum im Leben probiert hatte, dürfte man schmunzelnd zur Kenntnis nehmen.

Wann sahen Sie Bobby später wieder?
Öfters. Wir trafen uns 1960 bei der Schacholympiade in Leipzig, und ich lud ihn anschließend spontan zu mir nach Bamberg ein. Bobby war sechs Tage bei uns zu Gast. Er hatte schon damals seinen eigenen Lebensrhythmus, blieb nachts lange auf und schlief dann bis zum Mittag. Wir spielten bis zum Geht-Nicht-Mehr Blitzpartien. Er war erst 17 und noch lange nicht Weltmeister und ich damals nicht der schlechteste Spieler. Dennoch lautete das Ergebnis etwa 3:2 für ihn. Man merkte schon, was Bobby am Brett für ein Kerl war.

Und wann war Fischer zum letzten Mal in Bamberg?
Vor zwei Jahren, wieder für eine Woche. Dann haben wir ihn in der schönen "Pulvermühle" in der Fränkischen Schweiz einquartiert, wo die nette Schachfamilie Bezold das Geschäft führt. Bobby blieb drei Monate dort und fühlte sich sehr wohl, wurde verwöhnt und dick. Schon zu diesem Zeitpunkt hat er mir gegenüber seine Absicht geäußert, ans Schachbrett zurückkehren zu wollen. Das hatte also mit Jugoslawien überhaupt nichts zu tun.

Fand sich denn in Deutschland kein Sponsor für Bobbys Comeback?

Nein, es klappte einfach nicht. Ich habe einiges versucht, mich zum Beispiel an Autofirmen gewandt. Aber diese Art Management liegt mir weniger, und es wurde also nichts daraus. Ich habe mich übrigens auch bemüht, einen Hersteller für Fischers Schachuhr zu gewinnen. Doch meine Gespräche mit zwei Firmen blieben ohne Erfolg. Man hatte zu wenig Interesse. Erst durch Jugoscandic als Sponsor ist 1992 alles in Bewegung gekommen. Und es fand sich in Belgrad auch ein kongenialer Konstrukteur für Bobbys elektronische Uhr.

Was hat Bobby Fischer in den 20 Jahren seines Eremitendaseins getan?
Er hat sich so durchgeschlagen. In der ganzen Zeit hätte er mindestens zwanzig Millionen Dollar verdienen können, aber es aus Prinzip und aus Verärgerung über die FIDE nicht gemacht. Diese Trotzhaltung war sicher nicht glücklich. Vielfach wurde Bobby eingeladen und auch hin und wieder finanziell etwas unterstützt; aber er hat in all den Jahren wohl kein Geld als Berufsschachspieler verdient. Er las nur Schachzeitungen und analysierte mehr oder weniger. Seine Konsequenz - oder sollte man besser sagen, sein Eigensinn - sind einerseits zu bewundern; andererseits bin ich schon seiner selbst zuliebe froh, daß er nun in die Öffentlichkeit zurückgekehrt ist.

Bobby Fischer hatte chronische Geldsorgen. Worin sehen Sie die Hauptgründe für sein Comeback?
Bobby wollte schon längst wieder Wettkämpfe spielen. Seit Jahrzehnten bemühten sich die Jugoslawen, ihn ins Land zu holen. 1972 bewarb sich Belgrad neben Sarajevo, Ljubljana und Zagreb um den WM-Kampf - vergeb-

lich, obwohl es 152 000 Dollar Preisgeld gegenüber 125 000 Dollar aus Reykjavik geboten hatte. Entsprechend groß war die Enttäuschung. 1990 wurde Bobby zur Schacholympiade nach Novi Sad eingeladen, kam aber nicht. In vielen Ländern, unter anderem den Philippinen und Spanien, wurden in der Vergangenheit Preisgelder für Fischer ausgelobt, die dem von 1992 zumindest gleichkamen. Zwecklos. Es bedurfte also noch eines besonderen Anreizes.

Und worin bestand dieser?
Ob man es glauben will oder nicht, es war die Liebe des ungarischen Mädchens Zita Rajczanyi, die letztlich den Ausschlag für Bobbys Comeback gab. Er lernte die Schachspielerin aus Budapest durch Briefwechsel und dann persönlich kennen. Es öffneten sich Kontakte zum Direktor der 1990er Schacholympiade, dem gebürtigen Ungarn Janos Kubat, und durch diesen zu dem Geschäftsmann und Sponsor Jezdimir Vasiljevic, der wie er sagte "Spektakel" mag. Danach lief alles wie am Schnürchen.

Sie waren Schiedsrichter bei der WM 1972 in Reykjavik und haben auch 1992 wieder zugesagt, warum?
Weil mich Bobby Fischer und Boris Spasski ausdrücklich darum baten. Zunächst lehnte ich ab, da ich meinen Verlag nicht so lange hätte verlassen können. Dann schlug man mir vor, wenigstens die Vorbereitung und den Beginn des Matchs zu leiten, was ich nach Abwägung aller Umstände gern tat. Ich blieb bis zur 5. Partie in Sveti Stefan und reiste auch zum Finale noch einmal nach Belgrad. Ich dachte an die enorme Bedeutung dieses Wettkampfes und daran, daß wir es hier mit lebendiger Schachgeschichte zu tun haben. Über Fischers Rückkehr, die von der gesamten Schachwelt so lange herbeigesehnt wurde, wird man noch in 100 Jahren sprechen und schreiben.

Hatten Sie auf Grund der politischen Krise in Jugoslawien überhaupt keine "Bauchschmerzen"?
Nein, nicht in diesem Sinne. Das Auswärtige Amt in Bonn teilte mir auf Befragen mit, daß das Match nicht unter UN-Sanktionen fällt. Man empfahl mir nur, sicherheitsbewußt zu reisen. Der Weltschachbund FIDE, dessen Büro in der Schweiz ich eigens aufsuchte, sprach von einem "Match of Peace". Der Deutsche Schachbund gab seinen Segen. Deshalb konnte ich guten Gewissens zur Neuauflage des Matchs von Fischer und Spasski fahren.

International wurde der Schachkampf überwiegend verurteilt. Was halten Sie den Kritikern dieses Duells entgegen?
Diese Einwände sind meines Erachtens unberechtigt. Krieg und Blutvergießen sind eine furchtbare Sache. Ich bin wie fast jedermann dagegen. Aber wenn kein Sport oder kultureller Austausch stattfinden darf, weil in der Nachbarschaft Unrecht geschieht, dann dürften wir in Deutschland auch keinen Fußball spielen, wenn zum Beispiel bei uns Asylanten angegriffen werden. Oder darf man in der Türkei Ferien verbringen, obwohl man doch weiß, daß dorthin Waffen geliefert wurden, um gegen die Kurden zu kämpfen? In Berlin spielt man doch auch Schach, obwohl dort Menschen umgebracht wurden. Wir sollten alle Möglichkeiten ausschöpfen, um Feindschaften zu überwinden.

Worin lag für Sie die eigentliche Bedeutung dieses Schachwettkampfes?
Ich sah darin eine Möglichkeit, einen kleinen Schritt, Menschen wieder zusammenzuführen. Schachspieler sind friedliche Leute. Und 90 Prozent der Serben wollen keinen Krieg, der für alle schrecklich ist. Vielleicht haben Bobby und Boris als Gegner am Schachbrett und als Freunde im Leben ein Signal gesetzt. Darin sehe ich den Hauptsinn der Veranstaltung.

Warum tritt Bobby Fischer noch immer so extravagant auf, wie beim Spucken auf das Schreiben der US-Administration?
Das war keine diplomatische Meisterleistung, verriet allerdings erhebliche Zvilcourage. Das Schreiben stammte vom Schatzamt der USA. Mir scheint, daß es neben den hier nicht zutreffenden UNO-Sanktionen noch zusätzliche Bestimmungen für US-Bürger gibt, wonach sie kein Preisgeld aus bestimmten Feindländern annehmen und dort auch keine Geschäfte tätigen dürfen. Die sogenannte Executive Order ist allerdings im Wortlaut nicht vorgelegt worden.

Bobby Fischer drohen bei seiner Einreise in die USA eine hohe Geldstrafe bzw. lange Haft. Wie kann er aus dieser Situation wieder herauskommen?
Mit seinem Ausrutscher hat sich Fischer natürlich in die Nesseln gesetzt. Gegen eine eigene Behörde sollte man das nicht tun. Ich hoffe, daß er sich daür entschuldigen wird. Sein Washingtoner Anwalt hat es inzwischen schon getan. Ich habe mit ihm telefoniert, und wir versuchten, die Dinge wieder in Ordnung zu bringen, damit Bobby später auch wieder unbehelligt in sein Heimatland zurückkehren kann.

Kehren wir wieder zum Schachlichen zurück. Boris Spasski unterliefen in verschiedenen Partien große Patzer. Halten Sie eine Absprache zwischen beiden Spielern für möglich?
Fehler solcher Art unterlaufen selbst den größten Meistern in Turnieren und Wettkämpfen ohne ersichtlichen Grund. Das ist auf die Schwierigkeiten des Schachspiels und nervliche Anspannung oder Ermüdung zurückzuführen. Es wäre Unsinn, daraus auf eine Absprache zwischen den Spielern zu schließen, für deren korrektes Verhalten bei den Partien ich meine Hand ins Feuer lege. Die Überlegenheit Bobbys ist 1992 ähnlich groß gewesen wie zwanzig Jahre zuvor in Reykjavik.

Bobby Fischer will noch immer als Weltmeister bezeichnet werden. Was sagen Sie dazu?
Eine gute Formel stammt von Garri Kasparow, der Bobby Fischer als ungeschlagenen Weltmeister und sich selbst als amtierenden Champion bezeichnet hat. Es würde der Öffentlichkeit nicht schaden, diese zu übernehmen. Was die verbalen Angriffe beider gegeneinander betrifft, wäre es mir lieber, wenn sie sich nicht nur am Brett, sondern auch sonst fair und sportlich verhielten. Man bekommt den Eindruck, als ob solche Auseinandersetzungen im Stil von Muhammed Ali das Vorfeld eines möglichen Wettkampfes Fischer - Kasparow schmücken sollen.

Wird es zu diesem "Super-Match" kommen?
Ich hoffe es gemeinsam mit vielen Schachfreunden. FIDE-Präsident Florencio Campomanes, ein kluger Diplomat, war ja auch kurz in Belgrad. Er wird sicher Mittel und Wege finden, um die bevorstehende WM 1993 und

auch das Duell Kasparows mit Fischer unter einen Hut zu bringen. Ihm ist die Versöhnung mit Kasparow gelungen, und mit Fischer gab es eigentlich in seiner Amtszeit keine Differenzen. Es bedarf nur des guten Willens aller Seiten.

Aber Fischer besitzt im Augenblick nicht Kasparows Stärke ...
Das müßte noch bewiesen werden. Er braucht nach so langer Pause natürlich Spielpraxis. Ich denke an ein paar Turniere oder ein weiteres Match gegen einen geeigneten Partner. Auf jeden Fall sollte Bobbys Comeback 1992 keine Eintagsfliege sein. Er hat der Schachwelt noch einiges zu bieten, wie hier vor allem in der 1., 7., 11. und 16. Partie zu sehen war. Ein realer Zeitpunkt für das Supermatch zwischen Fischer und Kasparow wäre 1994.

FIDE-Präsident Florencio Campomanes

Fischer ist ein Leonardo da Vinci / Gegen Kasparow auf vier Kontinenten?

Gespräch mit dem Matchdirektor Janos Kubat

Der 62jährige Ungar arbeitete früher als Tischtennistrainer und als Journalist, war u. a. Chefredakteur einer Wochenzeitung in Novi Sad. Er organisierte dort 1989 die Tischtennisweltmeisterschaften und machte sich als Schachorganisator international einen Namen, als er am gleichen Ort die Olympiade 1990 perfekt managte. Ein Mann mit seinem Fähigkeiten, Verbindungen und seinen diplomatischen Geschick war für das Gelingen von Fischers Comeback Gold wert.
Und er tat alles, damit das Match von Sveti Stefan und Belgrad organisatorisch ein Erfolg wurde.

Mußte man denn alle Forderungen von Bobby Fischer erfüllen?
Ja, unbedingt. Er ist ein Leonardo da Vinci, ein Raffael, ein Einstein des Schachs. Und Genies wie er dürfen Wünsche haben. Diese mögen für den ersten Augenblick schockierend sein, aber wenn man die Sache etwas genauer betrachtet, sind sie korrekt. Fischer ist ein Perfektionist. Zum Beispiel war die von ihm geforderte Glaswand zwischen Bühne und Zuschauerraum eine Revolution in der Schachgeschichte. Erst durch sie wurde die Isolation vollkommen. Bobby will immer optimale Spielbedingungen.

Regierungschef Milan Panic war nicht beim Match. Hat er sich mit Fischer getroffen?
Ja, sie hatten am 25. Juli 1992 in Belgrad eine Begegnung, an der auch

Jezdimir Vasiljevic teilnahm. Bei dieser Gelegenheit beglückwünschte der jugoslawische Premier Fischer zu seinem bevorstehendem Comeback. Aus Zeitgründen kam er später nicht beim Match im Sava-Kongreßzentrum vorbei, auch weil sein Verhältnis zu Vasiljevic nicht das beste ist.

Fischer hat Trouble mit den USA bekommen. Wo wird er sein Preisgeld deponieren?
Das ist ein sehr schwieriges Problem. Ich denke, daß Mr. Fischer die nächsten Monate in Europa, wahrscheinlich in Jugoslawien bleibt. Er war ja auch 1990/91 für einige Zeit in Deutschland. Wir müssen erst einmal das Ende des Embargos gegen Restjugoslawien abwarten.

Wird es ein Supermatch Fischer - Kasparow geben?
Ich bin fest davon überzeugt, und wir arbeiten bereits konzeptionell an diesem Projekt. Es wird das größte Sportspektakel der nächsten zehn Jahre.

Woher nehmen Sie diese Gewißheit?
Nachdem Bobby Fischer Boris Spasski besiegt hat, braucht er noch etwa zwei Matches, um Kasparows Spielstärke zu erreichen. Wir denken an Gegner wie Jan Timman oder Nigel Short. In ein- bis eineinhalb Jahren könnte Bobby dann die nötige Spielpraxis haben. Eines ist sicher: Gegen Anatoli Karpow wird er niemals spielen, da dieser seinen Titel 1975 kampflos übernommen hat.

Wie werten Sie die verbalen Seitenhiebe zwischen Fischer und Kasparow in der Öffentlichkeit?
Das ist mehr oder weniger Theater. Es stachelt nur den Wunsch der Allgemeinheit nach diesem Wettkampf an. Beide brennen darauf, sich zu messen.

Für welches Preisgeld?
So ein Match wird mindestens 60 Millionen Dollar kosten. Ich sage Ihnen auch, warum. Es soll an vier Schauplätzen auf verschiedenen Kontinenten stattfinden und über 20 Gewinnpartien gehen! Immer nach fünf Siegen wird umgezogen.

An welche Städte bzw. Länder ist gedacht?
In Asien kommen Tokio oder Seoul in Frage, in Afrika bietet sich Johannesburg an, denn die Diamantenhersteller sind unermeßlich reich. In den USA wären Chicago oder Los Angeles eine Möglichkeit, und die letzte Etappe könnte wieder in Jugoslawien stattfinden. Jeder Ausrichter müßte 15 Millionen Dollar aufbringen, das ist durchaus realistisch.

So ein Schachduell würde ja ewig dauern ...
Etwa ein halbes Jahr muß man einplanen. Zwischen den einzelnen Etappenorten benötigen die Spieler Pausen von 20 Tagen, die für den Umzug und die Akklimatisierung nötig sind. Es wäre in der Tat d a s Schachmatch des Jahrhunderts und eine noch nie dagewesene Werbung für diesen Denksport.

Weltmeister Kasparow über Bobby Fischer:

Kasparow hat dem Hamburger Nachrichtenmagazin 'Der Spiegel' (39/1992) ein Interview gegeben, das zu kontroversen Debatten in aller Welt geführt hat.

Auf die Frage, ob er Fischer die Anmaßung übelnehme, daß dieser sich als Weltmeister anreden läßt, Kasparow: "Keineswegs. Er ist der ungeschlagene Weltmeister von 1972, der seinen Titel nicht verteidigt hat. Ich bin der amtierende Weltmeister." Dieser diplomatische Antwort folgten (leider) zum Teil Äußerungen, die unter der berühmten Gürtellinie lagen: "Fischer, vorausgesetzt er wäre geistig normal, müßte enttäuscht sein von seinen Leistungen." Und: "Fischer ist zu unbedeutend, um hohe Wellen zu schlagen ... die Qualität (seiner Partien) war niedrig, in jedem Spiel gab es große Fehler ... Ich sehe nichts Interessantes für mich."

Gefragt nach den angeblichen Absprachen im WM-Kampf zwischen ihm und Karpow, sagte er: "Das sind Hirngespinste - Quatsch. Wenn wir wirklich die Welt betrügen wollten, hätten wir kaum 144 Partien gespielt.

Fischer geht immer noch von Zeiten aus, als sowjetische Spieler als potentielle Betrüger galten, weil Petrosjan gegen Geller 1962 in Curacao ihre Züge abgesprochen haben ... Fischer glaubt, daß die Welt nach seinem Verschwinden stehengeblieben ist."

Auf die Bemerkung hin, daß Fischer ihn als "krummen Hund" bezeichnet habe, entgegnet Kasparow: "Er haßt mich, weil mein Vater Jude ist."

Wenn es doch zum Kampf zwischen ihm und Fischer kommen sollte, wurde er gefragt, ob er Motivationsprobleme habe? Darauf Garri mit seiner letzten Antwort: "Niemals. Ich muß mir sagen: Er beleidigt deinen Vater, er beleidigt alles, woran du glaubst. Und dann zerquetsche ich ihn."

Kasparow scheint Fischers alte Ausdrucksweise genau zu kennen: Fischer 1959 vor dem Match gegen Keres: "Ich werde Keres zermalmen."

Großmeister Pachmann in der "Welt" (beim Stande von 5:2 für Fischer): "Ich glaube daran, daß Fischers Comeback gelingen wird. Garri Kasparow hat sich durch seine Äußerungen selbst in Zugzwang gebracht, und Fischer wird energisch gegen ihn anstreben ... Und wenn der Wettkampf kommt, dann wird er die Auseinandersetzung der beiden größten Schachkünstler der 2. Hälfte dieses Jahrhunderts sein."

Viele halten sowohl die Äußerungen Fischers über Kasparow als auch umgekehrt für das große Vorgeplänkel zum vielleicht 1994 stattfindenden Match, das in jeder Beziehung alles in den Schatten stellen würde, was bisher in der Schachgeschichte abgelaufen ist.

Epilog

Am 5. November 1992 ist die Schlacht zwischen Bobby Fischer und Boris Spasski, das "Revanchematch" von Reykjavik zu Ende. Welche erste Bilanz kann gezogen werden, was bleibt für die Annalen der Schachgeschichte festzuhalten?

Da ist zunächst Bobby Fischers Comeback, mit dem nach so langer Zeit eigentlich nicht mehr zu rechnen war. Die Schachwelt bekam ihren verlorenen (Königs-) Sohn wieder. Da sind einige spektakuläre Partien, wie die 1., die 7., die 11., die 16. oder 25. - in denen der Exweltmeister seine alte einsame Klasse zeigte. Da waren aber auch Schwächen und Fehlgriffe zu beobachten, die nach so langer Wettkampfpause kein Wunder sind. Der Amerikaner spielte vorwiegend alte Eröffnungssysteme, was auch kaum einen der Experten überrascht hat. Boris Spasski überzeugte nur in wenigen Partien und bezeichnete seine Leistung in der 15. Begegnung, die remis ausging, als die beste. Dort hatte er als Schwarzer mutig eine Figur für Angriff geopfert, und Fischer mußte sich ins Dauerschach retten. Auch sein eindrucksvoller Weißsieg in der 26. Begegnung gereicht dem Wahlfranzosen zur Ehre.

Einen Gegner wie Spasski, der gerade zu den ersten 100 der Weltrangliste zählt, konnte Fischer in Schach halten. Wie aber wird es mit neuen Partnern aussehen? Kaum ist das wegen des Bürgerkrieges in Jugoslawien umstrittene Duell mit Spasski vorbei, sind Spekulationen über neue Matches mit Judit Polgar, mit WM-Kandidaten und natürlich mit dem amtierenden Champion Garri Kasparow im Gange. Gegen die jüngere Garde, die sehr viel bissiger spielt, denn die Schachwelt hat sich weiter gedreht, dürfte Bobby Fischer es schwerer haben als gegen seinen alten Freund Boris Spasski, von dem man an der Adria und am Ende in Belgrad sehr oft den Eindruck hatte, er wolle seinem einstigen Bezwinger nicht allzu weh tun.

Es war ein Wettkampf zweier lebender Schachdenkmäler, der eine Reihe interessanter Partien brachte, aber - bedingt durch Fischers Reglement, daß Remisen nicht mitgezählt werden - zu lange dauerte. So mußte die Spannungskurve schließlich rapide nach unten gehen, zumal die Medien dem Wettkampf nur am Beginn erhöhte Aufmerksamkeit schenkten. Zwei Fragen interessierten die Öffentlichkeit im In- und Ausland vor allem:
1. Wird Bobby Fischer wirklich spielen und in welcher Qualität?
2. Wie beeinflußt die politische Lage in Jugoslawien das Match?
Als sie beantwortet waren, ging man in den meisten Ländern wieder zur Tagesordnung über. Schnell stellten sich neue, andere Fragen. Nur die internationale Schachgemeinschaft will natürlich den weiteren Weg Bobby Fischers, so es ihn geben wird, mit Aufmerksamkeit und Interesse verfolgen. Was Boris Spasski angeht, so kam es ihm - neben der Freude des Wiedersehens und Spielens mit Bobby Fischer - wohl vor allem darauf an, seinen Lebensabend zu sichern. Mit dem erhaltenen Preisgeld, das auch für den Verlierer mehr als fürstlich ist, läßt sich etwas anfangen. Ob der nicht gerade vor Tatendrang sprühende Spasski mit 55 Jahren nun noch - wie ursprünglich geplant - Bücher schreiben wird oder sein Vorhaben, wieder in der Bundesliga für Solingen zu spielen, wahrmacht, bleibt abzuwarten.

Ich gebe Alexander Nikitin recht, wenn er sagt, die Schachwelt braucht einen gut spielenden Bobby Fischer. Nur habe ich leise Zweifel, daß der 11. und seit 1972 unbesiegte Weltmeister bereit ist, sich wieder ins "normale" Turnierleben zu begeben und ohne allzuviele Sonderkonditionen seine noch vorhandenen Kräfte mit namhaften Schachgrößen der Gegenwart zu messen. Wenn Bobby Fischer naturgemäß auch nicht mehr die gleiche Energie besitzt wie vor zwei Jahrzehnten, so ist er doch noch immer ein ernstzunehmender Gegner für jeden Schachmeister.

Sveti Stefan und Belgrad 1992 waren ganz sicher eine Reise wert und werden in die Schachhistorie eingehen, denn beide Schauplätze sahen eines der ungewöhnlichsten Duelle, das die Geschichte des Spiels auf den 64 Feldern kennt.

Ich danke dem Beyer Verlag, dem Herausgeber und allen anderen Beteiligten, die mit ihrer engagierten Arbeit zum schnellen Gelingen dieses Buches beigetragen haben. Besonders verbunden bin ich Karolina Melen aus Belgrad, die mir auch nach meiner Abreise alle wichtigen Informationen zum Match übermittelte.

Bei der Abschlußveranstaltung: Fischer und Spasski brechen das Brot "wie Brüder"

Inhalt

Seite

Vorwort	5
Fischers Weg zum Weltmeister	7
Das Duell in Reykjavik 1972	25
Fischer spielt 20 Jahre nicht mehr	32
1990 Fischer heimlich in Deutschland	33
1992 Der Revanchekampf Fischer - Spasski	**34**
Die erste Matchhälfte in Sveti Stefan	35
Partien 1-11	56
Die zweite Matchhälfte in Belgrad	97
Partien 12-30	109
Interview mit Lothar Schmid	150
Gespräch mit Janos Kubat	154
Weltmeister Kasparow über Fischer	155
Epilog	156

Schach
E. NIGGEMANN

WIR FÜHREN DAS GESAMTE SCHACHPROGRAMM VON A-Z für den Hobby- und Vereinsspieler!

- **BACKGAMMON** • **BRIDGE**
- **SCHACHLITERATUR -MATERIAL**

- **CHESSBASE** Auch Vorführungen auf MS-DOS u. ATARI
- **SCHACHPROGRAMME** -CHESSMASTER -M CHESS -SARGON -SIMULATOR -CHECKCHECK -FRITZ u.a.
- **SCHACHCOMPUTER** CHESSMACHINE -FIDELITY -KASPAROV/SAITEK -MEPHISTO -NOVAG

NEU: *Saitek/Kasparov RISC 2500*
sensationelle Spielstärke!
(B/T-Test: 2242 ELO) **980.-**
für nur DM
+Netzteil DM **80.-**

Katalog kostenlos! Auch Händleranfragen erwünscht.

E.NIGGEMANN

Ahornweg 57
5000 Köln 90 (Porz-Grengel)
Tel: 0 22 03 / 230 30 u. 29 21 14
Fax: 0 22 03 / 26 042

Filiale Neue Bundesländer:

Hohe Straße 4
O-6518 Weida
Tel. u. Fax: 0 36 603 / 31 52
in den Räumen der Firma Serfling

Öffnungszeiten Ladenverkauf/Computerstudio (Köln)
montags - mittwochs - freitags 13 - 18 Uhr • samtags 9 -13 Uhr • dienstags und donnerstags geschlossen.
Tel. erreichbar werktags (außer donnerstags) 9 - 12 und 13 - 18 Uhr • samstags 9 - 13 Uhr